Alexander Stevens
Der perfekte Mord?

PIPER

Zu diesem Buch

Strafverteidiger Dr. Alexander Stevens ist sich sicher: Im deutschen Strafrecht kommt es viel zu oft zu Fehlurteilen. Viele Verfahren sind unfair, Richter häufig voreingenommen und vorurteilsbehaftet. Und so gibt es nicht nur unentdeckte Tötungsdelikte, sondern auch Unschuldige, die fälschlicherweise verurteilt werden – was auch dazu führt, dass der wahre Täter nie gefasst wird.
Die Fälle in diesem Buch haben alle eines gemeinsam: Jemand wurde für die Tat verurteilt. Doch es bleiben Zweifel: Die Beweisführung ist lückenhaft, die verurteilten Mörder beteuern, unschuldig zu sein, vielleicht steckt in einigen dieser Fälle jemand anderes hinter der Tat. Der Mord bleibt ungesühnt, der Täter ist weiterhin auf freiem Fuß, und das Leben eines weiteren unschuldigen Menschen wurde zerstört. Ein »perfekter Mord«?

Dr. Alexander Stevens ist Fachanwalt für Strafrecht und einem breiten Publikum als Buchautor und Anwalt in verschiedenen TV-Formaten bekannt (u.a. »Markus Lanz«, »Richter Alexander Hold« und »Im Namen des Volkes«). Sein Radio-Podcast »True Crime« gehört zu den meistgehörten Podcasts in Deutschland. Zuletzt erschienen von ihm bei Piper der Spiegel-Bestseller »9 ½ perfekte Morde«, »Verhängnisvolle Affären« und »Aussage gegen Aussage«.

Alexander Stevens

DER PERFEKTE MORD?

Lebenslänglich ungesühnt –
wahre Fälle eines Strafverteidigers

PIPER

Mehr über unsere Autorinnen, Autoren und Bücher:
www.piper.de

Von Alexander Stevens liegen im Piper Verlag vor:
9 1/2 perfekte Morde
Verhängnisvolle Affären
Aussage gegen Aussage
Der perfekte Mord?
Falsch verdächtigt

MIX
Papier | Fördert gute Waldnutzung
FSC® C021394

PRODUZIERT MIT VERANTWORTUNG

Originalausgabe
ISBN 978-3-492-31869-3
1. Auflage Mai 2022
3. Auflage März 2025

Für einen direkten Kontakt und Fragen zum Produkt wenden Sie sich bitte an:
info@piper.de
Umschlaggestaltung: zero-media.net, München
Umschlagabbildung: Julian Hartwig / NeonBlack und FinePic®, München
Satz: Uhl + Massopust, Aalen
Gesetzt aus der Scala OT
Gedruckt von ScandBook in Litauen
Printed in the EU

Für alle unschuldig Verurteilten

INHALT

DIE MEISTGESTELLTE FRAGE

Wenn ich neue Menschen kennenlerne, höre ich meistens als Erstes: »Wie kann man Mörder nur verteidigen!« Dann folgt die Frage, ob ich schon einmal einen »Schuldigen« freibekommen hätte. Ich antworte darauf stets mit einem Augenzwinkern, dass alle *meine* Mandanten unschuldig seien.

Als ich gebeten wurde, ein zweites Buch zum »perfekten Mord« zu schreiben, war ich zunächst zurückhaltend. Die klassischen Tricks, die Mörder ungeschoren davonkommen lassen, hatte ich bereits in meinem Buch *9 ½ perfekte Morde* behandelt: inszenierte Unfälle, Defizite bei der ärztlichen Leichenschau, psychische Manipulationen bis hin zu formaljuristischen Tricks. Dem war meines Erachtens nicht viel hinzuzufügen.

Doch dann habe ich mich wieder an meinen augenzwinkernden Spruch erinnert, dass ich nur Unschuldige verteidigen würde. Was, wenn ein Unschuldiger wegen Mordes verurteilt wird? Dann läuft der wahre Täter logischerweise frei herum. Er müsste noch nicht einmal befürchten, jemals zur Rechenschaft gezogen zu werden, denn aus

Sicht der Ermittlungsbehörden sitzt ja der Richtige im Gefängnis. Das Verfahren ist für immer abgeschlossen.

Aber auch dann, wenn ein verurteilter Mörder die ihm vorgeworfene Tat zwar ausgeführt, aber in Wirklichkeit im Auftrag eines anderen begangen hat, kommt ein Täter ungeschoren davon, wenn dieser Auftraggeber unentdeckt bleibt. Dabei tragen gerade diese Täter eine noch größere Schuld, schließlich wäre es ohne sie erst gar nicht zu der Tat gekommen.

Ich habe mir für dieses Buch bewusst Fälle ausgesucht, die alle eines gemeinsam haben: Jemand wurde für die Tat verurteilt. Doch entweder behaupten die verurteilten Mörder, unschuldig zu sein (übrigens mit sehr guten Gründen), oder es steckt sehr wahrscheinlich jemand anderes hinter der Tat. In beiden Fällen bliebe der wahre Mörder unbehelligt und würde nicht für seine Tat zur Rechenschaft gezogen: ein »perfekter Mord«?

MORD OHNE LEICHEN

Es war etwa 4 Uhr morgens, als die beiden russischen Männer die Polizeiwache betraten. Sie meldeten zwei Frauen als vermisst: die Tochter und die Ex-Frau des ersten waren die Stieftochter und Ehefrau des zweiten Mannes. Beide waren spurlos verschwunden. Der derzeitige Ehemann und Stiefvater der vermissten Frauen gab an, dass sie am Vortag noch gemeinsam Mittag gegessen hätten und die beiden dann einkaufen gegangen seien. Seither habe er nichts mehr von ihnen gehört.

Die Polizei schenkte der Meldung zunächst keine große Beachtung. Zwar war die Tochter erst 16 Jahre alt und damit minderjährig, aber sie war in Begleitung ihrer erwachsenen Mutter. Die meisten Fälle dieser Art, so die Polizisten, würden sich innerhalb weniger Stunden aufklären. Sollten die beiden Frauen in den nächsten 24 Stunden wider Erwarten nicht auftauchen, könnten die Männer sich wieder melden.

Exakt 24 Stunden später stand der Ehemann wieder bei der Polizei. Frau und Stieftochter seien immer noch nicht aufgetaucht. Textnachrichten an seine Frau würden nicht zugestellt, bei Anrufversuchen würde sofort die Mailbox antworten.

Die Statistik sagt: Fälle, in denen Personen länger als vier Stunden bei der Polizei als vermisst gemeldet sind, klären sich zu 50 Prozent innerhalb einer Woche auf, zu 80 Prozent binnen eines Monats und zu 97 Prozent innerhalb eines Jahres. Was die Polizei allerdings stutzig machte, war: Die Ausweise der beiden Frauen lagen noch in der Wohnung, und das Auto stand vor der Tür. Auch fehlten keine persönlichen Gegenstände, die auf eine geplante Abreise hätten hinweisen können, wie Koffer, Kleidung und Kosmetika. Eine Abfrage der polizeiinternen Datenbestände aller Kliniken, Frauenhäuser und Polizeidienststellen in der Umgebung sowie eine Handyortung blieben ohne Ergebnis. Die Handys beider Frauen waren seit dem Tag ihres Verschwindens aus. Man übergab den Fall also der Kriminalpolizei.

Auch am zweiten Tag fehlte von den Vermissten jede Spur. Weder war die Frau in der Arbeit erschienen noch ihre Tochter in der Schule. Dabei war es laut Arbeitgeber völlig untypisch, dass die Vermisste grundlos der Arbeit fernbleibe. Gleiches galt für ihre Tochter. Die Schulleitung teilte mit, sie sei noch nie unentschuldigt dem Unterricht ferngeblieben. Sie gelte als zuverlässige Schülerin, und es wurde in letzter Zeit kein auffälliges Verhalten beobachtet.

Grund genug, noch einmal mit dem Ehemann und Stiefvater zu sprechen, um den Tag des Verschwindens genauestens zu rekonstruieren. Hatte es Streit gegeben? Stand womöglich eine Scheidung im Raum? Gab es einen anderen Mann? Hatte die Familie finanzielle Schwierigkeiten? Hatten Mutter und Tochter gestritten?

Der Ehemann gab jedoch an, dass der Tag des Verschwindens wie jeder andere gewesen sei: Er sei morgens aufgestanden, zum Bäcker gegangen und habe Frühstück gemacht. Die Stieftochter sei in die Schule gegangen. Dann habe er zusammen mit seiner Frau die Wohnung geputzt. Gegen 12 Uhr sei die Tochter aus der Schule gekommen, und es habe Salat mit Teigtaschen zum Mittag gegeben. Die Stimmung sei gut gewesen, zumal die Mutter der Tochter wegen einer bestandenen Prüfung ein Geschenk kaufen wollte. Die beiden hätten sich nach dem Mittagessen auf den Weg gemacht. Die Tochter habe ihn, ihren Stiefvater, nicht beim Shoppen dabeihaben wollen, da das Verhältnis zueinander nicht optimal sei.

Sie habe oft Angst gehabt, ihre Mutter könne mehr Zeit mit ihrem neuen Ehemann als mit ihr verbringen. In die Erziehung habe er sich aber sowieso nicht eingemischt – spätestens nachdem seine Stieftochter einmal eine Überdosis Tabletten eingenommen habe, um die Aufmerksamkeit der Mutter auf sich zu ziehen, und sie ihm geschrieben habe, er solle aus ihrem Leben verschwinden. Sie habe ihn ohnehin nicht als väterliche Autorität akzeptiert, obwohl sich das Verhältnis im letzten halben Jahr immerhin gebessert habe. Allerdings sei seine Stieftochter auch nicht gerade einfach. Schon ein Jahr, bevor er seine Frau kennengelernt habe, sei es wegen angeblich schulischer Probleme dazu gekommen, dass sich die Tochter vom Balkon stürzen wollte. Sie habe schon auf der Brüstung gesessen.

Aber am Tag des Verschwindens war laut seiner Aussage alles gut. Nachdem sie zusammen den Mittagstisch abgeräumt hätten, habe sich der Ehemann gegen 14 Uhr hingelegt, und die beiden Frauen seien etwa eine halbe Stunde später los zum Einkaufen. Sie hätten das Haus zu Fuß verlassen, er glaube zum nächstgelegenen Einkaufszentrum, das fußläufig erreichbar ist. Gegen 16 Uhr sei er aufgewacht, hätte Wäsche gewaschen und sei dann zum Baumarkt gefahren, um Wandfarbe und ein Streichset zu kaufen. Danach habe er die Wäsche in den Trockner getan und über den Computer Fußball der russischen Liga geguckt. Nach dem Abendessen habe er angefangen, die Wände im Flur zu streichen, weil ihn seine Frau schon seit Längerem darum gebeten hätte und er sie an diesem Abend damit habe überraschen wollen. Als er dann mit dem Streichen fertig war, habe er seiner Frau eine erste Textnachricht geschrieben, und als hierauf keine Antwort kam, noch weitere. Bei seinen Anrufversuchen habe immer nur die Mailbox geantwortet.

Und tatsächlich: Bei Durchsicht des Handys des Ehemannes fanden die Ermittler folgende Nachrichten:

21.34 Uhr: »Habt ihr vor, unser ganzes Geld auszugeben? :-)«
22.12 Uhr: »Ist bei euch alles in Ordnung? Ruf mich bitte an.«
23.29 Uhr: »Das ist nicht mehr witzig. Meine Nachrichten kommen bei dir nicht an. Wo seid ihr überhaupt?«

Die Anrufliste zeigte, dass er auch in den Folgestunden und -tagen vielfach versucht hatte, seine Frau zu erreichen – jedoch ohne Erfolg. Gegen 2 Uhr nachts hatte er dann den Ex-Mann seiner Frau – und zugleich Vater seiner Stieftochter – verständigt. Auch dieser hatte weder seine Ex-

Frau noch seine Tochter erreicht. Dann fuhren die beiden Männer gemeinsam zur Polizei. Tags drauf telefonierten sie gemeinsame Freunde ab, gingen nochmals zur Polizei, und am Folgetag erfuhren sie von dem Kollegen der Frau, dass sie trotz eines wichtigen Termins an jenem Tag nicht erschienen war.

Beide Männer waren ratlos. Keiner konnte sich vorstellen, wo sich die beiden Frauen aufhielten. Dem Ehemann waren weder ein anderer Mann noch ein Streit mit irgendeiner anderen Person bekannt. Alles war sehr mysteriös, vor allem als den Ehemann dann in regelmäßigen Abständen SMS-Nachrichten vom Handy seiner Frau erreichten, mit der Info, dass sie jetzt wieder erreichbar wäre. Doch jedes Mal, wenn er daraufhin versucht hatte, seine Frau anzurufen, ging wieder die Mailbox ran.

Es war Zeit, sich die Wohnung der Vermissten genauer anzusehen. Vielleicht gab es Hinweise auf deren Aufenthalt: einen Abschiedsbrief? Flugtickets? Oder wurden sie gar in der Wohnung festgehalten? Die Polizei hatte bei Vermisstenfällen schon alles erlebt …

Doch die Erwartungen an die Wohnungsnachschau, wie das im Polizeijargon heißt, erfüllten sich nicht. Die Wohnung war spartanisch eingerichtet und wirkte sehr ordentlich. In einer Schublade im Elternschlafzimmer befanden sich der gültige russische Reisepass der Frau, ihre unbefristete Aufenthaltsgenehmigung, ein nicht mehr gültiger russischer Personalausweis sowie ein aktueller deutscher Führerschein. Außerdem fanden die Ermittler den aktuell gültigen russischen Reisepass der Tochter und einen abgelaufenen russischen Personalausweis. Ob die beiden einen gültigen russischen Personalausweis hatten, wusste der Ehemann nicht.

Im Zimmer der Tochter fanden die Ermittler zwei Tagebücher, die schon beim kurzen Überfliegen ein schwieriges Verhältnis zur Mutter deutlich machten. Sie wurden beschlagnahmt. Vielleicht ließ sich daraus ableiten, wo die beiden Frauen waren oder was passiert sein könnte?

Und noch etwas machte die Polizisten stutzig: Unter der Bettdecke lag ein überwiegend unbeschriftetes Schulheft, das nur auf einigen wenigen Seiten Eintragungen enthielt. Aber die hatten es in sich: Minutiös schilderte die Jugendliche dort, welche Drogen sie im letzten Jahr genommen hatte. Auf manchen Seiten waren auch Teile von Medikamentenverpackungen eingeklebt, zusammen mit dem Beipackzettel. Auf einer Seite des Notizbuchs schrieb sie, wie enttäuscht sie von ihrer Familie war, insbesondere von ihrer Mutter. Lag dem Verschwinden der Frauen also ein Familiendrama zwischen Mutter und Tochter zugrunde?

In einem Regal links vom Eingang des Kinderzimmers entdeckten die Ermittler einen Spiralschreibblock, in dem wiederum nur einige Seiten beschriftet waren. Auch darin war von einem auffallend schlechten Verhältnis der Tochter zur Mutter die Rede. Beim Überfliegen sprangen den Polizisten die Worte »Hass«, »weg von Mutter und meinem Vater«, »vor Bullen wegrennen« und »nach Moskau« ins Auge. War die Tochter etwa von zu Hause ausgerissen, vielleicht nach Russland? Und die Mutter hinterher? Doch wie ohne Ausweise und Auto? Denn eine kurze Überprüfung der Garage ergab, dass sowohl das Auto des Ehemanns als auch das der Mutter noch an Ort und Stelle standen.

Die Polizisten vermerkten in ihrem Bericht zum Schluss

noch, dass der Ehemann während der ganzen Zeit sehr betroffen gewirkt und sich den Beamten gegenüber stets sehr kooperativ gezeigt habe. Dann ging die Suche weiter, denn die Zeit drängte.

Drei Tage waren mittlerweile ins Land gezogen, und noch immer gab es kein Lebenszeichen. Die Suchmaßnahmen hatten bisher keinen Erfolg gebracht: weder die Durchsuchung der Wohnung noch das Absuchen des Arbeitsplatzes, der Schule und des Einkaufszentrums, das die beiden am Tag ihres Verschwindens hatten besuchen wollen. Auch andere Ansätze waren bisher erfolglos geblieben: Weder waren die beiden Vermissten auf Passagierlisten aufgetaucht, noch hatten sie irgendwelche Kreditkartenumsätze oder Abhebungen an Geldausgabeautomaten getätigt. Nicht einmal die Personenspürhunde, die die Ermittler eingesetzt hatten, hatten angeschlagen. Den Ermittlern blieb nichts anderes übrig, als weiter Personen aus dem näheren Umfeld der Vermissten zu befragen. Vielleicht würde sich eine heiße Spur ergeben.

Womöglich konnten die beiden besten Freundinnen der verschwundenen 16-Jährigen Licht ins Dunkel bringen, immerhin hatten beide noch um die Mittagszeit am Tag des Verschwindens SMS-Kontakt zu ihr gehabt – wie sich herausstellen sollte, das letzte Lebenszeichen, abgesehen von der Aussage des Stiefvaters, der sie noch nach dem Mittagessen gesehen hatte.

Die erste Freundin sagte aus, dass die verschwundene Freundin am besagten Tag gut drauf gewesen sei. Auch zwei Tage davor, auf der Schulfeier, sei noch alles gut gewesen. Nur das Verhältnis zur Mutter sei schwierig. Vor wenigen Monaten habe die Mutter ihre Tochter sogar rausgeschmissen, sie habe dann einige Wochen beim leiblichen Vater gelebt. Nach ihrer Rückkehr in die Wohnung der Mutter und des Stiefvaters habe die Mutter andere Saiten aufgezogen. Es habe eine Art »Strafzettel« gegeben, der am Kühlschrank hing. Darauf standen Regeln, die die Tochter zu befolgen hatte. Bei Freundinnen habe sie nicht übernachten dürfen, und sie habe regelrecht Angst vor der Mutter gehabt, zum Beispiel wenn sie zu spät nach Hause kam oder beim Kochen die Gurken nicht richtig geschnitten hatte. Schließlich habe die Mutter ihrer Tochter mehrmals schon das Handy weggenommen. War die Tochter also vielleicht doch abgehauen? War sie deshalb telefonisch nicht erreichbar, weil ihre Mutter ihr erneut das Handy abgenommen hatte?

Zum Stiefvater habe ihre Freundin, so die Aussage weiter, ein besseres Verhältnis gehabt, auch wenn sie ihn siezen musste. Er habe ihr sogar beibringen wollen, wie man Auto fährt. Und auch mit ihrem leiblichen Vater sei es ganz gut gewesen: Er habe sich um sie gekümmert, ihr Geld für neue Klamotten gegeben und viel mit ihr unternommen. Einen Freund hätte sie derzeit nicht, die letzte Beziehung sei zwei Jahre her, der damalige Freund aber verstorben. Und von Problemen mit Freunden, Bekannten oder sonstigen Personen wusste die beste Freundin auch nichts zu berichten, außer dass sie sich an ihrer Schule mit vielen nicht gut verstanden und wenige Freunde gehabt habe. Immerhin mit dem Opa in Moskau habe sie ein sehr gutes Verhältnis. Waren Mutter und Tochter also vielleicht dorthin unterwegs – wollten sie in Moskau ein neues Leben anfangen?

Die Ermittler zweifelten, denn auch die andere Freundin

wusste von einem eher angespannten Verhältnis zur Mutter zu berichten, und auch von der ominösen Liste am Kühlschrank: Es sei eine Art Punktesystem gewesen. Erst wenn eine gewisse Anzahl von Punkten erreicht war, durfte die Tochter zum Beispiel das Haus verlassen. So habe sie jeden Tag eine bestimmte Anzahl an Liegestütze machen müssen, kochen, die Wohnung putzen und so weiter. Als sie deswegen beim Jugendamt gewesen sei, hätten die sie wieder weggeschickt, weil sie nicht zusammen mit der Mutter dort war. Sie habe auch mal erwähnt, dass sie abhauen wolle, um in einer Einrichtung für Jugendliche zu leben, die Probleme mit ihren Eltern haben. Und vor einer Woche hätte sie ihr ein Bild von ihrem Unterarm geschickt, auf dem leichte Schnittwunden zu sehen waren. Das alles klang nicht danach, als habe die Tochter ausgerechnet mit der Mutter verschwinden wollen. Hatte das Mädchen vielleicht ernst gemacht und sich tatsächlich das Leben genommen? Und die Mutter womöglich gleich mit?

Dagegen sprach wiederum die Aussage einer weiteren Freundin, die die Polizei ausfindig machen konnte. Diese gab an, dass die Tochter sich schon sehr auf einen unmittelbar anstehenden Urlaub in Frankreich gefreut habe, der sogar schon gebucht war. Außerdem seien sie am Tag nach dem Verschwinden im Kino verabredet gewesen, übrigens zusammen mit der Mutter. Und plant man Urlaubsreisen und Kinobesuche, wenn man vorhat, sich umzubringen?

Immerhin schien nun der leibliche Vater eine – wenn auch kleine – Erfolgsmeldung verbuchen zu können: Über einen Freund, der bei dem Handyanbieter arbeitete, bei denen auch die Vermissten ihren Mobilfunkvertrag hatten, hatte er – anders als die Polizei – herausfinden können, dass die beiden Handys der Vermissten noch bis 18 Uhr zu orten gewesen waren. Und Tatsache: Es konnte festgestellt werden, dass sich die Handys von Mutter und Tochter um kurz vor 17 Uhr in die Funkzelle eingeloggt hatten, die auch den Bereich der eigenen Wohnung versorgte, was aber nicht zwingend bedeutete, dass die beiden auch zu diesem Zeitpunkt in der Wohnung selbst gewesen waren. Auch das Einkaufszentrum fiel in den Bereich der Funkzelle. Allerdings zeigte die Auswertung auch, dass sich die Handys dann in südliche Richtung bewegt hatten und sich eine Weile später in die Nachbarfunkzelle einloggten, ganz in der Nähe einer italienischen Eisdiele, die die beiden Vermissten in der Vergangenheit schon öfter aufgesucht hatten. Ab hier verlor sich ihre Spur.

War also an der Lieblingseisdiele der beiden Frauen irgendetwas vorgefallen? Waren sie dort verschleppt worden?

Doch von wem? Alle Verwandten und Freunde gaben an, dass keine der beiden Frauen Feinde gehabt hätte oder gar politisch aktiv gewesen sei. Viel Geld hatte die Familie auch nicht. Rache oder Erpressung schienen daher abwegig. Aber tatsächlich glaubte die Eisdielenverkäuferin, die Mutter am Tag des Verschwindens zwischen 15 und 17 Uhr an der Eisdiele gesehen zu haben. Die Tochter habe sie aber nicht wahrgenommen.

Der Fall wurde immer mysteriöser. Vor allem als der Handyanbieter mitteilte, dass die Erreichbarkeitsinfos, die der Ehemann von der Mutter nach ihrem Verschwinden erhalten hatte, nur aufgrund eines Systemfehlers verschickt worden waren. Tatsächlich war das Handy nie wieder angeschaltet worden. Die Hoffnung, also zumindest die

Mutter noch über ihr Handy zu orten, zerschlug sich abrupt.

Den Ermittlern blieb nichts anderes übrig, als weiter in der Vergangenheit der Vermissten zu wühlen und in ihren Freundeskreisen nach Hinweisen zu suchen. Hatte sich nicht doch in letzter Zeit irgendetwas Auffälliges ereignet?

Beunruhigenderweise ergab eine Befragung im Betrieb der vermissten Mutter, dass sie in den vergangenen Wochen häufiger während der Mittagspause ins Freie gegangen sei und sehr konzentriert und sichtlich angespannt Telefonate auf Russisch geführt hätte. Dies habe sie vorher nie gemacht. Zudem habe sie vor Kurzem einer Kollegin anvertraut, dass sie sich in letzter Zeit Sorgen um ihre Tochter mache. Hatte es also doch Probleme im russischen Heimatland gegeben? Gab es womöglich Kontakte ins kriminelle Milieu?

Die Ermittler befragten den Freundeskreis der Mutter. Und endlich kamen sie ein Stück weiter: Die beste Freundin gab an, dass die Mutter vor zwei Wochen erst in Moskau gewesen sei, um ihr Testament zu ändern. Darin habe sie ihre Tochter als Alleinerbin eingesetzt. Von Streit oder Problemen, die sie in Moskau gehabt haben könnte, wisse sie allerdings nichts.

Ihr erster Gedanke im Zusammenhang mit dem Verschwinden ihrer besten Freundin sei aber ein gewisser Max gewesen. Ein Ex-Freund. Mit dem sei die Vermisste auch ein paarmal in Russland gewesen, bevor sie ihren jetzigen Ehemann kennengelernt habe. Max sei sehr böse auf seine Ex, dass sie nicht ihn geheiratet habe. Sie habe ja noch nicht mal mit ihm zusammenziehen wollen. Grund dafür seien angeblich seine epileptischen Anfälle gewesen, diese habe sie nicht mitansehen wollen und sich schlussendlich von ihm getrennt. Max sei deswegen extrem rachsüchtig.

Ihre Freundin habe ihr jedenfalls auch nichts von irgendwelchen Reiseplänen erzählt. Außerdem sei sie sehr verantwortungsvoll. Sie hätte auf jeden Fall bei ihrer Arbeitsstelle Bescheid gegeben. Und ja, die Beziehung zu ihrer Tochter sei nicht einfach. Sie habe die Tochter stark kontrolliert, und diese habe auch schon mal angedroht, abzuhauen. In letzter Zeit sei es aber immer besser geworden. Eigentlich seitdem die Mutter ihren zweiten Ehemann geheiratet habe. Der habe ihr auch extrem viel geholfen. Zwar sei die Tochter anfänglich eifersüchtig auf den neuen Mann der Mutter gewesen, aber das hätte sich jetzt gelegt.

Die Polizei hatte nach der Vernehmung der besten Freundin der vermissten Mutter zumindest ein paar neue Hinweise: Vielleicht war ja das Testament der entscheidende Durchbruch? Wenn die Tochter die Alleinerbin nach russischem Recht war, hatte sie eventuell auch ein Motiv, um ihre Mutter verschwinden zu lassen und ein neues Leben in Russland zu beginnen. Aber im Alter von 16? War man so jung schon zu solcher Berechnung fähig? Oder war es ein Eifersuchtsdrama, und die Tochter wollte ihre Mutter nicht mehr mit dem Stiefvater teilen? Musste die Mutter deshalb verschwinden? Doch wie hätte die Tochter ohne Papiere nach Russland gelangen können? Und was war mit diesem ominösen Ex-Freund Max? Hatte er irgendwelche diabolischen Rachepläne in die Tat umgesetzt und Mutter samt Tochter verschwinden lassen? Vielleicht hielt er sie sogar fest? Oder war er mit ihnen nach Russland verschwunden um – ganz freiwillig – ein komplett neues Leben als neue Familie zu beginnen?

Die Kriminalpolizisten knöpften sich also Max vor. Er lebte mittlerweile etwa 300 Kilometer entfernt und hatte wieder eine neue Freundin. Doch als die Ermittler nach einer eingehenden Überprüfung dieses Max herausgefunden hatten, dass er just an dem Tag, an dem Mutter und Tochter verschwunden waren, eigens aus seiner neuen Heimat angereist war, wurden sie hellhörig. Und es wurde noch brisanter: Wie eine Auswertung der Videoüberwachung ergab, war Max ausgerechnet zwischen 16 und 17 Uhr in jenem Einkaufszentrum, in das Mutter und Tochter laut Aussage des Ehemannes zum Shoppen hatten gehen wollen. Max wurde umgehend zu einer sogenannten »POI«, einer Person of Interest. Man bestellte ihn ein.

Mittlerweile hatte die Mordkommission den Fall übernommen. Dass eine 40-Jährige und deren 16-jährige Tochter ohne Ausweise, ohne Auto und ohne irgendjemanden zu benachrichtigen, einfach verschwunden sein und seither weder Handys noch Geldkarten benutzt haben sollten, galt als höchst unwahrscheinlich. Die Polizei ging davon aus, dass nunmehr, drei Tage nach deren Verschwinden, beide einem Gewaltverbrechen zum Opfer gefallen waren. Max war jetzt im Visier der Mordermittler.

In seiner polizeilichen Vernehmung entpuppte sich Max – sehr zur Überraschung der Vernehmungsbeamten – aber als ziemlich uninteressant. Für alles schien er eine plausible Erklärung zu haben. Und auch was die damalige Trennung anbetraf, gab er sich recht entspannt. Er habe jetzt eine neue Freundin, lebe mit dieser zusammen und sei sehr glücklich. Dass er ausgerechnet am Tag des Verschwindens seiner Ex-Freundin und deren Tochter in derselben Stadt gewesen war, sei reiner Zufall. Freunde seiner Partnerin hätten beide zu sich eingeladen. Bis auf die Einkäufe im Einkaufszentrum hätten sie die ganze Zeit mit den Freunden verbracht und seien tags darauf abends wieder abgereist.

Und tatsächlich: Die besagten Freunde und Max' Freundin konnten alles bestätigen – teilweise sogar mit Kassenbelegen, U-Bahn-Tickets und Handyfotos –, und auch auf der Überwachungskamera des Einkaufszentrums war ja genau zu sehen, dass Max ausschließlich in Begleitung seiner Freundin shoppen war und beide gemeinsam gekommen und das Einkaufszentrum auch wieder gemeinsam in Richtung U-Bahn verlassen hatten. Auch die Überwachungskameras der U-Bahn zeigten nur Max und seine neue Freundin – von der Ex und ihrer Tochter war auf den Bildern keine Spur. Sicher war also, dass Max am Tag des Verschwindens ein gutes Alibi hatte. Sicher war dank der Überwachungskameras auch, dass die beiden Vermissten niemals im Einkaufszentrum angekommen waren.

Auch Max gab den Ermittlern gegenüber an, dass das Verhältnis zwischen Mutter und Tochter nicht sonderlich gut gewesen sei. Seine Ex-Freundin sei eine sehr bestimmende Frau, die stets ihren Willen durchsetzen wolle. Bei seinen beiden Heiratsanträgen habe sie einfach nur gelächelt und nichts gesagt. Ihre Familie habe er gar nicht erst kennenlernen dürfen. Und wie sie mit ihm Schluss gemacht habe, sei ziemlich hart gewesen. Erst habe sie sich einen neuen Mann gesucht, dann die Beziehung mit ihm beendet. Trotz ihrer schwierigen Art sei das Verhältnis zwischen Mutter und Tochter deutlich besser geworden. Das habe ihm zumindest die Tochter kürzlich noch erzählt, zu der er auch nach Ende der Beziehung weiterhin freundschaftlichen Kontakt gehalten habe.

Was ihn allerdings gewundert habe, sei, dass er seine Ex, obwohl sie doch jetzt mit einem neuen Mann verheiratet war, kürzlich auf der Onlinedating-Plattform »Tinder« entdeckt habe. Warum er selbst als liierter Mann dort angemeldet war, wollte er nicht sagen.

Hatte die Frau vielleicht ein missglücktes Date mit dem späteren Täter gehabt? Immerhin sollte sie auch schon während der Beziehung mit Max immer wieder Flirts mit fremden Männern gehabt haben, das hätte ihm die Tochter mal gesteckt. Aber wenn die Mutter einem irren Mörder beim Dating aufgesessen wäre, warum wären dann gleich beide Frauen verschwunden? Aus welchem Grund hätte die Mutter ihre Tochter mit zu einem Date nehmen sollen?

Es war Max' letzter Satz, der die Ermittler in eine ganz andere Richtung denken ließ. Auf die Frage des Vernehmungsbeamten, ob nach Max' Meinung den beiden Vermissten etwas zugestoßen sein könnte, antwortete dieser:

»Kein Mensch verschwindet am helllichten Tag auf dem Weg zu einem Einkaufszentrum. Ich bin mir noch nicht mal sicher, ob das überhaupt stimmt, dass sie zu dem Einkaufszentrum unterwegs waren.«

Der Einzige, der je behauptet hatte, dass die beiden Vermissten einkaufen gegangen waren, war der Ehemann und Stiefvater gewesen. Die Beamten besuchten ihn also erneut, um sich abermals genauestens vom Tag des Verschwindens berichten zu lassen. Wieder schilderte der Mann, dass die Familie am Samstag gemeinsam beim Mittagessen gegen 13 Uhr zusammengesessen sei. Die Tochter sei am Vormittag zwischen 9 und 12.15 Uhr aus dem Haus gewesen, in der Russisch-Schule, was auch von der Schulleitung bestätigt wurde. Er habe gemeinsam mit seiner Frau gefrühstückt. Danach hätten sie Hausarbeiten erledigt. Gegen 12.30 Uhr sei die Tochter wieder heimgekehrt. Es habe besonders gelöste Stimmung geherrscht, vor allem weil die Tochter eine Prüfung gut bestanden habe. Deswegen wollte die Mutter mit der Tochter noch in das nahe gelegene Einkaufszentrum gehen und dort ein Geschenk für sie kaufen. Nach dem Mittagessen habe er sich gegen 14 Uhr schlafen gelegt. Seine Frau und die Stieftochter hätten die Wohnung wohl kurz darauf verlassen. Er sei gegen 16 Uhr aufgewacht und habe Wäsche gewaschen. Er schätze, drei bis vier Waschladungen mit Wäsche von allen Familienmitgliedern. Er sei in dem Zeitraum, so gegen 17 Uhr, zum Baumarkt gefahren, um sich Wandfarbe zu kaufen.

Mit der Wandfarbe habe er dann später in der Wohnung die Wand im Flur gestrichen. Schon länger sei das so besprochen gewesen, es war eine Bitte der Ehefrau. Nach dem Einzug in die Wohnung sei der Flur an einigen Stellen verschmutzt gewesen. Am vergangenen Samstag habe er seiner Frau mit dem gestrichenen Flur eine Überraschung bereiten wollen. Er sei den Abend über in der Wohnung verblieben. Um kurz nach halb zehn habe er dann die erste Nachricht an die Ehefrau, ab zehn weitere geschrieben. Weil er für seine Nachrichten keine Lesebestätigung erhalten habe, habe er auch immer wieder versucht, seine Frau telefonisch zu erreichen, was nicht gelang.

Die Geschichte stimmte mit seiner ersten Aussage überein. Keine Widersprüche, keine Weglassungen, keine Nervosität beim Erzählen – und doch störte die Ermittler etwas: Warum hatte er immer nur versucht, seine Ehefrau zu erreichen? Warum nicht auch seine Stieftochter? Und warum hatte er – wie sich herausstellte – mit Ausnahme des Ex-Mannes niemanden aus seinem Freundes- oder Verwandtenkreis vom Verschwinden der beiden Frauen erzählt, geschweige denn sich selbst auf die Suche nach den Vermissten begeben? Gerade wenn jemand aus dem engsten Familienkreis verschwindet, versucht man doch eigentlich, alle möglichen Leute zu informieren, und bittet um Hilfe. Und wenn Mutter und Tochter zuvor gemeinsam aus dem Haus gegangen waren, wäre es nicht naheliegend, auch die Tochter anzurufen?

Auf diese sehr skeptischen Nachfragen der Ermittler antwortete der Ehemann lapidar, dass es ihm am Abend des Verschwindens schlicht nicht in den Sinn gekommen sei, und später habe ja bereits der leibliche Vater zigfach versucht, bei seiner Tochter anzurufen. Dass er seinen Verwandten nichts vom Verschwinden erzählt und auch nicht nach den beiden Frauen gesucht hatte, kommentierte der Ehemann schlicht mit: »Welchen Sinn hätte es gemacht?« Er sei mit Ausnahme der Fahrt zum Baumarkt schon deshalb nirgendwo sonst hingefahren, um zu Hause zu sein, falls Ehefrau und Stieftochter zurückkämen.

Routinemäßig fragten die Ermittler den Ehemann auch, ob er etwas mit dem Verschwinden der beiden Frauen zu tun hätte, was er brüsk von sich wies. Er gab den Ermittlern zu verstehen, dass wer auch immer mit dem Verschwinden seiner Frau und Stieftochter etwas zu tun hätte, von ihm nichts Gutes zu erwarten hätte.

Die Ergebnisse der bisherigen Ermittlungen blieben unbefriedigend. Also stellten die Ermittler die Wohnung der Vermissten noch einmal genauestens auf den Kopf und hörten sich bei dieser Gelegenheit auch bei den Nachbarn um. Hatte jemand irgendetwas Auffälliges am Tag des Verschwindens bemerkt? Jedes noch so unwichtige Detail konnte mittlerweile entscheidend sein.

Doch die Nachbarn wussten nichts Förderliches zu berichten: Man kenne die verschwundenen Frauen und den Ehemann vom Sehen. Man habe nichts Verdächtiges mitbekommen. Auch am Tag des Verschwindens sei nichts Auffälliges vorgefallen. Lediglich ein Nachbar berichtete, dass seit dem Tag des Verschwindens der beiden Frauen die Klingelanlage im gesamten Mietshaus nicht mehr funktionierte. Den Ursprung des Defekts hatte ein Elektriker allerdings ausgerechnet in der Wohnung der Vermissten ausgemacht. Hatte das etwas zu bedeuten?

Es war schnell klar, warum es diese Wohnung war, die für den Klingelausfall verantwortlich war: Die gesamte Gegensprechanlage war abmontiert, aus der Wand ragten lediglich noch ein paar Drähte für Klingel und Kommunikation heraus. Und da diese Drähte alle intern mit den anderen Wohnungen verbunden waren, funktionierte im gesamten Haus keine Klingel mehr. Bei der ersten Untersuchung war dieser Umstand für die Ermittler ohne weitere Bedeutung gewesen. Der Ehemann hatte schließlich angegeben, den Flur am Tag des Verschwindens gestrichen zu haben. Um das sauber zu tun, hatte er vermutlich die Sprechanlage abgebaut. Und auch die Flasche Aceton in der oberen Schublade der Kommode im Flur war erst mal nicht weiter ungewöhnlich. Immerhin ist Aceton ein probates Mittel, um Pinsel zu reinigen. Und es war auch ganz offenkundig im Flur gestrichen worden, genauso wie es der Ehemann angegeben hatte.

Auch mit dieser neuen Information hegten die Polizisten zunächst keinen Verdacht. Sie sahen sich abermals auch im Wohnzimmer, dem Schlafzimmer und im Kinderzimmer um, fanden aber nichts Verdächtiges. Auch in der Küche schien alles so, als wäre nie etwas gewesen. Doch kurz bevor die Ermittler gehen wollten, fiel ihnen im Badezimmer etwas auf: Oben auf dem Trockner, direkt neben Waschmittel- und Weichspülerverpackungen, entdeckten die Ermittler einen kleinen roten Fleck.

Da die Waschmittelflüssigkeiten blau und grün waren, konnte der Fleck offensichtlich nicht daher rühren. Auch die Farbintensität deutete auf eine den Mordermittlern nur allzu bekannte Flüssigkeit hin ... Und tatsächlich: Ein Schnelltest ergab, dass es sich bei dem unscheinbaren roten Fleck um menschliches Blut handelte.

Jetzt sahen sich die Ermittler jeden einzelnen Quadratzentimeter der Wohnung an: Wände, Türrahmen, Boden, Sockelleisten – alles. Und siehe da: Überall fanden sich hier und da kleinste, mit dem bloßen Auge kaum zu erkennende rote Punkte. Und auch hier ergaben die Schnelltests, dass es sich um menschliches Blut handelte.

Man zog die Blutspurenexperten der Gerichtsmedizin hinzu, die die gesamte Wohnung mit Luminol besprühten. Diese Flüssigkeit wird in der Kriminalistik verwendet, um Blutspuren an Tatorten zu finden. Selbst wenn das Blut mit bloßem Auge nicht zu sehen ist, wird es durch das Besprühen mit Luminol sichtbar, denn Luminol reagiert mit dem Eisen im Blut und fängt an, intensiv blau zu leuchten. Auf diese Art und Weise können selbst geringe, jahrealte oder bereits weggeputzte oder gewaschene Blutspuren sichtbar gemacht werden.

Es ist nicht übertrieben zu sagen, dass nach dem Besprühen der Wohnung der Vermissten mit Luminol der gesamte Flur blau zu leuchten begann. Überall dort, wo erst kürzlich gestrichen worden war, zeigten sich intensive blaue Wischspuren. Sogar eine Jacke, die im Flur noch am Kleiderhaken hing, leuchtete intensiv blau. Doch damit nicht genug: Auch im Wohnzimmer fanden sich feinste Blutspritzer, etwa am Wohnzimmerschrank und am Fernseher. Ein Gutachter würde anhand des Blutspurenbildes später einen dynamischen Vorgang attestieren und daher von einem möglichen Tatort sprechen.

Das Ergebnis der anschließenden Untersuchung des Blutes war wenig überraschend: Es war das Blut der beiden Vermissten. Das Blut im Wohnzimmer stammte von der Tochter, das im Flur von der Mutter. Und auch am Boden des Tiefgaragenstellplatzes und an der Ladekante des Autos hatte es nach der Behandlung mit Luminol unvermittelt blau zu leuchten begonnen. Auch hier konnte man das Blut von Mutter und Tochter nachweisen. Selbst in der Waschmaschine ließ sich noch Blut der beiden Vermissten finden.

Der Ehemann wurde umgehend festgenommen. Ab diesem Moment sagte er kein Wort mehr.

Für die Ermittler war nun klar: Tochter und Mutter hatten die Wohnung am Tag ihres Verschwindens gar nicht erst verlassen, zumindest nicht lebend. Doch wo waren dann die Leichen – und was war am Tag ihres Verschwindens tatsächlich passiert?

Es gab kein offensichtliches Motiv: Weder war der Ehemann Erbe, noch hatte es Anhaltspunkte für ein Eifersuchtsdrama, für einen Racheakt oder gar für sexuelle Hintergründe der Tat gegeben. Also gingen die Ermittler von einem Streit aus, der eskaliert sein musste. Und siehe da: Auf einen Aufruf der Polizei zum Verschwinden der beiden Vermissten hin meldeten sich nun gleich zwei Nachbarinnen, die vom Tag des Verschwindens Folgendes berichten konnten:

Die eine Nachbarin bekundete, dass ihr Bruder sie an besagtem Tag gegen 12 Uhr besuchen wollte. Er habe mehrfach geklingelt, aber niemand habe aufgemacht. Er habe sie dann angerufen, und sie hätten festgestellt, dass sie sein Klingeln deshalb nicht gehört hatte, weil die Klingelanlage im ganzen Haus ausgefallen war.

Die andere Nachbarin erzählte, dass sie gegen 11 Uhr den Papiermüll zu den Tonnen vor dem Haus bringen wollte und dabei Lärm aus der Wohnung der Vermissten gehört habe. Sie wisse nicht, ob es nach Hauen klang oder als sei jemand geschubst worden, jedenfalls seien dann sogar Schreie dazugekommen. So als würde richtig gestritten werden. Sie habe aber nicht gehört, was gesagt oder geschrien wurde. Die Situation sei ihr etwas unangenehm gewesen, weshalb sie weitergegangen sei und den Müll rausgebracht habe. Als sie dann zurückkam, sei kein Geräusch mehr zu hören gewesen.

Für die Polizei war damit klar: Dass in der Wohnung die Klingel- und Gegensprechanlage fehlte, musste unmittelbar mit der Tat zu tun haben. Für die Theorie, dass die Gegensprechanlage eine tragende Rolle in dem Fall spielte, sprach auch der Umstand, dass der Verdächtige bei den

Streicharbeiten im Flur höchst unsauber gearbeitet hatte: Die Bodenleisten waren stark mit weißer Farbe bestrichen, nichts war gegen Farbe abgeklebt gewesen. Nicht einmal der Spiegel war abmontiert, sondern der Mann hatte um ihn herumgestrichen. Warum aber fehlte dann ausgerechnet die Gegensprechanlage?

War es im Flur zu einer körperlichen Auseinandersetzung zwischen Mutter und Ehemann gekommen, in dessen Verlauf er sie gegen die Gegensprechanlage stieß, die Mutter tödlich verletzte und dabei die Klingelanlage beschädigte?

Da im Flur ausschließlich Blutspuren der Mutter gefunden wurden und die Tochter um 11 Uhr, als die Nachbarin Schreie vernommen hatte und die Anlage ausgefallen war, noch in der Schule gewesen war, lag für die Ermittler der Schluss nahe, dass die Tochter erst nach dem gewaltsamen Tod ihrer Mutter nach Hause kam. Hatte sie dann die tote Mutter gesehen und musste als unliebsame Zeugin ebenfalls dran glauben?

Tathergang und Motiv waren noch unklar, aber die Ermittler brachten immer mehr Belastendes gegen den Ehemann in Erfahrung. Dass etwa die Blutspuren frisch sein mussten, stand fest, weil die im Kellerabteil sichergestellten Malerutensilien, die der Ehemann am Tag des Verschwindens im Baumarkt gekauft hatte, Blutantragungen zeigten. Und anhand von älteren Bildern der Wohnung stellten die Beamten fest, dass ein Fußabstreifer und ein Teppich fehlten. Knapp drei Wochen später sollten jener Fußabstreifer und Wohnzimmerteppich nur wenige Kilometer vom Wohnort der Vermissten in einem Waldgebiet aufgefunden werden. Beide wiesen größere Blutflecke auf, die mittels DNA-Test zweifelsfrei den Vermissten zugeordnet werden konnten: auf dem Wohnzimmerteppich das Blut der Tochter, auf dem Fußabstreifer aus dem Flur das Blut der Mutter.

Doch damit nicht genug: Die Ermittler fanden auch heraus, dass der Ehemann entgegen seinen Angaben bei der Polizei doch noch eine Fahrt unternommen hatte – und zwar zu einem Freund. Dieser wiederum gab an, der Ehemann habe bei dem besagten Treffen sehr ängstlich gewirkt und auch gesagt, dass er jeden Moment damit rechne, dass die Polizei komme und ihn hole. Warum hatte der Ehemann diese Fahrt zum Freund verschwiegen? Hatte er da die Teppiche und womöglich auch die Leichen beseitigt?

Und noch etwas konnten die Ermittler in Erfahrung bringen: Mitarbeitern am Arbeitsplatz des Verdächtigen war zwei Tage nach dem Verschwinden der beiden Vermissten aufgefallen, dass er auffällige Kratzer im Gesicht hatte, die er am Tag vor dem Verschwinden noch nicht hatte. Und auch bei seiner Festnahme konnten die dazu passenden Hautdefekte festgestellt und dokumentiert werden. Hatten sich Mutter und Tochter bei der Tat noch gewehrt und ihn dabei verletzt?

Zuletzt gab es noch die vielen offen gebliebenen Fragen: Warum hatte er kein einziges Mal versucht, seine Stieftochter zu erreichen? Und warum sich nicht ein einziges Mal bei den Ermittlern erkundigt, ob es schon neue Erkenntnisse zu den beiden Vermissten gebe? Im Gegenteil: Als man ihn verhaftete, sagte er lediglich, dass es logisch sei, dass man ihn jetzt beschuldige …

Das Gericht brauchte nicht lange, um den Ehemann zu verurteilen. Es war ein vergleichsweise kurzer Prozess. Auch das Gericht ging aufgrund der Spurenlage und der Aussagen der Nachbarn davon aus, dass es kurz vor 12 Uhr am Tag des Verschwindens zu einer Auseinandersetzung zwischen dem Ehemann und seiner Frau im Flur gekommen war, bei der die Ehefrau eine tödliche Kopfverletzung erlitt. Gegen 12 Uhr sei auch die Tochter mit stumpfer Gewalt gegen den Kopf getötet worden. Im Anschluss habe der Ehemann die gröbsten Tatspuren beseitigt, habe die Handys der Getöteten entsorgt und sei dann zum Baumarkt gefahren, um die Malerutensilien zu besorgen. Im Anschluss habe er die blutverschmierte Kleidung gewaschen, die Wohnung gereinigt und den Flur gestrichen. Danach habe er die Teppiche im besagten Waldstück und auch irgendwo die Leichen entsorgt.

Das Gericht hatte auch keinerlei Zweifel daran, dass die beiden Vermissten tot waren. Schließlich hatte es seit deren Verschwinden keinerlei Lebenszeichen mehr gegeben, und das, obwohl die Tochter noch um 12.02 Uhr ihrer besten Freundin geschrieben hatte, dass sie sich gleich melde, die Mutter sonst täglich mit dem kranken Vater in Moskau telefoniert hatte, beide in Schule und Beruf als äußerst zuverlässig galten, und vor allem, obwohl sie seither keinerlei Freunde oder Verwandte kontaktiert hatten.

Dass beide möglicherweise ein neues Leben angefangen hatten, schloss das Gericht kategorisch aus. Denn es hatte trotz der mehrfachen Äußerungen, insbesondere der Tochter, abzuhauen oder wieder nach Moskau zurückzugehen, keinerlei konkrete Pläne gegeben. Weder im Tagebuch war hierzu etwas zu finden, noch waren Freunde, Bekannte oder Verwandte über solche Pläne informiert worden. Und ohne Reisepass und ohne einen Cent Geld abzuheben wäre das nach Auffassung des Gerichts auch kaum möglich gewesen, zumal noch nicht einmal Koffer, Taschen oder gar Kleidung aus der Wohnung fehlten.

Auch einen möglichen Suizid schloss das Gericht aus. Denn gleichwohl die Tochter immer mal wieder solcherlei Gedanken geäußert und sich sogar noch kurz vor ihrem Verschwinden an den Unterarmen geritzt hatte, sprach vor allem der bereits gebuchte Sommerurlaub nach Auffassung des Gerichts gegen Selbstmordpläne, zumal Zeugen bestätigten, dass insbesondere die Tochter am Tag ihres Verschwindens gut gelaunt gewesen sei.

Und dass der Ehemann der Täter war, stand auch nicht weiter zur Debatte. Er hatte Gelegenheit zur Tat und kein Alibi. Und die Nachbarin hatte just am Tag des Verschwindens aus der Wohnung der Vermissten Schreie und Poltern gehört, zu einem Zeitpunkt, zu dem auch der Ehemann zu Hause gewesen war. Dass die Klingelanlage wegen der Streicharbeiten abmontiert worden war, war schon widerlegt, weil der Ehemann ja selbst angegeben hatte, erst gegen 18 Uhr mit den Streicharbeiten angefangen zu haben. Der Ausfall der Klingelanlage war aber schon gegen 12 Uhr festgestellt worden.

Doch viel entscheidender waren für das Gericht die aufgefundenen Blutspuren und die offensichtlichen Versuche, diese zu reinigen und zu überpinseln. Und wie sonst als durch Wegschaffen der Leichen hätten Blutspuren von Mutter und Tochter an die Ladekante des Kofferraums gelangen sollen? Auch die Verletzungen des Ehemanns unmittelbar nach dem Verschwinden der beiden Frauen ließen sich gut mit dem vom Gericht angenommenen Streit in Einklang bringen.

Als besonders auffällig wertete das Gericht die äußerst stümperhaft erfolgten Malerarbeiten, die auf eine sehr schnelle, unter Zeitdruck erfolgte Arbeitsweise hindeuteten, und die Entsorgung der Teppiche im Wald. Denn warum hätte der Mann, wenn er nicht der Täter gewesen war, die Teppiche im Wald statt im Müll entsorgen sollen, noch dazu am Tag des Verschwindens von Ehefrau und Stieftochter, an dem er sich doch ganz andere Gedanken als über die Entsorgung von Teppichen gemacht haben sollte?

Auch dass der Ehemann kein einziges Mal versucht hatte, seine Stieftochter zu erreichen, empfand das Gericht als sehr befremdlich. Der einzig logische Schluss: weil er wusste, dass sie tot war. Und warum befürchtete er bereits einen Tag nach dem Verschwinden, als die Polizei noch gar nicht ermittelte, schon jetzt verdächtig zu sein?

Und noch etwas passte dem Gericht in diesem Zusammenhang nicht: Warum glaubte der Mann, tatverdächtig zu sein, weil er der Letzte gewesen sei, der sie lebend gesehen hatte? Er hatte doch angegeben, dass beide das Haus verlassen hätten, um einzukaufen. In dem Fall hätte es zig andere Personen geben müssen, die die beiden zuletzt gesehen hätten – ganz abgesehen davon, dass dieser Umstand allein doch nicht die Angst begründen kann, selbst tatverdächtig zu sein?

Das Einzige, was wohl auch das Gericht störte: Es war keinerlei Motiv erkennbar. Weder war der Ehemann im Testament erwähnt, noch hätte er als Ehepartner vom Tod der Mutter profitiert. Und das Erbe der Stieftochter ging an den Opa in Moskau.

Es musste eine spontane Tat gewesen sein, vielleicht aus einem Streit heraus, vielleicht weil er des gemeinsamen Lebens mit Frau und Stieftochter überdrüssig geworden war. Feststellen ließ sich das freilich nicht, in seinen Kopf konnte man schließlich nicht hineinsehen.

Also ging das Gericht in dubio pro reo davon aus, dass es Totschlag und kein Mord gewesen sein musste, da sich keine Mordmerkmale zweifelsfrei feststellen ließen, und zwar weder für die Mutter noch für die Tochter.

Das Gericht verurteilte den Ehemann zu insgesamt 14 Jahren Freiheitsstrafe.

Jetzt könnte man natürlich sagen: »Glück« gehabt. Für zwei Getötete gerade mal 14 Jahre Haft, das ist nicht wirklich viel, wenn man bedenkt, dass der Ehemann bei guter Führung mit großer Wahrscheinlichkeit nach Verbüßung von zwei Dritteln, also nach etwa 10 Jahren wieder auf freiem Fuß sein wird.

Aber ein perfekter Mord? Immerhin, er wurde nicht wegen Mordes verurteilt. Wenn das jedoch die Definition eines perfekten Mordes wäre, gäbe es ziemlich viele perfekte Verbrechen und 14 respektive 10 Jahre Knast sind ja auch nicht gerade perfekt. Von einem perfekten Mord würde man also wohl kaum sprechen, auch wenn man an dieser Stelle nochmals anmerken muss: Die Leichen der beiden Frauen sind bis zum heutigen Tage nicht aufgetaucht.

Doch was, wenn die beiden gar nicht tot sind? Dann wäre es allenfalls die »perfekte« Verurteilung – und zwar eines Unschuldigen. Und dabei wäre das Urteil in diesem Fall noch nicht einmal »perfekt«, denn überzeugt Sie das Urteil?

Woher will man denn eigentlich wissen, was passiert ist, wenn es noch nicht einmal Leichen gibt? Woher weiß man, wie die Tat abgelaufen sein soll, wenn man noch nicht einmal die Verletzungen der mutmaßlichen Opfer kennt? Hätte es zumindest in Bezug auf die Mutter nicht auch ein Unfall sein können, z. B. weil die Mutter unglücklich gestürzt ist, hieran verstarb und der Ehemann dann Panik bekam? Was wenn er ihr im Streit »nur« eine Ohrfeige gegeben hätte, sie daraufhin ungünstig gegen die Klingelanlage gefallen und nur deshalb verstorben wäre? Dann wäre das juristisch kein vorsätzliches Tötungsdelikt, sondern eine Körperverletzung mit (fahrlässig verursachter) Todesfolge. Höchststrafe 10 Jahre.

Und was, wenn alles doch ganz anders war?

Vor Gericht hatte der Ehemann sein Schweigen dann doch noch gebrochen und eine ganz neue Version der Ereignisse geschildert:

Er sei morgens aufgestanden und habe Frühstück geholt. Gegen 12.30 Uhr hätte es Mittagessen gegeben, danach hätten sich die Frauen für ihre Shoppingtour fertig gemacht. Er sei derweil in den Keller gegangen. Als er nach etwa vierzig Minuten zurückgekommen sei, habe er seine Ehefrau und deren Tochter in einem handfesten Streit angetroffen. Seine Frau habe im Flur am Boden gelegen, während ihre Tochter auf ihr gesessen und mit beiden Händen den Hals ihrer Mutter umgriffen habe. Seine Stieftochter habe aus der Nase geblutet, seine Ehefrau habe eine blutende Wunde am Kopf gehabt.

Er habe dann seine Stieftochter von seiner Frau weggezogen und ins Wohnzimmer gezerrt, dann seiner Frau geholfen, wieder auf die Beine zu kommen, und sie ins Bad begleitet. Hierdurch sei Blut an seinen Pulli gelangt. Er habe aber keine Gegenstände gesehen, die die Ursache für die Verletzungen der beiden Frauen gewesen sein konnten. Er haben dann seine Frau kalt abgeduscht. Seine Stieftochter habe auf dem Wohnzimmerteppich gelegen und geweint.

Was zwischen den beiden Frauen im Vorfeld genau passiert war und vor allem, was der Auslöser für das Handgemenge gewesen sei, habe er vorerst nicht mit den beiden Streithähnen besprochen. Seine Frau habe ihn gebeten, die Wohnung aufzuräumen, und gesagt, dass sie ihm dann später alles erzählen würde. Die beiden Frauen hätten sich dann weiter fertig gemacht, gut angezogen und seien schließlich ohne sichtbare Verletzungen aus der Wohnung gegangen. Er habe sich gedacht, sie gingen möglicherweise zum leiblichen Vater, um das Problem zu klären.

Zwischenzeitlich habe er die Wohnung zunächst oberflächlich gereinigt, die Waschmaschine angeschmissen und Blutspuren beseitigt. Dann sei er in den Baumarkt gefahren, um die Malerutensilien zu besorgen. Danach habe er die Wäsche in den Trockner gegeben, weitere Waschladungen gewaschen, den Boden gewischt und die Wände gestrichen. Um besser streichen zu können, habe er die Sprechanlage abgenommen. Er habe auch versucht, die Teppiche zu reinigen, das Blut habe sich aber nicht entfernen lassen, sodass er die Teppiche weggefahren habe, um sie ins Gebüsch zu werfen. Ab 21.30 Uhr habe er vergeblich versucht, seine Frau zu erreichen. Der Rest sei bekannt. Allerdings hätte es schon im Vorfeld immer wieder Handgreiflichkeiten zwischen Tochter und Mutter gegeben, zum

Beispiel als seine Frau ihrer Tochter das Handy weggenommen hätte.

Und jetzt? Sagen Sie: »Kann sein, muss aber nicht«? Vielleicht denken Sie auch: »Warum ist er nicht gleich mit der Wahrheit rausgerückt?« Es hätte doch keinen Sinn gemacht, einen solchen Streit nicht zu erwähnen, vor allem wenn die beiden Frauen daraufhin spurlos verschwinden. Vielleicht halten Sie es auch so wie das Gericht und tun die Einlassung des Ehemanns als bloße Schutzbehauptung ab, die er schön an das Ermittlungsergebnis und den Akteninhalt angepasst und damit frei erfunden hat?

Auf der anderen Seite hatte der Ehemann für alles irgendeine Erklärung: Die Stieftochter habe er nicht kontaktiert, weil das Verhältnis nicht so gut gewesen sei und der leibliche Vater bereits ständig versuchte, sie zu erreichen. Die Teppiche habe er im Wald – und nicht im Müll – entsorgt, weil vielleicht der ein oder andere Bewohner des nahe dem Wald gelegenen Asylbewerberwohnheims sie noch hätte brauchen können. Und den Besuch bei seinem Freund am Tag nach dem Verschwinden habe er bei der Polizei nicht erwähnt, denn er sei für ihn nicht so wichtig gewesen.

Auch die Aussage des Blutspurenexperten vor Gericht weckt Zweifel. Er bekundete, dass die Tropfspuren im Wohnzimmer theoretisch auch von Nasenbluten hätten herrühren können, und dass die aufgefundene Blutmenge, insbesondere an den beiden Teppichen, keine sonderlich große, schon gar keine tödliche Menge war. Da aufgrund des Überstreichens an der Wand im Flur nicht mehr rekonstruierbar war, um welche Art Blutantragungen – also Tropf-, Spritz-, Ablaufspuren oder anderes – es sich letztlich handelte, konnten daraus keine Rückschlüsse auf den genauen Tathergang gezogen werden. Auch die Blutspuren an der Ladekante des Kofferraumes hätten von den abtransportierten Teppichen und nicht etwa von den Leichen stammen können ...

Das größte Rätsel werfen aber die nach wie vor fehlenden Leichen auf. Ist es nicht sehr merkwürdig, dass die Spuren des Tatortes so stümperhaft beseitigt wurden (um den Spiegel herumgestrichen, blutverschmierte Teppiche achtlos in einem nahe gelegenen Wald entsorgt), aber die Leichen bis heute verschwunden sind und damit perfekt versteckt oder beseitigt wurden? Und das im Übrigen trotz sehr intensiver Suchmaßnahmen mit Hunden, Hubschraubern und Einsatzhundertschaften?

Fragt sich: Sollte man jemanden wirklich wegen eines Tötungsdeliktes verurteilen können, wenn man keine Leiche(n) hat?

In England galt über Jahrhunderte hinweg der Grundsatz, dass es ohne eine Leiche keinen Mordprozess geben kann. Dies übrigens nicht ohne Grund: Im Jahr 1660 war ein Mann spurlos verschwunden und drei Tatverdächtige wurden dafür gehängt. Dummerweise tauchte der besagte Mann zwei Jahre später wieder auf.

Natürlich haben sich seither Kriminalistik und forensische Wissenschaft so weit entwickelt, dass ein Mord zuweilen auch ohne das Vorhandensein einer Leiche nachgewiesen werden kann. Die Frage ist nur: Gilt das auch für den vorliegenden Fall der verschwundenen Mutter und Tochter?

Anhand der aufgefundenen Spuren steht lediglich fest,

dass beide Frauen irgendwann einmal im Flur beziehungsweise im Wohnzimmer Blut verloren haben. Wie es dazu kam, weiß man ebenso wenig, wie man den Zeitpunkt des Blutverlusts kennt. Denn das Alter von Blut- respektive DNA-Spuren lässt sich mit den heutigen wissenschaftlichen Methoden noch nicht ermitteln. Es war auch nicht so viel Blut gefunden worden, dass die beiden Frauen aufgrund des hohen Blutverlustes nicht mehr leben konnten. Ganz im Gegenteil: Es war in Anbetracht der Tatsache, dass zwei Menschen tot sein sollten, vergleichsweise wenig Blut, das die Ermittler gefunden hatten.

Und dass Menschen – aus welchem Grunde auch immer – freiwillig alles aufgeben, um zu verschwinden, ist auch nicht völlig abwegig. Manche verschwinden, weil sie psychische Probleme haben, andere aus finanziellen Gründen, wieder andere der Liebe wegen. Manche geben ihr bisheriges Leben auf, um schlicht und ergreifend ein neues Leben ohne Altlasten, Verbindlichkeiten oder die sprichwörtlichen Leichen im Keller zu beginnen.

Mit letzter Sicherheit konnten weder die Polizei noch das Gericht eine dieser Möglichkeiten ausschließen.

In anderen Ländern, etwa in Großbritannien oder in den USA, ist eine Verurteilung bei einem Mord ohne Leiche deutlich schwieriger. Dort heißt es zu Recht, dass die zuverlässigsten Beweise für die Todesumstände die Leiche selbst liefert. Stechen Sie etwa auf einen bereits Verstorbenen ein, der – von Ihnen ungeahnt – kurz zuvor an einem Herzinfarkt verstorben war, können Sie sich nicht eines vollendeten Tötungsdeliktes strafbar gemacht haben, schließlich war das Opfer schon tot. Einen solchen Nachweis kann man aber nur führen, wenn man die Leiche untersuchen kann. Gleiches gilt für die theoretische Möglichkeit, dass jemand seine Ehefrau schlägt und dabei auch verletzt, sie aber im Anschluss Suizid begeht. Auch das wäre kein Mord, sondern eine vorangegangene Körperverletzung.

Aus diesen Gründen wird in Großbritannien und in den USA vorausgesetzt, dass vor Gericht nicht nur bewiesen werden muss, dass jemand tot ist, sondern auch, wie die Person zu Tode gekommen ist – und dass der Tatverdächtige dafür auch verantwortlich ist. Kann die Staatsanwaltschaft all dies nicht anhand von Beweisen und Indizien belegen, darf der Verdächtige nicht verurteilt werden.

Für unseren Fall stellt sich also die Frage: Kann nicht alles ganz anders abgelaufen sein? Was ist denn mit den angespannten Telefonaten auf Russisch, die die Mutter in den letzten Wochen immer wieder in der Mittagspause geführt hatte?

Welche Rollen spielen die mehrfach geäußerten Suizidpläne und die tatsächlich erfolgten Suizidversuche der Tochter? Immerhin hatte sie schon mal vorgehabt, sich vom Balkon zu stürzen, und nur wenige Tage vor ihrem Verschwinden hatte sie ihre Handgelenke geritzt, Sie erinnern sich?

Warum war die Mutter nur zwei Wochen vor ihrem Verschwinden in Moskau gewesen, um ihr Testament zu ändern, das weder vor noch nach der Änderung auch nur irgendetwas mit dem Ehemann zu tun hatte?

Wie konnte die Mitarbeiterin der Eisdiele die Mutter am Tag des Verschwindens gegen 17 Uhr gesehen haben, wenn sie doch zu diesem Zeitpunkt entsprechend den gerichtlichen Feststellungen längst tot gewesen sein musste?

Was hatte es mit den steten und teils tätlichen Auseinandersetzungen zwischen Mutter und Tochter auf sich, von denen gleich mehrere Zeugen berichteten?

Und wie zum Teufel sollte der Mann gleich zwei Leichen so verschwinden lassen, dass sie bis heute unentdeckt sind – wenn es ihm nicht einmal gelang, zwei blutverschmierte Teppiche für immer zu entsorgen?

Um auf meine Frage zurückzukommen: Ja, es kann auch alles ganz anders gewesen sein. Die Entscheidung der nächsthöheren Instanz über die Richtigkeit des Urteils steht noch aus …

Die Personenfahndung nach Vermissten wird jedenfalls nach dreißig Jahren eingestellt.

DER EHRENMANN

Zweite Mordkommission K 11, 5.58 Uhr:

Der Beschuldigte wird aus der Haftanstalt zur Vernehmung gebracht. Da die Bekleidung des Beschuldigten sichergestellt wurde, trägt er einen Papieranzug und Badeschuhe. Neben ihm sitzt ein Dolmetscher für die arabische Sprache.

»Wie geht es Ihnen jetzt?«

»Ich bin in keiner so guten Verfassung.«

»Warum nicht?«

»Ich fühle mich nicht wohl wegen dieses Ereignisses.«

»Was war heute Nacht?«

»Ich hatte mitbekommen, dass meine Frau jeden Samstag ausgegangen war, obwohl sie zu mir immer sagte, sie geht zu ihrer Schwester und schläft dort. Dabei schminkte sie sich immer sehr auffällig, und am nächsten Morgen, wenn sie dann gegen 9 Uhr wieder heimkehrte, konnte man die Spuren von Schminke unter ihren Augen noch sehen. Ich versuchte, ihr zu erklären, dass das, was sie macht, unfair und unsittlich ist. Denn ich wusste, dass sie die Nacht mit einem anderen Mann verbringt.«

Der Beschuldigte will wissen, ob seine Frau noch lebt. Es wird ihm mitgeteilt, dass seine Frau im Krankenhaus verstorben ist. Antwort des Beschuldigten:

»Gott möge ihr ihre Sünden vergeben, aber sie hat mir unrecht getan. Ich weiß nicht, was ein anderer Mensch in meiner Lage getan hätte, wenn ihn seine Frau ständig betrogen hätte.«
»Wie oft haben Sie auf Ihre Frau eingestochen?«
»Ich kann mich leider nicht daran erinnern.«
»War es einmal oder öfter?«
»Es war mehr als einmal, aber ich habe nicht mitgezählt.«
»Wo haben Sie mit dem Messer auf Ihre Frau eingestochen?«
»Ich habe sie von vorne attackiert. Der Koran sagte mir, dass das der richtige Weg ist für diese Schande.«
»War dies Ihr Gedanke beim Zustechen, oder haben Sie sich vorher mit dem Koran beschäftigt?«
»Ich bin kurz vorher in die Wohnung und nahm den Koran in die Hände. Ich hab nachgeschlagen, was richtig ist, was ich machen soll. Dabei bekam ich die Antwort, dass meine Absicht in Ordnung ist.«
»Was stand im Koran? Stand dort, dass man seine Frau umbringen darf, wenn sie fremdgeht?«
»Ich habe nur in Erinnerung, dass der Vers, den ich gelesen habe, gut war. Dann habe ich auch das Messer mitgenommen.«
»Was meinen Sie mit gut?«
»Ich habe die Stelle so verstanden, dass ich vom Koran bzw. von Gott eine Erlaubnis erhalten habe.«
»Eine Erlaubnis für was?«
»Bevor ich den Koran aufschlug, war ich nicht sicher, ob ich

sie töten soll oder nicht, aber als ich dann nachschlug und einen guten Vers las, war die Sache klar, und es ging ganz schnell. Im Koran steht allgemein, dass wenn eine verheiratete Frau fremdgeht, sie getötet werden darf.«

»Sie haben sich also, nachdem Sie den guten Vers gelesen haben, sofort entschieden, Ihre Frau zu töten?«

»Ja. Meine Frau hat sich nämlich sonst nie geschminkt.«

»Fiel dann der Entschluss, das Messer mitzunehmen, um Ihre Frau umzubringen?

»Ja. Denn immer, wenn Sie den anderen Mann getroffen hat, hat sie sich geschminkt. An diesem Abend war es genauso, und der Mann hatte unten vorm Haus sogar schon gewartet. Der göttliche Befehl sagte zu mir, wenn meine Frau nicht auf mich hört, dann kann ich nicht weiter zusehen, wie sie mit fremden Männern schläft.«

»Was wollten Sie mit den Messerstichen bezwecken?«

»Mein Gewissen erleichtern und die familiäre Ehre wiederherstellen. Ich konnte diese Demütigung und Beschmutzung nicht länger ertragen.«

»Wollten Sie das Leben Ihrer Frau beenden mit diesem Angriff?«

»Ja.«

»Mit welcher Hand haben Sie zugestochen?«

»Mit der rechten Hand.«

»Wissen Sie noch, wie fest Sie zugestochen haben?«

»Nein.«

»Wissen Sie noch, wo Sie Ihrer Frau den ersten Stich verpasst haben?«

»Im Hausflur.«

»Stand Ihre Frau Ihnen gegenüber oder mit dem Rücken zu Ihnen?«

»Wir standen uns gegenüber. Es war vielleicht ein wenig schräg, aber wir standen uns gegenüber.«

»Wie weit standen Sie voneinander weg, als Sie zustachen?«

»Ich schätze circa einen halben Meter.«

»Haben Sie unmittelbar vor dem ersten Stich noch etwas zu Ihrer Frau gesagt?«

»Ich habe zu ihr gesagt: ›Komm, es ist nicht gut, dass du jetzt zu ihm gehst. Bleib bei mir zu Hause. Das will auch Gott nicht, dass du so was machst.‹ Sie sagte: ›Geh weg, dafür braucht man keinen Gott.‹ Was soll ich sagen: Das waren dann ihre letzten Worte.«

»Wo hatten Sie das Messer, als Sie Ihre Frau aufforderten, zu Hause zu bleiben?«

»Ich hatte das Messer zwar in der Hand, aber versteckt in der rechten Hosentasche.«

»Wann haben Sie dann das Messer rausgezogen und auf Ihre Frau eingestochen?«

»In diesem Moment, in dem sie auch noch Gott verschmähte und sagte, ›hierzu braucht man keinen Gott‹, habe ich zugestochen.«

»Haben Sie Ihre Frau geliebt?«

»Ja, ich habe meine Frau sehr geliebt. Ich habe mich nicht nur bemüht, ihre Wünsche zu erfüllen, in dem ich sie nächtelang massiert habe, bis sie einschlief, sondern auch im Alltag habe ich mich bemüht, damit sie weniger Arbeit hat. Ich habe zum Beispiel Kuchen gebacken und abgespült.«

»Haben Sie Ihre Frau vorhin, als Sie sie getötet haben, auch noch geliebt?«

»Ja.«

»Sie haben gesagt, dass Sie das Messer in der Hose, in der rechten Hosentasche, gehabt haben, sodass es Ihre Frau nicht sehen konnte. Es ist ein sehr großes Messer, wie haben Sie es verstecken können?«

»Ich hatte zunächst das Messer in meinem Ärmel versteckt, damit sie nicht Angst hat vor mir.«

Der Beschuldigte wird aufgefordert, mit einem Plastikmesser zu zeigen, wie er das Messer in der Hosentasche hatte. Er nimmt das Plastikmesser in die rechte Hand und umfasst die Klinge, sodass sie von der Hand verdeckt wird. Der Griff des Messers zeigt am Unterarm entlang nach oben, unter seinem langärmeligen Papieranzug.

»Sie haben gerade gesagt, dass Sie mehr als einmal auf Ihre Frau eingestochen, aber nicht mitgezählt haben. Der Rechtsmediziner hat jetzt über zwanzig Verletzungen, großteils Stichverletzungen, festgestellt. Wie können Sie dies erklären?«

»Ich hatte die Kontrolle über mich verloren.«

»Ihre Frau hatte auch Stichverletzungen am Rücken, wie kamen diese zustande?«

»Ich kann mich nicht erinnern.«

»Sie haben gesagt, dass Sie ihr die ersten Stiche im Hausflur zugefügt haben. Ihre Frau wurde aber im Eingangsbereich der Wohnung der Nachbarin gefunden. Ist demnach Ihre Frau von Ihnen weggelaufen?«

»Ich kann den Vorgang jetzt nicht mehr beschreiben. Ich weiß, dass ich meine Frau im Gang, ganz in der Nähe von der Wohnung der Nachbarin, angetroffen habe und die Haustür schon offen war. Nach den ersten Stichen ging sie zur Wohnung der Nachbarin, und ich hinterher. Ich hab die Kontrolle verloren.«

»Wissen Sie noch, ob Ihre Frau auch am Boden gelegen hat, als Sie auf sie eingestochen haben?«

»Ich weiß nichts mehr, ich war so durchgedreht. Kann sein, kann auch nicht sein. Ich kann es jetzt nicht genau sagen.«

»Was denken Sie darüber, dass Ihre Frau nun tot ist?«

»Ich fühle in meinem Inneren den Frieden und die Ehre.«

»Geben Sie zu, dass Sie Ihre Frau heute Nacht mit dem Messer getötet haben?«

»Ich gebe zu, dass ich meine Frau umgebracht habe, weil sie fremdgegangen ist und mich gedemütigt hat durch ihre Tat. Ich glaube, dass dies auch der Wille Gottes ist.«

Vernehmungsende: 9.37 Uhr.

Leyla war im Alter von 16 Jahren zusammen mit ihrer Zwillingsschwester Dunja sowie ihren beiden Schwestern Sali und Melis aus dem Irak nach Deutschland geflüchtet. Es war hart gewesen, was sie in ihrem jungen Alter bereits erlebt hatte: Krieg, Hunger, Armut, Verfolgung. Doch Leyla war eine starke Frau und sehr fleißig. Sie strengte sich in der Schule an, lernte schnell Deutsch und bekam bereits nach kurzer Zeit eine Aufenthalts- und später – nach ihrem Schulabschluss – dann auch eine Arbeitserlaubnis. Ihr neues Leben in Deutschland schien perfekt, vor allem als dann noch Boris in ihr Leben trat.

Boris war ein entfernter Cousin von ihr, es war Liebe auf den ersten Blick. Sie trafen sich immer häufiger, gingen essen, schauten Filme, und irgendwann schliefen sie auch miteinander. Sehr zum Unmut von Leylas Eltern, denn diese hatten ihre Tochter schon längst jemandem anderen versprochen: Deniz, ihrem späteren Ehemann und Mörder. Deniz' Vater war der Bruder von Leylas Mutter, Deniz also Leylas Cousin ersten Grades. Aufgrund des frühen Todes seiner beiden Eltern war Deniz bei Leylas Familie mit aufgewachsen. Für Leyla war er immer wie eine Art Bruder gewesen, jetzt sollte er ihr Ehemann werden. Leyla wurde kurzerhand mit Deniz verlobt. Dass Deniz, der noch immer im Irak wohnte, bei seiner eigenen Verlobungsfeier in Deutschland noch nicht einmal anwesend war, störte dabei niemanden. Er wurde kurzfristig von Leylas ältestem Bruder Mehmed vertreten.

Leyla fügte sich dem Wunsch ihrer Eltern, ihr blieb kaum eine Wahl. Denn versprochen war versprochen, so das religiöse Credo von Mehmed und ihrem Vater. Kurze Zeit später folgte die Eheschließung nach islamischem Recht durch einen islamischen Geistlichen in Abwesenheit der Braut. Die Hochzeitsfeierlichkeiten selbst fanden dann im Irak statt, wo auch Leylas Schwestern Melis, Sali und Dunja zeitgleich mit weiteren Cousins verheiratet wurden. Die vier Schwestern sahen keine Möglichkeit, die Eheschließung abzulehnen, auch weil sie wegen entsprechender Äußerungen innerhalb ihrer Familie befürchteten, im Falle einer Verweigerung der Heirat den Irak nicht mehr lebend zu verlassen.

Nach der Hochzeitsfeier reisten alle wieder zurück nach Deutschland. Leylas Ehemann Deniz blieb mangels legaler Ausreisemöglichkeit zurück.

In der Folgezeit musste Leyla ihren neuen Ehemann regelmäßig im Irak besuchen. Bei ihrem zweiten Besuch wurde sie von ihm schwanger. Leyla hatte sich zwar auf Druck ihrer Eltern auch von Boris getrennt, liebte ihn aber immer noch. Und als dann ihre Tochter auf die Welt kam und sie sich ohne jede Unterstützung des Kindesvaters, der ja nach wie vor im Irak lebte, auf sich allein gestellt sah, meldete sie sich wieder bei Boris. Heimlich, versteht sich. Keiner durfte davon erfahren, nicht Deniz und schon gar nicht ihr Vater.

Was Leyla nicht wusste: Zwischenzeitlich war es Deniz mithilfe eines Schleusers gelungen, nach einer 25-tägigen Reise über den Iran, die Türkei, Griechenland und Italien illegal nach Deutschland einzureisen. Ihre Überraschung dürfte entsprechend groß gewesen sein, als ihr Ehemann plötzlich vor ihrer Haustür stand und zu ihr in die Wohnung zog. Leyla trennte sich sofort von Boris, schon wegen der Erwartungen und religiösen Vorgaben ihrer Familie, aber irgendwie auch für ihre Tochter. Schließlich war Deniz der leibliche Vater. Deniz stellte einen Asylantrag und erhielt vorübergehend eine Aufenthaltsgestattung für ein auswärtiges Asylbewerberheim. Er wohnte dennoch bis zur Tat stets in Leylas Wohnung und besuchte das Asylbewerberheim nur, um seine Post abzuholen.

Doch wie heißt es so schön: Liebe findet ihren Weg. So sah es zumindest Boris. Denn der konnte und wollte die Trennung von Leyla nicht akzeptieren. Immer wieder versuchte er persönlich oder über Dritte, Kontakt zu Leyla aufzunehmen, sodass es nicht lange dauerte, bis ihre Familie auf Boris aufmerksam wurde. Genauer gesagt war es zuallererst Deniz' Bruder Baran – der zugleich der Ehemann von Leylas Schwester Sali war –, der von der früheren und unehelichen Beziehung zwischen Leyla und Boris erfuhr.

Um Boris loszuwerden, legte Baran kurzerhand ein Feuer in seiner Wohnung und behauptete, Boris sei der

Brandstifter gewesen. Allerdings flog der Schwindel schnell auf. Es war für die Polizei einfach nicht nachvollziehbar, warum Boris eine Schlafcouch und noch dazu ausgerechnet die von Salis Ehemann in dessen Wohnung angezündet haben sollte. Man könnte auch sagen, dass er sich die Finger an seinem eigenen Feuer verbrannt hat, jedoch nicht nur Baran, der in der Folge zu fünf Jahren Gefängnis verurteilt wurde. Auch Leylas Vergangenheit holte sie nun ein, denn nach der missglückten Falschverdächtigung hatte Baran über ihre Beziehung zu Boris ausgepackt. Deniz sollte sich fortan von einer ganz anderen Seite zeigen. Die vielen Schläge, Beschimpfungen und Demütigungen, die nun folgten, auch regelmäßig im Beisein ihrer mittlerweile dreijährigen Tochter, waren für Leyla irgendwann nicht weiter zu ertragen. Eines Abends nutzte sie ihre Chance und flüchtete zu Boris, der ihr riet, Strafanzeige gegen ihren Ehemann zu erstatten. Das tat sie. Deniz wurde festgenommen und landete wegen der massiven Gewalt gegen seine Ehefrau in Untersuchungshaft.

Nur leider – Sie ahnen es bereits – sollte Leylas Geschichte bald ein unerwartetes Ende nehmen. Deniz schaltete nämlich nicht nur einen Anwalt ein, sondern auch Leylas Familie. Was dann geschah, können letztlich nur die Beteiligten selbst wissen, allen voran Leylas ältester Bruder Mehmed. Sicher ist, dass dieser Leyla bei Boris aufsuchte und sie nicht nur davon überzeugte, die Anzeige gegen Deniz zurückzunehmen, sondern auch davon, zu ihrem Ehemann zurückzukehren. Deniz wurde noch am selben Tag aus dem Gefängnis entlassen. Ohne Leylas Aussage gegen ihren Ehemann hatte die Polizei nichts mehr gegen ihn in der Hand.

Übrigens: Dass man eine Anzeige so einfach zurücknehmen kann, ist ein weitverbreiteter Mythos, der so nicht richtig ist. Denn in Deutschland gilt der Grundsatz, dass die Strafverfolgungsbehörden verpflichtet sind, Ermittlungen aufzunehmen, sobald sie zureichende Kenntnis von einer (möglichen) Straftat haben. Daran ändert auch nichts, wenn das Opfer seine Strafanzeige »zurücknimmt«, denn die Kenntnis der Strafverfolgungsbehörden wird ja damit nicht aus deren Köpfen und Akten gelöscht. Sie sind trotzdem weiterhin verpflichtet zu ermitteln, selbst dann, wenn das Opfer gar nicht möchte, dass gegen den Täter ermittelt wird.

Das führt bisweilen zu großem Unmut, nicht nur bei den Strafverfolgungsbehörden, sondern vor allem bei den Opfern. Denn in anderen Ländern wie etwa Großbritannien gehört es zum ureigenen Recht eines Opfers, selbst darüber bestimmen zu dürfen, ob man sich den oft leidvollen Strapazen eines Strafverfahrens stellen möchte. Nicht selten führen gerade die langwierigen Ermittlungen oder das oft psychisch sehr belastende Gerichtsverfahren, in dem die Opfer dann als Zeugen aussagen und die Tat somit noch einmal psychisch durchleben müssen, zu massiven Retraumatisierungen. In Deutschland möchte der Gesetzgeber aber eine effektive Verbrechensbekämpfung und Strafdurchsetzung, sei es aus präventiven Gründen, also damit potenzielle Täter abgeschreckt werden, sei es aus politischen Gründen, damit die Bürger sich sicher fühlen.

In Leylas Fall führte die »Rücknahme« ihrer Strafanzeige dennoch dazu, dass gegen Deniz nicht weiter ermittelt wurde und – noch viel schlimmer – er sofort wieder aus der Untersuchungshaft entlassen wurde. Das lag aber nicht daran, dass Leyla – wohl auf Druck ihres Bruders – die Anzeige »zurücknahm«, sondern daran, dass sie nicht mehr bereit war, vor Gericht gegen ihren Ehemann auszusagen. Somit konnte die Staatsanwaltschaft gar nicht anders, als das Verfahren gegen Deniz einzustellen. Denn wo kein Kläger, da kein Richter. Sagt das Opfer nicht gegen den mutmaßlichen Täter aus und gibt es auch sonst keine Beweise oder Indizien, kann ein Staatsanwalt auch niemanden anklagen. Als Deniz' Ehefrau stand Leyla nämlich ein vollumfängliches Aussageverweigerungsrecht zu, wonach sie – anders als »normale« Zeugen – nicht verpflichtet ist, vor Gericht oder vor der Staatsanwaltschaft auszusagen. Dadurch soll Eheleuten, Partnern, Verlobten und sogar Verwandten bis zum dritten Grade der Konflikt erspart werden, entweder den Partner bzw. Verwandten wahrheitsgemäß zu belasten oder die Unwahrheit auszusagen und sich damit selbst wegen Falschaussage strafbar zu machen.

Dieses Recht geht sogar so weit, dass auch frühere Aussagen, wie in Leylas Fall die zuvor bei der Polizei getätigte, grundsätzlich nicht mehr verwertet werden dürfen, sofern ein Zeuge sich später auf sein Zeugnisverweigerungsrecht beruft.

Zurück zum Fall: Leyla war wie gesagt auf Drängen ihres Bruders Mehmed wieder zu ihrem Ehemann Deniz zurückgekehrt. Um ihn zu beruhigen, verschwiegen sie und ihr Bruder Mehmed, dass sie sich in der Zeit seiner Untersuchungshaft bei Boris aufgehalten hatte, und gaben Deniz gegenüber vor, sie sei in ein Frauenhaus geflüchtet. Doch an Leylas Abneigung gegenüber Deniz und – mehr noch – an ihrer Liebe zu Boris hatte sich nichts geändert. Leyla wollte die Scheidung – ein Wunsch, den sie besser nicht ausgesprochen hätte: Drei Tage vor dem Scheidungstermin war sie tot.

Das Gericht brauchte nicht lange, um Deniz wegen Mordes zu verurteilen. Er hatte die Tat gestanden. Zudem hatte es gleich mehrere Zeugen gegeben, die die Tat unmittelbar beobachtet hatten.

Letztlich war es ein einziger »dummer Fehler« gewesen, der Leyla in dieser Nacht das Leben kostete. Dabei war ihr nächtliches Treffen mit Boris doch eigentlich perfekt geplant gewesen: Nachdem sie – wie so oft – heimlich mit ihrem Liebhaber telefoniert hatte, sagte Leyla ihrem Ehemann, dass sie zusammen mit der dreijährigen Tochter die Nacht bei ihrer Schwester Melis verbringen würde. Tatsächlich würde sie aber ihre Tochter bei Melis lassen, um die Nacht bei Boris zu verbringen. Leyla verließ daraufhin die gemeinsame Ehewohnung und ging zu ihrer Nachbarin, um sich dort für Boris hübsch zu machen. Dort wartete auch ihre Schwester, die dann mit ihr und ihrer Tochter das Haus verlassen würde. Vom Fenster der Ehewohnung hätte Deniz dann auch sehen können, wie die drei zusammen aus dem Haus gingen. Alles wäre total unverfänglich. In Wirklichkeit sollte allerdings Boris in der Nähe des Autos, also außerhalb des Blickfeldes von Deniz, auf die drei warten.

Dummerweise hatte Leyla ihr Handy in der Ehewohnung liegen lassen und ausgerechnet dieses Mal vergessen, Boris' Nummer aus der Anruferliste ihres Telefons zu löschen. Es kam, wie es kommen musste: Deniz überprüfte heimlich die Anrufliste des Mobiltelefons und entdeckte darin eine ihm unbekannte Nummer. Als er auf Wahlwiederholung tippte, erkannte er sofort Boris' Stimme. Jetzt war ihm klar, was hier gespielt wurde. Er klopfte zunächst bei der Nachbarin, wo Deniz seine Frau vermutete, erhielt aber keine Reaktion. Durch Boris, der auf dem Handy der Nachbarin angerufen hatte, waren alle vorgewarnt. Leyla und die Nachbarin verhielten sich ruhig und taten so, als wäre niemand zu Hause.

Auf der Suche nach seiner Frau traf Deniz im Treppenhaus auf Melis. Sie hatte schon die Taschen in Boris' Auto verstaut und wollte gerade Leyla und deren Tochter holen. Auf Deniz' Frage, wo ihre Schwester sei, antwortete sie geistesgegenwärtig, dass sie es nicht wisse, und ging vorsorglich in ein anderes Stockwerk, um zu vermeiden, dass Deniz ihr folgte und dabei auf Leyla traf. Von dort aus rief sie Leyla auf dem Telefon der Nachbarin an und teilte ihr mit, dass Deniz sie suche und sie unbedingt in der Wohnung bleiben solle.

Hätte Leyla nur auf ihre Schwester gehört! Doch Leyla wollte sich nicht weiter verstecken. Nicht ihre Liebe, nicht ihre Freiheit, nicht ihr Leben weiter verheimlichen. Sie entschloss sich, mit Deniz zu reden. Der Rest ist bekannt.

Erst als Leyla auf dem Boden lag und ein Nachbar aus der gegenüberliegenden Wohnung wegen der Schreie seine Tür öffnete, ließ Deniz von ihr ab. Vor den großen braunen Augen ihrer dreijährigen Tochter drehte sich Leylas Blick nach oben, und ihr Herz hörte auf zu schlagen. 24 Stiche, teilweise so tief, dass sie den Oberkörper durchstießen und auf der anderen Seite wieder rauskamen, sollten Leylas Leben binnen weniger Sekunden beenden. Beim Eintreffen der Rettungskräfte war Leyla bereits tot.

Möglicherweise fragen Sie sich jetzt, was das alles mit dem perfekten Mord zu tun hat?

Immerhin wurde Deniz im späteren Gerichtsverfahren schuldig gesprochen, wenn auch »nur« wegen Mordes – ohne Feststellung der besonderen Schwere der Schuld. Kein unwichtiger Punkt, denn ohne diese Feststellung kann der Verurteilte trotz lebenslänglicher Freiheitsstrafe, die Mord zwingend zur Folge hat, grundsätzlich nach 15 Jahren wieder freikommen. Stellt das Gericht hingegen zusätzlich zur lebenslangen Freiheitsstrafe auch noch die besondere Schwere der Schuld fest, wird gesondert bestimmt, wie viel Strafe zusätzlich zur Mindesthaftdauer von 15 Jahren noch verbüßt werden muss, bis der Verurteilte auf Bewährung entlassen werden kann. Das sind im Durchschnitt zwischen 23 und 25 Jahre – falls eine Freilassung unter Berücksichtigung des Sicherheitsinteresses der Allgemeinheit überhaupt verantwortet werden kann.

Deniz war also ungeachtet der Brutalität und Kaltblütigkeit seiner Tat vergleichsweise glimpflich davongekommen. Immerhin hatte er seine Ehefrau nicht nur »übertötet«, wie Kriminalisten sagen, wenn viel mehr Gewalt im Spiel war, als zur Tötung gereicht hätte, sondern das auch noch vor den Augen des gemeinsamen Kindes. Aber waren Deniz' Motive nicht auch besonders verwerflich?

Das Strafgesetz schweigt dazu, wann man von einer »besonderen Schwere der Schuld« spricht. Richter müssen sich daher bei der Entscheidung, ob ein Mord besonders schwer wiegt, an Fallbeispielen aus der Rechtsprechung orientieren. Ausgangspunkt ist dabei die simple Erkenntnis, dass Mord nicht gleich Mord ist. So werden Sie mir vermutlich recht geben, dass ein Massenmörder, der unter widerwärtigsten Umständen vorgegangen ist, eine längere Strafe verdient als der Täter, der einen einzigen Mord verübt hat. Wann ist das Maß der Schuld so groß, dass eine Bewährung nach 15 Jahren schlicht unangemessen wäre? Die Rechtsprechung sagt: Wenn mehrere Opfer getötet werden oder der Täter besonders grausam mordet. Ein hinterhältiges oder übermäßig brutales Vorgehen, eine rücksichtslose Gefährdung weiterer Menschenleben bei einem Mordanschlag oder ein Überfall aus einem Versteck heraus. Oder das Vorliegen mehrerer Mordmerkmale wie etwa Mord aus Habgier bei gleichzeitig heimtückischem Vorgehen.

Womit wir wieder bei Deniz wären: Dass er bei seiner Tat heimtückisch gehandelt und somit mindestens eins der neun Mordmerkmale verwirklicht hatte, stand außer Frage. Leyla hatte schließlich mit keinerlei Angriff und schon gar nicht mit einem Anschlag auf ihr Leben gerechnet. Sie war der Attacke schutzlos ausgeliefert, zumal Deniz das Messer mit der Hand bzw. dem Ärmel seines Oberteils verdeckte und sie daher nicht ahnen konnte, was gleich passieren würde. Leyla hatte keinerlei Abwehrmöglichkeiten.

Waren Art und Grund der Tötung – 24 Messerstiche, noch dazu vor den Augen des Kindes, und das alles, weil Deniz eifersüchtig war – ein weiteres Mordmerkmal? Neben der verwerflichen Begehungsweise (heimtückisch, grausam, gemeingefährlich) und der verbrecherischen Zielsetzung (jemanden nur zu töten, um eine andere Straftat zu begehen oder zu verdecken), macht vor allem auch ein besonders niederes Tatmotiv (Mordlust, sexuelle Befriedigung, Habgier und sonstige niedrige Beweggründe) aus einer »normalen« Tötung einen Mord. Auch wenn Messerangriffe mitunter zu den »Standard-Tötungsvarianten« gehören, hatte Deniz' Tat nicht doch eine andere Qualität? War nicht schon allein Leylas Tötung vor den Augen ihres dreijährigen Kindes besonders skrupellos? Und was war mit Deniz' Aussage, dass jetzt die Ehre wiederhergestellt sei?

Wenn Motive wie Habgier, Mordlust oder sexuelle Befriedigung nicht der Grund der Tötung sind, sich das Motiv des Täters aber irgendwie ähnlich niederträchtig darstellt, muss ein Gericht immer prüfen, ob die Tat nicht aus sonstigen niedrigen Beweggründen geschah. Das ist nach Auffassung der Rechtsprechung dann der Fall, wenn das Motiv für die Tötung nach allgemeiner sittlicher Wertung auf tiefster Stufe steht und deshalb besonders verwerflich, ja geradezu verächtlich ist. Und auch wenn diese Definition etwas phrasenhaft wirkt – nicht zuletzt ist das Mordmerkmal der »sonst niedrigen Beweggründe« eine Erfindung aus der Nazizeit und galt seinerzeit als ein probates Mittel Andersdenkende, Kritiker und Systemverweigerer anhand »sittlicher« Kriterien zu eliminieren –, versteht man darunter heute Fälle, bei denen ein krasses Missverhältnis zwischen dem Anlass und der Tötungshandlung besteht. Regelmäßig werden Hass, besonders rassistisch motivierter, sowie Wut, Neid, Rache oder Eifersucht als niedrige Beweggründe genannt. Auch Ehrenmorde werden hier eingeordnet.

Und trotzdem verurteilte das Gericht Deniz »nur« wegen heimtückischen Mordes an seiner Frau zu lebenslanger Haft – ohne die besondere Schwere der Schuld festzustellen. Das war also eine vergleichsweise milde Strafe. Warum?

Der Fall sollte noch eine ungeahnte Wendung nehmen …

Es war ein lauer Herbsttag, an dem ich zufällig vor meiner Kanzleitür auf zwei finstere Gestalten traf, die vor dem Eingang die Schilder der verschiedenen Anwälte absuchten. Beide umgab etwas Düsteres, beinahe Unheilvolles: der eine sehr groß gewachsen und kräftig, der andere schon deutlich älter und untersetzter. Beide trugen einen dicken Vollbart und eine Art Turban. Bekleidet waren sie mit einem langen schwarzen Kaftan. Auf meine Frage, ob ich ihnen irgendwie weiterhelfen könnte, hielt mir der größere der beiden Männer wortlos einen Brief entgegen, auf graubraunem Recyclingpapier. Ich kannte die Farbe, ich kannte dieses Recyclingpapier. Es war das typische Behördenpapier, auf dem der Staat die eher unangenehme Post verschickt: Bußgeldbescheide, Zahlungsaufforderungen, Vorladungen und dergleichen.

Beim ersten kurzen Blick auf das Schreiben, das ein Polizeiwappen am oberen rechten Rand des Briefkopfes zierte, ging ich davon aus, dass es sich um irgendein Kavaliersdelikt handeln würde, eine Fahrerflucht, Trunkenheitsfahrt, irgendeine Führerscheinsache oder Ähnliches. Mein zweiter Blick ließ mich jedoch ungläubig innehalten: »Anstiftung zu Mord« stand in der Betreffzeile der Vorladung. Darunter, im Kleingedruckten, wies der Brief Leyla als die Geschädigte aus.

Der groß gewachsene, kräftige Mann war Mehmed, Leylas ältester Bruder.

Es ist ungewöhnlich, dass jemand, dem die Staatsanwaltschaft einen solchen Vorwurf macht, auf freiem Fuß ist. Wer des Mordes dringend verdächtigt wird, wird grundsätzlich immer in U-Haft genommen, gleich ob Täter, Mittäter, Gehilfe oder Anstifter – Unschuldsvermutung hin oder her.

Auch wenn ich bis zu diesem Zeitpunkt noch nie in ein Mordverfahren involviert gewesen war, geschweige denn je zuvor einen Mörder live gesehen hatte, war mir sofort klar: Wenn Mehmed bei einem solchen Tatvorwurf noch auf freiem Fuß war anstatt in Untersuchungshaft, konnte die Staatsanwaltschaft nicht viel gegen ihn in der Hand haben.

Was hatte Mehmed mit dem Mord an Leyla zu tun – und was konnte die Staatsanwaltschaft nachweisen? Deniz hatte Mehmed in seiner Vernehmung schließlich mit keinem Wort erwähnt. Ganz im Gegenteil: Er hatte den Ermittlern ausdrücklich gesagt, dass er durchgedreht sei, weil Leyla ihn mit ihren Provokationen wahnsinnig gemacht habe. Die Ermittler fragten ihn später sogar ganz konkret, ob nun auch Leylas drei Schwestern irgendetwas zu befürchten hätten, schließlich waren auch sie zwangsverheiratet worden und wollten sich mittlerweile auch scheiden lassen. Deniz' lapidare Antwort: »Das kann ich mir nicht vorstellen. Das ist einfach so passiert, dass ich Leyla getötet habe, es war kein geplantes Vorhaben, das in der Familie beschlossen wurde.«

Hellhörig war das Gericht in dem Verfahren gegen Deniz aber geworden, als ein Zeuge aussagte, dass Deniz unmittelbar nach der Tat zu Leylas Schwester Dunja gesagt haben soll, dass sie Mehmed anrufen und ihm die »gute Nachricht« überbringen solle. Und das mit der Zwangsheirat war ja auch so eine Sache: Wenn die Familie schon entschied, wen man wann heiratete, dann vielleicht auch, wer wann zu sterben hatte?

War alles doch ganz anders gewesen, und war Leylas Tod in Wirklichkeit ein »perfekter« Auftragsmord ihres ältesten Bruders Mehmed zur Rettung der Familienehre?

Das Ehedrama zwischen Deniz und Leyla schien trotz der Verurteilung noch nicht ganz auserzählt. Staatsanwaltschaft und Polizei rollten den Fall wieder auf.

Sie gingen zunächst zu Dunja, Leylas Zwillingsschwester. Bei ihrer polizeilichen Vernehmung wirkte sie sehr nervös. Sie zitterte, gab zunächst nur knappe Antworten, und die Ermittler gewannen schnell den Eindruck, dass Dunja entweder nichts sagen wollte – oder durfte. Würde sie vielleicht sonst als Nächste sterben? Immerhin wollte auch sie sich von ihrem Mann scheiden lassen. Die Polizei versuchte alles, um Dunja zur Aussage zu bewegen. Wie Dunjas Familie arbeiteten auch die Ermittler fortan mit Druck, und sie waren dabei nicht gerade zimperlich: Sie zeigten blutverschmierte Fotos vom Tatort, Bilder von Leylas dreijährigem Kind mit den großen braunen Augen, das jetzt keine Mutter – und nach dessen Festnahme – auch keinen Vater mehr hatte, sowie die Fotos von Leyla selbst, wie sie mit 24 tiefen Stichverletzungen aufgebahrt auf dem Obduktionstisch liegt.

»Wollen Sie in ein paar Tagen auch da liegen?«, fragte einer der Ermittler Dunja, ehe sie einen langen Moment innehielt und mit tränenüberströmten Augen das grausige Bild ihrer Zwillingsschwester ansah. Dunja war Leyla wie aus dem Gesicht geschnitten. Sie waren eineiige Zwillinge. Ob sich Dunja aufgrund der frappierenden Ähnlichkeit zu ihrer Schwester selbst auf dem Obduktionstisch liegen sah oder sie es ihrer toten Schwester wegen tat: Dunja brach ihr Schweigen, um zu erzählen, was die Ermittler längst vermuteten:

»Mehmed ist das Haupt der Familie. Er gibt an, wo es langgeht.«

Im Verlauf ihrer Vernehmung lieferte Dunja den Ermittlern einige Erkenntnisse, die die Familie und insbesondere Mehmed in kein sonderlich gutes Licht rückten. Schon die Sache mit der Verheiratung aller Schwestern sei »nicht schön« gewesen. Die Eltern im Irak, vertreten durch Mehmed, hätten Dunja, Leyla, Sali und Melis dazu gezwungen, jeweils einen ihrer Cousins im Irak zu heiraten. Vor ihrer Reise in den Irak hätten sie nicht gewusst, was ihnen dort bevorstand, und sie seien auch alle nicht mit der jeweiligen Heirat einverstanden gewesen.

Bei der Verlobungsfeier, die in Abwesenheit der zukünftigen Ehemänner in Deutschland stattfand, hätten sich die Schwestern noch gesagt, dass sie die Hochzeiten im Irak vom ersten Treffen mit den irakischen Männern abhängig machen würden. Nachdem sie ihre zukünftigen Ehemänner dann gesehen hätten, hätten sie sich alle vier gegen die Eheschließungen entschieden. Daraufhin seien sie von ihren Eltern und von Mehmed unter Druck gesetzt worden: Sie dürften nicht nach Deutschland zurückkehren, wenn sie die Männer nicht heirateten. Außerdem habe ihr Vater schon damals ganz offen vor den Töchtern davon gesprochen, dass er bereit wäre, einem irakischen Mörder 10 000 Euro zu bezahlen, um sie zu töten, wenn sie nicht gehorchten. Deniz selbst habe sogar zu ihrem Vater gesagt, dass er für 10 000 Euro bereit wäre, auf Geheiß ihres Vaters jemanden umzubringen.

Kurz vor Leylas Tod habe Dunja in einem Telefonat mit ihrer Schwester Melis mitbekommen, dass alle Mädchen in der Familie umgebracht werden müssten, weil sie Probleme mit ihren Ehemännern hätten. Zwei Wochen nach Leylas Ermordung habe der Vater wieder bei ihrer Schwester angerufen und gesagt, dass jetzt die anderen Mädchen an der Reihe wären.

Auch bei Melis, Leylas älterer Schwester, wandten die Ermittler den »Trick« mit den Bildern von der toten Leyla an. Danach wusste auch sie so manch Interessantes zu den Verhältnissen innerhalb der Familie zu berichten. Die Familie, insbesondere der im Irak lebende Vater, hätte Druck auf Deniz ausgeübt. Er müsse eine Scheidung um jeden Preis verhindern. Es habe geheißen, dass wenn Deniz Leyla umbringen würde, er nur zehn Jahre ins Gefängnis müsse und danach in seiner Heimat als ehrenvoller Mann herumlaufen könne. Melis sagte, ihr Bruder Mehmed sei noch zwei Wochen vor Leylas Ermordung beim Vater im Irak gewesen. Ihr Vater habe sie von dort angerufen und angekündigt, dass er einem Iraker 10 000 Euro geben werde, um Leyla umbringen zu lassen. Sie glaube, dass hinter dieser Drohung ihr Bruder Mehmed stecke.

Auch Sali, Leylas jüngste Schwester und Frau von Deniz' Bruder Baran, der inzwischen wegen Brandstiftung einsaß, war bereit zu einer Aussage. Sie gab an, dass sie es seltsam gefunden hatte, dass die Ehemänner der vier Schwestern für die Hochzeit nicht hatten bezahlen müssen und auch keine Geschenke gemacht hatten – ganz entgegen der Gepflogenheiten. Damit sei klar gewesen, dass die Männer der Familie oder vielmehr Mehmed mit der Heirat einen Gefallen getan hatten. Von Leyla wisse sie, so Sali gegenüber der Polizei, dass Mehmed ihr gedroht habe, sie umzubringen, wenn sie nicht mit Deniz zusammenbleiben würde.

Und, mehr noch, Deniz habe ihr gesagt, dass Mehmed ihm geraten habe, seine Frau umzubringen. Er hätte auch mit dem Vater im Irak telefoniert, und der habe ihn ebenfalls aufgefordert, Leyla zu töten, egal, wie viel das kosten würde. Deniz und Mehmed seien in ein Internetcafé gegangen, von wo aus sie Leylas Vater angerufen hätten. Der Vater habe in dem Gespräch gesagt, dass er 30 000 Euro für Leylas Ermordung zahlen würde. Mehmed habe erklärt, dass ein Mann nach seinem Glauben das Recht habe, seine Frau umzubringen, wenn diese fremdgehe. Man könne sich auch nicht einfach so scheiden lassen, Deniz wäre kein Mann mehr, wenn er Leyla so einfach mit einem anderen durchbrennen lassen würde.

Aber damit nicht genug. Nicht nur Leylas Schwestern, auch Leylas Liebhaber Boris war mittlerweile gewillt, mit der Polizei zu sprechen. Mit Leylas Familie schien er endgültig gebrochen zu haben: Erst die Sache mit der Brandstiftung, die Leylas Schwager ihm versucht hatte anzuhängen, und jetzt hatte ihr eigener Cousin und Ehemann ihm noch Leyla genommen. Boris sagte aus, dass Leyla auch ihm von einem Telefonat mit ihrem Vater berichtet hatte, in dem dieser drohte, für 20 000 Euro jemanden zu beauftragen, der die beiden umbringe, falls Leyla oder ihre Schwestern die Ehre der Familie zerstören würden.

Boris war der festen Überzeugung, dass Deniz, den er für naiv hielt, beauftragt worden war, die Tat zu begehen. Leyla selbst hätte ihm noch einige Zeit vor der Tat erzählt, dass Deniz nur zehn Jahre ins Gefängnis müsse, sollte er sie umbringen. Danach würde er abgeschoben und könne hocherhobenen Hauptes, wie ein richtiger Mann, herumlaufen und stolz behaupten, dass er nach islamischem Recht gehandelt habe.

Und sogar noch ein weiteres Familienmitglied war bereit,

ihr Schweigen zu brechen. Auch die Frau von Mehmeds und Leylas jüngerem Bruder Apo sagte bei der Polizei aus. Ihr hatten die Ermittler nicht einmal ins Gewissen reden, geschweige denn Leylas Obduktionsbilder zeigen müssen, um sie zum Reden zu bringen. Sie meldete sich ganz von allein und erklärte, dass Mehmed einige Wochen vor der Tat ihrem Mann Apo aufgetragen hatte, Boris' Adresse ausfindig zu machen. Es habe einen Anruf des Vater gegeben, dass Leyla umgebracht werden solle. Und sie hätte von ihrem Mann auch erfahren, dass Mehmed Deniz befohlen habe, Leyla zu töten. Sollte Deniz einfach weggehen und die Scheidung akzeptieren, so Mehmed, würde Deniz vor der ganzen Familie sein Gesicht verlieren. Leyla selbst habe ihr kurz vor ihrem Tod erzählt, dass Mehmed ihr gedroht habe, sie umzubringen, sollte sie mit Deniz nicht zusammenbleiben.

Apos Frau berichtete auch, dass Leylas Vater als Onkel wie ein Ersatzvater für Deniz sei und ihn stark beeinflussen würde. Und, für die Polizisten besonders interessant: Mehmeds Schwägerin wusste auch von dem besagten Telefonat im Internetcafé zu berichten. Dort habe Deniz lautstark auf seine Frau geschimpft, weil sie sein ganzes Leben versaut habe. Schließlich habe er wegen ihr sein gutes Leben im Irak aufgegeben und seine Mutter verlassen, um hier in Deutschland mit seiner Ehefrau zu leben. Und als Dank würde Leyla ihn mit Boris betrügen. Mehmed habe daraufhin Deniz mit dem Mord an Leyla beauftragt – schließlich habe er das Recht dazu, wenn sie fremdgehe –, und er selbst könne Deniz nicht helfen, Deniz sei ja derjenige, dessen Ehre gekränkt sei. Das habe, so Apos Frau weiter, auch der Vater bei dem besagten Telefonat gesagt, sogar, dass es egal sei, wie viel es koste. Mehmed sei noch in derselben Nacht in den Irak gereist, um das Geld vom Vater zu holen.

Zu guter Letzt befragte die Polizei noch einen islamischen Geistlichen, an den sich Leyla kurz vor ihrem Tod gewandt hatte, um die Scheidung von ihrem Ehemann nach islamischem Recht durchzuführen. Der Mann gab an, dass Mehmed die anberaumte Scheidung ein paar Tage vor der Tat abgesagt hatte und dass er daraufhin nichts mehr von der Familie gehört hätte.

Er sagte den Ermittlern auch, dass es im ganzen Koran keine Stelle gäbe, die jemandem das Recht geben würde, einen Menschen zu töten. Und auch Deniz selbst hatte in seiner Vernehmung keine Stelle angeben können, die das aussagte. Vielmehr stellte sich bei den Ermittlungen heraus, dass er nicht einmal sonderlich gläubig war.

Sie können nun sicher gut nachvollziehen, warum Mehmed selbst ins Visier der Mordermittler geraten war. Und doch blieb es dabei: Verurteilt wurde lediglich Deniz.

War also Mehmed vielleicht doch nicht der Patriarch, der über Ehen, Leben und Tod entschied?

Doch was hatte es dann mit dem Besuch bei seinem Vater, zwei Wochen vor der Tat, auf sich? Gab es diese Reise überhaupt? Und wenn ja, war die zeitliche Nähe zum Mord an Leyla nur Zufall? Handelte es sich lediglich um eine unverdächtige Urlaubsreise? Oder war er tatsächlich zu seinem Vater gereist, um Geld für die Ermordung seiner drei Schwestern zu holen?

Warum hatte Mehmed nur Tage vor Leylas Ermordung den Geistlichen angerufen und die geplante Scheidung abgesagt? Hatte Leyla ihre Meinung geändert, oder wusste Mehmed zu diesem Zeitpunkt schon, dass es keinen Scheidungstermin mehr brauchen würde, weil Leyla längst tot sein würde?

Und welche Rolle spielte bei der Tat wirklich der Koran, in dem Deniz vor der Tat noch geblättert haben will? War das religiöse Motiv rein erfunden, wenn Deniz doch gar nicht sonderlich gläubig war? War es vielmehr Mehmed, der seinem Schwager sagte, dass ein Mann nach islamischem Glauben das Recht habe, seine Frau umzubringen, wenn sie fremdgehe?

Musste Leyla sterben, um die Ehre der eigenen Familie zu retten?

Hatte Mehmed Deniz den Auftrag erteilt, Leyla zu töten?

Stand er vielleicht gar in der Schuld der vier Ehemänner, mit denen er seine Schwestern verheiratet hatte – und Leyla drohte, ihm mit dem Wunsch nach Scheidung einen Strich durch die Rechnung zu machen?

Auch Deniz' Bruder Baran, der nun wegen Brandstiftung im Gefängnis saß, hatte ja bei Gericht angegeben, Boris nur deshalb falsch verdächtigt zu haben, um die Familienehre wiederherzustellen …

Und hatte nicht auch Deniz in seiner polizeilichen Vernehmung geäußert, dass jetzt die »Ehre« wiederhergestellt sei?

Ein Blick in Mehmeds Reisepass ergab jedenfalls, dass er nur wenige Tage vor Leylas Tod tatsächlich im Irak gewesen war.

Dem Gericht in Deniz' Verfahren hatte wohl bereits im Vorfeld schon geschwant, dass er möglicherweise nur ein willfähriges Werkzeug von Leylas Vater und Bruder gewesen war, den treibenden Kräften hinter dieser schrecklichen Tat. Und genau deshalb hatte es auch davon abgesehen, bei Deniz die besondere Schwere der Schuld festzustellen; diese hatten schließlich ganz augenscheinlich andere »verdient«.

Und trotzdem: Mehmed war nicht nur weiterhin auf freiem Fuß, das Verfahren gegen ihn wurde sogar eingestellt. Ein paar Tage nachdem er und sein Begleiter vor meiner Kanzlei aufgetaucht waren, hatten alle Zeugen ihre Aussagen »zurückgenommen«.[1]

---

[1] Beim Durchblättern von Deniz' Mordakte im Zuge der Recherchen zu diesem Kapitel fiel mein Blick auf ein Familienfoto, das Leyla mit ihrem Vater im Irak zeigte. Ein kleiner, bärtiger Mann mit Turban. Es war derselbe Mann, der Mehmed seinerzeit in meine Kanzlei begleitet hatte …

FUNKSTILLE

Man hatte zunächst an einen schlechten Scherz geglaubt, als in einem Abstand von einer halben Stunde der Fund von gleich zwei verschiedenen Leichen gemeldet wurde. In der Gegend um die Gemeinde Perpignan in Südfrankreich passieren keine schweren Verbrechen, schon gar nicht irgendwelche grausigen Morde. Vermutlich also Jugendliche, die mit einer gezielten Falschmeldung ein bisschen Action in das verschlafene Nest umgeben von Wiesen, Feldern und Wäldern bringen wollten. Oder es hatte wieder einmal jemand Müll in die traumhaft schöne, aber zugleich weit abgelegene Gegend entsorgt, alte Schaufensterpuppen vielleicht?

Der Gendarmerie der lokalen Polizeistation bot sich bei ihrem Eintreffen ein surrealer Anblick: An beiden gemeldeten Orten fand sich je ein großes, längliches, aus Müllsäcken zusammengeklebtes Paket. Das eine lag auf einem Grundstück außerhalb einer geschlossenen Ortschaft, das regelmäßig von dem Pächter, Monsieur Victor, besucht wurde, der dort seine Pferde weiden ließ. Am Rand des Landwirtschaftswegs, der durch eine Baumreihe abgegrenzt und von hohem Gras bewachsen war, hatte Monsieur Victor hinter einem dichten Dornengebüsch das mysteriöse Paket gefunden. Dass sich darin nichts Gutes befand, war Monsieur Victor erst klar geworden, nachdem er das 2,40 Meter lange und 50 Zentimeter breite Paket ein Stück weit mit einem abgebrochenen Zweig aufgerissen hatte. Das Paket war in einem guten Zustand und hatte seiner Meinung nach auch noch nicht lange dort liegen können. Deshalb und wegen der überdimensionierten Größe hatte ihn seine Neugierde gepackt. Er hatte unbedingt wissen wollen, was wohl darin war. Als er das Paket schließlich ein Stück weit aufgerissen hatte, war zunächst ein blutdurchtränkter Orientteppich zum Vorschein gekommen, gefolgt von einem schier unbeschreiblich beißenden Geruch. Sofort ließ er von dem unheilvollen Paket ab.

Nur wenige Kilometer entfernt, in einem kleinen Waldgebiet, das vor allem von Radfahrern und Spaziergängern genutzt wird, war fast zeitgleich ein anderer Mann auf ein weiteres längliches Paket aus verklebten Müllsäcken gestoßen. Am unteren Rand einer steilen Böschung, anderthalb Meter unterhalb der Anhöhe eines kleinen Waldwegs, hatte es neben achtlos weggeworfenen Dosen, losen Kabeln, Plastikfolien und allerhand anderem Müll gelegen. Dass Monsieur Gustav das Paket überhaupt entdeckte, war wohl reiner Zufall, denn von dem kleinen Waldweg aus war es kaum zu sehen gewesen. Im Vorbeiradeln oder Vorbeijoggen hätte man das Paket kaum bemerkt, und selbst wenn, das Bündel aus Klebeband und Müllsäcken hätten die meisten wahrscheinlich für Abfall gehalten. Denn leider war es nicht unüblich, dass Einheimische hier ihren Müll entsorgten. Doch die auffällig saubere Verklebung der Plastikverpackung hatte Monsieur Gustavs Interesse geweckt. Geradezu akribisch waren die Enden der Müllsäcke Naht auf Naht mit dem Klebeband verbunden. Auch Monsieur Gustav ging davon aus, dass das geheimnisumwobene Paket dort noch nicht lange gelegen haben konnte, zumal es in der Gegend viele Füchse und Wildschweine gab, das Paket aber einen unversehrten Eindruck machte. Auffallend seien auch die großen Abmessungen des Bündels gewesen, das schon rein äußerlich die grobe Form einer menschlichen Gestalt aufwies. Daher öffnete auch Monsieur Gustav das Paket. An der Stelle, wo er die Füße vermutete, schnitt er mit einem Messer die Plastikfolie etwas ein. Dann kam auch hier ein Orientteppich zum Vorschein, wieder gefolgt von einem intensiven fauligen Geruch.

Die herbeigerufenen Polizisten hatten keinen Zweifel an dem unheilvollen Inhalt der Pakete und entschlossen sich, diese noch vor Ort zu öffnen – was sich später als grober Fehler herausstellen sollte …

Sie schnitten zunächst ein etwa 50 mal 50 Zentimeter großes Fenster in den ersten Müllsack, dort, wo sie die Brusthöhe vermuteten. Ganz vorsichtig schnitten sie jeweils links und rechts entlang der Verklebungen, um keinesfalls das Klebeband zu beschädigen, das die Müllsäcke miteinander verband. Denn gerade am Klebeband, das beim Einpacken vermutlich berührt worden war, um von der Klebebandrolle abgerissen zu werden, waren die meisten Spuren zu erwarten, insbesondere Fingerabdrücke. Denn mit Handschuhen lässt sich Klebeband erfahrungsgemäß nur schwer abreißen, schon allein, weil es sich von den Handschuhen schlecht ablösen lässt.

Nach dem Aufschneiden kam zunächst ein roter Orientteppich zum Vorschein, in den offenkundig etwas Großes, Schweres eingerollt war. Bei genauerem Hinsehen konnte man trotz der schattigen Lichtverhältnisse einen riesigen dunkelroten Fleck erkennen, der den Teppich regelrecht durchtränkt hatte und bis weit in die restlichen Teile des Teppichs zu verlaufen schien. Die Polizisten ahnten nichts Gutes. Vorsichtig entfernten sie dann die äußere Plastikhülle, die aus drei handelsüblichen Müllsäcken bestand, die passgenau mit Panzerband aneinander verklebt waren und eine Art Sarkophag bildeten. Dann rollten sie den großen roten Orientteppich vollständig aus. Zum Vorschein kam die Gestalt eines Menschen, bekleidet mit einer hellblauen Jeans, schwarzen Socken ohne Schuhe und einem grauen Kapuzenpulli, alles in offenbar unversehrtem Zustand. Der Kopf hingegen war in ein völlig blutdurchtränktes Handtuch gewickelt.

Als sie auch dieses Handtuch entfernt hatten, kam der Kopf eines etwa 50 bis 60 Jahre alten Mannes mit stark aufgedunsenem Gesicht zum Vorschein. Er wirkte wie eine überzeichnete Abbildung eines Buddhas, der von den eingesetzten Fäulnisprozessen tief lila bis dunkelblau angelaufen war. Nach einer oberflächlichen Untersuchung des Kopfes ließ sich der massive Blutverlust nicht auf Anhieb erklären. Zu aufgequollen war der Kopf, als dass sich irgendeine Todesursache hätte bestimmen lassen. Größere Verletzungen waren jedenfalls nicht sichtbar, auch nachdem die Ermittler den Leichnam vollständig entkleidet hatten.

Hinweise auf die Identität des Toten fanden sich nicht. Weder fand man Ausweispapiere noch andere markante Identifizierungsmerkmale. Einzig auf der Rückseite des

Teppichs fand sich ein Etikett mit dem Artikelnamen und dem Fabrikat nebst knallorangenem Preisschild auf dem »99,99« stand.

Das zweite Paket, das an einer völlig anderen Stelle aufgefunden worden war, glich in Größe, Art und Beschaffenheit dem bereits geöffneten. Die Polizei entschied, auch dieses gleich an Ort und Stelle zu öffnen. Und wieder bot sich nach dem vorsichtigen Entfernen der verklebten Müllsäcke zunächst der Blick auf einen knapp zwei Meter langen Orientteppich, in den etwas Schweres eingewickelt war. Dieser Teppich wies ebenfalls eine tief blutdurchtränkte Stelle auf. Nachdem die Polizisten den Teppich aufgerollt hatten, war klar: Auch darin verbarg sich eine Leiche, diesmal allerdings nochmals eingewickelt in eine eng an den Körper anliegende, blaue Kuscheldecke. Warum diese Leiche – anders als die erste – doppelt eingewickelt war, konnten sich die Ermittler nicht erklären, denn ansonsten war alles nahezu identisch. Der Leiche war ein blutdurchtränktes Handtuch um den Kopf gebunden worden, der auf den ersten Blick wiederum ebenso unversehrt wirkte, wenngleich er deutlich weniger aufgedunsen war. Wieder handelte es sich um den Leichnam eines Mannes, allerdings war dieser etwas jünger, vielleicht 35 bis 40 Jahre alt. Bekleidet war er mit einer dunkelblauen Jeans und schwarzen Socken, wiederum ohne Schuhe, sowie einem schwarzen Pulli. Allerdings entdeckten die Polizisten bei dieser Leiche ein kleines, aber doch markantes Detail: In den dicken rotbraunen Haaren des Verstorbenen fand sich eine Patronenhülse. Doch damit nicht genug. Beim Entkleiden der Leiche fiel den Ermittlern noch etwas weiteres, möglicherweise ganz

Entscheidendes auf: Mehrere Textilien hatten eingenähte Etiketten, auf denen in deutscher Sprache das Wort »Baumwolle« stand. Dennoch sollte es noch lange dauern, bis es zu den beiden unbekannten Leichen eine heiße Spur geben sollte ...

Nur wenige Tage vor Entdeckung der Leichen war eine Vermisstmeldung bei der deutschen Polizei eingegangen, doch eine Verbindung nach Südfrankreich stellte niemand her. In einer kleinen Gemeinde nahe Frankfurt meldete sich ein Mann beim örtlichen Revier und teilte besorgt mit, dass seit etwa einer Woche sein Vermieter, ein gewisser Dieter M. und dessen Sohn Heiko, der zudem blind sei, nicht mehr zu Hause zu sehen und auch nicht zu erreichen seien, obwohl der Pkw des Vermieters in der Garage stehe. Auch der andere Sohn von Dieter M., der ebenfalls eine Wohnung im selben Haus hatte, war seit einiger Zeit nicht mehr gesehen worden.

Nachdem die Polizei daraufhin den gesamten Tag über mehrmals auf den Handys der Vermissten angerufen hatte, die Handys aber jeweils ausgeschaltet waren, und auch eine Recherche im Polizeicomputer keine weiteren Erkenntnisse ergeben hatte, begab sich eine Polizeistreife zum Wohnhaus der drei als vermisst Gemeldeten. Dabei konnte allerdings nichts Ungewöhnliches festgestellt werden. Bei einem flüchtigen Blick durchs Fenster war lediglich zu erkennen, dass sich im Doppelbett des Schlafzimmers keinerlei Bettzeug befand und alle anderen einsehbaren Zimmer ordentlich und aufgeräumt wirkten. Hinweise auf eine Straftat, welche mit dem Verschwinden der vermissten Personen zu tun haben könnte, ergaben sich nicht. Auch gab es keinerlei Hinweise auf einen geplanten oder vollendeten Suizid. Laut Aussagen des alarmierten Mieters galten alle als voll mündig und »normal«.

Als dann kurze Zeit später einer der Vermissten, Markus M., auf seinem Handy in Spanien erreicht werden konnte, hatte sich die Sache für die Polizei erledigt. Denn Markus M. gab an, dass Bruder und Vater vollkommen gesund seien und seiner Meinung nach auch keine Gefahr bestehe, die beiden könnten sich etwas antun. Auch wenn er gerade nicht genau wisse, wo sich die beiden aufhielten, lehnte er den Vorschlag der Polizei ab, das elterliche Haus, in dem alle drei wohnten, von einem Schlüsseldienst zur Nachschau öffnen zu lassen. Er würde ohnehin bald wieder nach Hause kommen und könne dann auch selbst nachsehen, ob sich irgendwelche Hinweise auf den Aufenthaltsort seines Bruders und Vaters ergäben, sofern sie sich bis dahin immer noch nicht gemeldet hätten.

Routinemäßig fragte die Polizei auch beim Arbeitgeber des älteren Sohnes Heiko an, ob man etwas zu dessen Verbleib wisse – doch niemand wusste etwas. Der Vater habe ihn vor ungefähr einer Woche telefonisch für die nächsten drei Monate krankgemeldet. Zuletzt war er in der Woche vor der Vermisstenanzeige gesehen worden. Auf Telefonanrufe und E-Mails habe er seither nicht geantwortet. Wirklichen Grund zur Sorge hatte man dennoch nicht, denn ein Anruf beim Hausarzt gab Entwarnung: Dieser beschrieb Heiko als einen gesunden und positiv eingestellten Menschen. Und auch der Vater sei ein kerngesunder Mann, der sehr viel Sport treibe. Der Hausarzt konnte sich vorstellen, dass Vater und Sohn gemeinsam einen Urlaub verbrachten.

Etwa zwei Wochen nach dem Verschwinden kam Markus M., der jüngere Sohn, aus seinem Urlaub auf Teneriffa zurück und ging mit der Polizei zum elterlichen Haus. Er selbst hatte um die Begleitung der Polizisten gebeten. Und auch er konnte sich vorstellen, dass Bruder und Vater im Urlaub waren. Vermutlich seien sie entweder nach Mallorca oder auf die Kanaren geflogen, um dort zu überwintern. Immerhin habe der Vater ihn in der Vergangenheit auch immer wieder gefragt, wie es denn sei, den Winter auf den Kanaren zu verbringen. Er selbst habe nämlich als Mountainbikeguide die meisten Winter der letzten 15 Jahre dort verbracht. Außerdem habe der Vater in den letzten zwei Jahren oft davon gesprochen, es sich irgendwo in der Sonne des Südens gemütlich zu machen und mal wieder auf Mallorca Rennrad zu fahren.

Dass die beiden sich seither nicht bei ihm gemeldet hätten, liege wohl daran, dass sie mächtig beleidigt seien, weil er sich nicht weiter um die Sache mit dem Überwintern gekümmert habe. Im Übrigen sei das auch nicht ungewöhnlich: In den letzten Jahren habe man häufiger über Monate hinweg keinen Kontakt gehabt. Vielleicht hätten sich die beiden auch einfach eine Art Handy-Zölibat auferlegt, mutmaßte Markus. Oder sie machten gar zusammen eine Therapie wegen der Depressionen seines Bruders, und aus therapeutischen Gründen sei vielleicht der Kontakt zur Außenwelt für einen gewissen Zeitraum untersagt.

Dafür, dass die beiden tatsächlich über die Wintermonate in den Urlaub gefahren waren, sprach letztlich auch die Wohnungsbegehung mit dem Sohn und der Polizei: Die Betten waren abgezogen, die Kühlschränke in den beiden untereinanderliegenden Wohnungen von Vater und

Sohn Heiko waren leer, abgetaut und standen offen. Außerdem waren keine Toilettenartikel mehr vorhanden wie etwa Zahnbürsten, Rasierer oder Ähnliches. Schließlich fehlten auch die Koffer und viele Bekleidungsstücke aus den Schränken.

Was den Sohn Markus zusätzlich beruhigte: Er gab an, dass sein Anruf auf dem Handy seines Vaters tags zuvor »durchgegangen« sei, was bedeutete, dass das Handy wieder angeschaltet war. Zwar hatte sein Vater nicht abgehoben, er hatte ihm aber auf die Mailbox gesprochen.

Eine Vermisstenanzeige wurde daher nicht erstattet.

Etwa zwei Monate später meldete sich ein Freund von Heiko M. bei der Polizei und teilte mit, dass sich Heiko noch immer nicht bei ihm gemeldet und der Bruder Markus kein Interesse mehr am Auffinden von Vater und Bruder habe.

Auch die blinde Ex-Freundin von Heiko meldete sich bei der Polizei und schrieb in einer E-Mail:

Sehr geehrte Damen und Herren,
am 14. November hat Markus M. seinen Bruder zum Bahnhof gefahren, bevor er selbst wieder gen Kanaren fuhr.
Heiko wollte Tandem fahren, aber an diesem Tag gab es gar keine Tandemfahrt.
Am 15. November hat wohl eine Nachbarin Dieter M. noch gesehen.
Am 16. November wollte Heiko seinen langjährigen Freund Guido besuchen, ist dort aber nicht erschienen.
Das Komische: Es gibt in diesem Zeitraum keine Taxifahrten von der Adresse der Verschwundenen zum Flughafen

oder sonst irgendwo hin! Und das Auto steht ja bekanntlich in der Garage.
Ein gemeinsamer Freund kann Spanisch und hat mal die Campingplätze auf Mallorca angerufen. Fehlanzeige!
Kein blinder Mann mit seinem Vater.
Ich kann mir weder vorstellen, dass Heiko drei Monate mit seinem Vater weg ist, noch dass er ohne Computer und Telefon und ohne Kontakt zu seinen Freunden und Bekannten weg ist. Das ist sehr untypisch für ihn!!!
Freundlichen Gruß
Karin S.

Der Mail von Karin S. beigefügt war folgende E-Mail von Heikos Bruder Markus:

Hallo Karin,
ich bin mit dem Thema »scheinbar spurloses Verschwinden meines Bruders und Vaters« echt durch und möchte diesbezüglich alle Beteiligten um Verständnis bitten, dass ich mich auch so langsam mal um meine eigenen Sachen kümmern möchte/muss und nicht dreimal täglich unzähligen Leuten die gesamte »Leidensgeschichte« rund um das Thema darlegen will, was ich bereits mehr als ausführlich getan habe. Offensichtlich sind die zwei irgendwo im sonnigen Süden überwintern. Als ich vor einer Woche extra aus Spanien nach Hause geflogen bin, habe ich mit der Polizei die Wohnungen von Heiko und unserem Vater begangen. Beide Wohnungen waren mehrfach verschlossen, alle Sicherungen abgedreht, Kühlschränke und Gefriertruhen abgetaut, Kleiderschränke halb leer, Sommersachen weg, Winterklamotten da, Koffer weg, Reisepässe und ein beträchtlicher

Geldbetrag weg. Die beiden können mit der Summe wahrlich lange im sonnigen Süden überwintern. Nach dem Tod meiner Mutter vor zwei Jahren hat mein Vater oft von dem Thema gesprochen, dabei ging es meist um Mallorca oder die Kanaren. Da ich diesbezüglich bereits seit 15 Jahren im Mountainbiketourismus tätig bin, wollte mein Vater das mit mir zusammen machen, was ich aber ablehnte, da Tourismus 7 Tage die Woche, 24 Stunden am Tag Arbeit bedeutet und da kein Raum für meinen Vater und meinen Bruder bleiben würde.
Das die beiden sich diesbezüglich bei niemandem gemeldet haben, verwundert mich nicht allzu sehr. Wir haben teilweise langen Kommunikationsstillstand gehabt. Das ist für mich nichts Ungewöhnliches.
Ich möchte nun auch Dich wie alle anderen bitten, von wilden Theorien, über was auch immer passiert sein könnte, Abstand zu nehmen. Laut Polizei gibt es keinerlei Anhaltspunkte für ein Unglück oder was auch immer. Die Polizei hat nun, nachdem ich da war und durch weitreichende Informationspolitik etwas Licht in das Dunkel bringen konnte, auch ihre Ermittlungen eingestellt.
MFG
Markus

Etwa einen weiteren Monat später meldete sich die Ex-Freundin von Heiko erneut bei der Polizei, diesmal, um mitzuteilen, dass sie immer noch keine Kenntnis über den Aufenthaltsort von Vater und Sohn habe. Sie habe auch abermals den Mieter aus dem gemeinsamen Haus der Vermissten kontaktiert, doch auch der habe die beiden in der Zwischenzeit nicht gesehen oder gehört. Im Gespräch mit ihr habe der Mieter jedoch geschildert, dass Markus M. vor einigen Wochen da gewesen sei und einige Sachen von Vater und Bruder weggeschlossen hätte. Auch hätte er das Auto an einen unbekannten Ort verbracht. Er vermute, dass Markus damit erreichen wolle, dass Sohn und Vater sich bei Wiedererscheinen bei ihm melden müssten, um in den Besitz der Sachen zu gelangen.

Die zuständige Polizeidienststelle blieb jedoch dabei, dass die bisherigen Ermittlungen keinerlei Hinweis auf eine Vermisstensache oder gar eine Straftat ergeben hätten. Heiko und Dieter M. seien erwachsene Menschen und könnten tun und lassen, was sie wollten.

Karin S. war frustriert. Auch wenn sie nicht mehr mit Heiko zusammen war, hatte sie ihn nach wie vor sehr lieb und vermisste ihn. Zwei ganze Monate hielt sie noch durch, freilich ohne irgendein Lebenszeichen von Heiko erhalten zu haben. Dann beschloss sie, zu einer anderen Polizeidienststelle zu gehen und dort ihr Glück zu versuchen.

Wiederum beharrte sie darauf, dass ihr Ex-Freund Heiko M. ein überaus verlässlicher Mensch sei, der sich nie ohne Erklärung oder grundlos an vereinbarte Termine nicht halte. Außerdem sei er, solange sie ihn kenne, jeden Tag in diversen Gesprächsforen für Blinde im Internet gewesen, da dies oft die einzige Kommunikationsmöglichkeit für Blinde sei. Auch dort war er seither nicht mehr aufgetaucht. Und sie wisse von Heikos Bruder Markus, dass Vater und Bruder offensichtlich eine größere Menge an Bargeld mitgenommen, jedoch ihre EC- und Kreditkarten in der Wohnung zurückgelassen hätten, was für den Fall einer längeren Urlaubsreise doch sehr ungewöhnlich sei.

Das wortlose Verschwinden von Heiko passe in keiner Weise zu seinen üblichen Gepflogenheiten, noch nicht einmal deutlich Unwichtigeres hätte er zum Anlass genommen, unentschuldigt zu sein. Sie gehe deshalb davon aus, dass Heiko sich gar nicht melden könne, obwohl er es vielleicht gerne würde, und möglicherweise gegen seinen Willen von zu Hause weggebracht wurde. Auch die Tatsache, dass der Bruder dem Verschwinden seiner nächsten Angehörigen zunächst gar nicht nachgegangen war und er nach wie vor recht zögerlich agierte, spräche dafür, dass dort irgendetwas nicht stimmen könne. Sie selbst sehe keine andere Möglichkeit, als sich nach zahlreichen ergebnislosen Versuchen, Heiko aufzufinden, erneut an die Polizei zu wenden. Sie erhoffe sich, dadurch wenigstens zu erfahren, dass Heiko noch am Leben sei und es ihm gut gehe ...

Karin hatte zugegebenermaßen ein paar starke Punkte. Am meisten irritierte den Polizeibeamten, der die Aussage aufnahm, dass mittlerweile sechs Monate ins Land gezogen waren, Markus bis dato aber weder seinen Vater noch seinen Bruder als vermisst gemeldet hatte. Auch die an sich zuständige Polizeidienststelle, die der aufnehmende Polizist umgehend verständigte und über Karin S.' neuerliche Anzeige unterrichtete, war nun alarmiert. Grund genug, noch einmal mit Markus M. zu sprechen und die Wohnungen etwas genauer unter die Lupe zu nehmen.

Im Gespräch mit der Polizei, bei welchem Markus M. seinen Vater und Bruder auf Druck des leitenden Kommissars offiziell als vermisst meldete, gab er an, seinen Vater letztmals am 15. November an der gemeinsamen Wohnanschrift gesehen zu haben, ehe er selbst wieder zum Mountainbiken nach Spanien gefahren sei. Wie bereits mehrfach erwähnt, habe der Vater ein starkes Interesse am Überwintern im Warmen gezeigt und vielfach Fragen zum Thema Wohnmobil gehabt. Bei ihnen in der Familie sei es grundsätzlich nichts Ungewöhnliches, sich längere Zeit nicht zu melden. Man pflege einen lockeren, unkomplizierten Umgang. Bei seiner Rückkehr aus Spanien, ungefähr einen Monat später, habe er festgestellt, dass das Fahrzeug des Vaters, ein roter Mazda nicht mehr da war. Zudem hätte im Tresor des Vaters dessen Notgroschen – Bargeld in Höhe von etwa 150 000 Euro – gefehlt, wenngleich die EC- sowie die Kreditkarte seines Bruders noch darin gelegen hätten. Aus beiden Kleiderschränken sei die komplette Sommerbekleidung entnommen worden. Auf zahllose Anrufe auf den Handys von Vater und Bruder mit entsprechenden hinterlassenen Nachrichten habe es keine Antwort gegeben.

Bei der erneuten Besichtigung der Wohnung durch die Polizei knapp acht Monate nach dem Verschwinden von Vater und Bruder wurden die Ermittler allerdings schlagartig sehr misstrauisch: Auf der Suche nach Hinweisen fanden sie in einer Küchenschublade den Führerschein von Dieter M. – ungewöhnlich für jemanden, der für längere Zeit ins Ausland will, noch dazu mit einem Wohnmobil. Doch damit nicht genug: Aus Sicht der Ermittler verhielt sich Markus M. jetzt auch sehr widersprüchlich: Nochmals auf den hohen Geldbetrag im Tresor angesprochen, der angeblich fehlte, gab Markus M. nunmehr an, dass es sich größtenteils um sein eigenes Geld handeln würde: Trinkgelder, wie er sagte, die er über die Jahre weggespart habe. Er sei sauer, dass die beiden mit seinem Geld abgehauen seien, das sei vermutlich auch der Grund dafür, dass die beiden sich nicht mehr bei ihm meldeten. Zur Erinnerung: Anfangs hatte Markus M. noch angegeben, dass es sich bei dem Geld um den Notgroschen des Vaters gehandelt habe ...

Die Ermittler beschlich ein ungutes Gefühl. Hatte Markus M. möglicherweise etwas mit dem Verschwinden der beiden Vermissten zu tun? Sie beschlossen, sich nochmals ausführlich mit der Ex-Freundin von Heiko zu unterhalten, schließlich hatte Karin S. die Ermittlungen ins Rollen gebracht und schien bestens über die Familienverhältnisse informiert. Und tatsächlich: Karin entpuppte sich trotz ihrer Sehbehinderung als wahre Profilerin mit sehr wichtigen Informationen:

Sie gab den Ermittlern gegenüber an, dass Heiko M. kurz davorgestanden habe, sich einen Blindenhund anzuschaffen, was ihrer Meinung nach wenig Sinn machte, wenn er mehrere Monate Winterurlaub geplant hätte. Des Weiteren habe bei Dieter M. eine Operation bevorgestanden, auch da stelle sich für sie die Frage, warum er diese nicht abgewartet hatte, ehe er für mehrere Monate gen Süden fuhr. Karin hatte in der Zwischenzeit auch Heikos gesamten Freundeskreis abtelefoniert, doch keiner der Freunde wusste etwas von der geplanten Überwinterung Heikos, und sie kam allen unisono extrem ungewöhnlich vor. Schließlich hätte Heiko mit Sicherheit von seinen Reiseplänen erzählt und keine anderen Verabredungen getroffen. Doch mit Guido, einem seiner besten Freunde, hatte er ausgerechnet für die Woche nach seinem Verschwinden ausgemacht, eine Blindenausstellung zu besuchen. Erst kurz vor seinem Verschwinden hatte sich Heiko zudem beim Sportverein Rot-Weiss Frankfurt für die neue Blindensportart »Tischball« angemeldet.

Besonders hellhörig wurden die Ermittler jedoch bei folgender Aussage der Ex-Freundin: Nach dem zwei Jahre zuvor erfolgten Tod der Mutter solle es Streit ums Erbe gegeben haben. Und: Heiko hätte spätestens zu seinem Geburtstag im April wieder zurück in Deutschland sein müssen. Denn pünktlich zu Beginn jedes neuen Lebensjahrs wird Blindengeldbeziehern eine sogenannte Lebensbestätigung von der Behörde zugeschickt, die sie unterzeichnen müssen, um zu belegen, dass sie noch lebten. Andernfalls wird das Blindengeld eingestellt. Auf Karins Nachfrage hatte das Amt allerdings bestätigt, dass die besagte Lebensbestätigung von Heiko pünktlich zu seinem Geburtstag unterschrieben bei ihnen eingegangen sei. Das Schreiben hatte die Behörde auch nicht an eine Urlaubsadresse, sondern an die elterliche Wohnadresse zur Unterschrift geschickt. Entweder musste Heiko also zwischenzeitlich wieder zu Hause gewesen sein – oder aber Markus, der Einzige sonst mit Zugang zum Briefkasten und damit zur Post des Bruders, musste das Dokument zur Unterschrift an Heikos Urlaubsadresse geschickt haben. Was aber wiederum bedeuten würde, dass Markus wissen musste, wo sich Heiko aufhielt.

Die Ermittler ließen sich daher vorsichtshalber die unterschriebene Lebensbestätigung vom zuständigen Amt zukommen und mussten feststellen: Die Unterschrift auf der Lebensbescheinigung von Heiko M. stammte nicht von ihm, sie war offensichtlich gefälscht.

Jetzt war die Polizei alarmiert: Wenn die Lebensbescheinigung von Heiko M. an dessen Wohnadresse geschickt worden war, wo wiederum ausschließlich Markus M. Zugang zur Post hatte, lag nahe, dass Markus die Unterschrift gefälscht hatte. Doch warum? Das Blindengeld wurde schließlich auf Heikos Konto überwiesen, es sei denn … – die Ermittler wollten den Gedanken kaum weiterspinnen.

Sie besorgten sich die Kontoauszüge von Heiko M., um die Kontobewegungen der letzten Monate unter die Lupe zu nehmen. Und sie staunten nicht schlecht: Seit Heikos Verschwinden waren seine EC- und seine Kreditkarte mit erschreckender Regelmäßigkeit eingesetzt worden, und das immer dort, wo auch sein Bruder Markus zugegen war. Unter den Kartenumsätzen fanden sich die Bezahlung diverser Essen, Einkäufe beim Baumarkt, Hotelbuchungen, Tankrechnungen und vieles mehr.

Und noch etwas hatten die Kriminalbeamten mithilfe einer Fahrzeugüberprüfung herausgefunden: Markus M. hatte den roten Mazda – entgegen seiner Aussage, dass das Fahrzeug nach seiner Rückkehr aus Spanien verschwunden war – an einen Autohändler verkauft. Aber das war noch nicht alles: Die Ermittler brachten auch in Erfahrung, dass Markus M. den Mieter im elterlichen Hause schriftlich aufgefordert hatte, die monatliche Miete künftig auf sein Konto und nicht mehr seinem Vater zu überweisen. Darüber hinaus hatte Markus M. die beiden Einliegerwohnungen seines Vaters und seines Bruders mittlerweile zur Vermietung inseriert.

Merkwürdig fanden die Ermittler auch, dass der Vater laut Aussage einer unmittelbaren Nachbarin noch vor seinem Verschwinden eine Firma damit beauftragt hatte, die Fenster seines Hauses auszutauschen. Als Termin war ein Tag nach seinem spurlosen Verschwinden vereinbart gewesen. Doch der Vater hatte weder Markus noch den Nachbarn Bescheid gegeben, dass Handwerker zum Fensteraustausch kommen würden. Die Skepsis wuchs: Hatte sich Dieter M. in einen mehrmonatigen Winterurlaub verabschiedet, ohne sich um die Abwicklung des kostspieligen Fenstertauschs zu kümmern, ohne jemanden zu beauftragen, die Handwerker ins Haus zu lassen?

Irgendetwas stimmte da nicht, zumal von den beiden vermissten Personen zu diesem Zeitpunkt – einem Dreivierteljahr nach ihrem Verschwinden – immer noch kein Lebenszeichen existierte.

Für die Ermittler bestand nun der Anfangsverdacht eines Tötungsdeliktes. Nicht nur aufgrund der Widersprüche, in die sich Markus M. verstrickt hatte: die Fälschung der Lebensbescheinigung seines Bruders, die Nutzung der Geldkarten und nicht zu vergessen, dass Markus Alleinerbe im Falle eines Ablebens von Bruder und Vater war …

Jedoch konkret nachweisen konnten die Ermittler noch nichts, denn Leichen oder irgendwelche Spuren, die auf ein schweres Gewaltdelikt hinweisen würden, gab es bisher nicht. Weder hatte man Blut in den Wohnungen gefunden, noch wiesen sie Zeichen eines Kampfes auf. Ganz im Gegenteil: Die Wohnungen beider Vermissten waren erstaunlich sauber und aufgeräumt – ein bisschen zu sauber für den Geschmack der Ermittler.

Und war es nicht äußerst merkwürdig, dass seit neun Monaten weder Bruder noch Vater auf ihre Konten zugegriffen hatten? Dass der Vater seinen Führerschein nicht dabeihatte? Dass weder Freunde noch Nachbarn von den angeblichen Überwinterungsplänen der beiden wussten? Und warum vermietete Markus die Wohnungen von Vater und Bruder, wenn er doch jederzeit damit rechnen musste, dass sie zurückkehrten? War es nicht seltsam, dass Markus

M. erst auf erheblichen Druck eine Vermisstenanzeige erstattet hatte? Aus Sicht der Ermittler entsprach das Verhalten des nunmehr Verdächtigen ganz und gar nicht dem eines Sohnes und Bruders, der sich sorgte und seine Angehörigen vermisste.

Und nun? Keine Leiche, kein Mord? Ein Verdächtiger, jedoch kein Beweis? Nicht ganz. Denn den Ermittlern kam der berühmt-berüchtigte »Kommissar Zufall« zu Hilfe ...

Mit den beiden im Jahr zuvor in Südfrankreich aufgefundenen Leichen waren die französischen Ermittler nicht viel weitergekommen. Zwar hatten sie herausfinden können, dass beide Männer mit Kopfschüssen ein und derselben kleinkalibrigen, halb automatischen Pistole getötet worden waren – übrigens eine Munition, die vor allem Auftragsmörder gerne wegen des leiseren Knalls verwenden –, wer die Leichen allerdings waren, konnten sie bis dato nicht herausfinden, geschweige denn, wer für ihren Tod verantwortlich war.

Lediglich einen Suizid konnten die Ermittler definitiv ausschließen. Der Schusskanal bei der einen Leiche verlief von oben fast senkrecht nach unten, sodass die Kugel auf halber Höhe des Halses stecken geblieben war. Ein Suizid in diesem Winkel war so gut wie unmöglich. Die andere Leiche wies gleich zwei Kopfschussverletzungen auf, sodass auch hier ein Suizid ausgeschlossen war, schließlich wäre das Opfer mit an Sicherheit grenzender Wahrscheinlichkeit bereits nach dem ersten Kopfschuss handlungsunfähig gewesen. Und in die Teppiche und Müllsäcke hätten sich die beiden Toten auch kaum selbst einwickeln können.

Was die französischen Ermittler allerdings herausgefunden hatten, war, dass die Leichen mit großer Wahrscheinlichkeit aus Deutschland stammten. Hierfür sprachen nicht nur die Textiletiketten, die das deutsche Wort »Baumwolle« aufwiesen. Auch eine Recherche anhand des Teppichetiketts wies darauf hin. Sie hatte ergeben, dass insgesamt nur 13 Firmen dieses Teppichmodell überhaupt vertrieben, davon zwölf allein in Deutschland und eine in Luxemburg. In Deutschland waren nur sieben dieser Orientteppiche verkauft worden, davon zwei unweit des Wohnortes von Dieter, Heiko und Markus M.

Den entscheidenden Durchbruch lieferte allerdings die Untersuchung der Zähne der Leichen: Sie wiesen technisch hervorragend bearbeitete Brücken und Plomben auf, sodass nach Einschätzung der französischen Zahnspezialisten die Identität der Leichen eher in Deutschland als in Frankreich zu suchen war – was nicht unbedingt für die zahnärztlichen Fertigkeiten französischer Zahnärzte spricht. Was man anhand der untersuchten DNA ebenfalls herausgefunden hatte: Bei den beiden Toten handelte es sich um Vater und Sohn.

Die für die Untersuchung und Erhebung des Zahnstatus der Leichen zuständige Zahntechnikerin hatte aufgrund ihrer Vermutung, dass es sich bei den festgestellten zahntechnischen Behandlungen um deutsche Wertarbeit handelte, vorgeschlagen, den Fall der beiden getöteten Leichen auf einem Fachkongress in Köln vorzustellen. So fand der Fall der unbekannten Leichen seinen Weg in die sogenannte Vermi/Utot-Datei. Diese Datei führt das Bundeskriminalamt zur Ermittlung von Vermissten und Toten. Neben DNA, Fingerabdrücken und Blutgruppe wird darin auch der Zahnstatus einer vermissten oder unbekannten toten Person gespeichert.

Nachdem Markus M. seinen Bruder und seinen Vater offiziell als vermisst gemeldet hatte, hatte die deutsche Polizei beim Zahnarzt der beiden jeweils den Zahnstatus und ein dazugehöriges Röntgenbild erhalten. Name und Adresse des behandelnden Zahnarztes waren praktischerweise bei der zweiten Durchsuchung der Wohnung der Vermissten entdeckt worden. Das Zahnarztbonusheftchen lag gleich neben dem Führerschein des Vaters.

Nach einigen Wochen des üblichen bürokratischen Prozederes mit Eingabe, Erfassung und Weiterleitung des vom Zahnarzt mitgeteilten Zahnstatus, leuchteten die Lämpchen im Polizeicomputer des BKA plötzlich auf. Volltreffer: Bei den in Südfrankreich fein säuberlich in Mülltüten verpackten, in Orientteppichen eingewickelten und mit Kopfschüssen getöteten Leichen handelte es sich um Heiko und Dieter M.

Der Haftbefehl gegen Markus M. erging noch am selben Tag.

Bei seiner Verhaftung wirkte Markus M. nicht sonderlich überrascht. Er bestand sogar noch darauf, sein Bett zu machen, ehe er abgeführt wurde. Zu den Vorwürfen wollte er sich nicht äußern. Als die Ermittler ihm mitteilten, dass Vater und Bruder tot aufgefunden worden waren, fing er bitterlich an zu weinen, für die Ermittler wirkte es jedoch gestellt.

Gleichwohl Staatsanwaltschaft, Ermittlungsrichter und Polizei davon ausgingen, dass kein Geringerer als Markus M. dringend tatverdächtig war, seinen eigenen Bruder und seinen eigenen Vater getötet zu haben, waren die Ermittlungen längst nicht abgeschlossen. Denn noch war nicht nachgewiesen, dass Markus M. tatsächlich der Täter und zudem ein Mörder war.

Dass es sich bei der Tat um Mord handelte, lag zumindest beim Vater aufgrund des Verletzungsbildes nahe: Immerhin begann der Schusskanal im hinteren Kopfbereich und verlief fast senkrecht durch den Schädel. Entweder hatte der Täter hinter dem knienden Vater gestanden, oder er hatte ihm in liegender Position von hinten in den Kopf geschossen. Beide Szenarien deuteten für die Ermittler darauf hin, dass der Vater zum Zeitpunkt der Schussabgabe arg- und wehrlos war – ansonsten hätte er den Täter kaum in dieser Position zum Schuss kommen lassen. Und wer die Arg- und Wehrlosigkeit seines Opfers bei der Tötung ausnutzt, handelt besonders verwerflich, denn der Täter nimmt seinem Opfer damit jegliche Möglichkeit der Gegenwehr. So wird dann aus der »normalen« Tötung, dem Totschlag, ein Mord.

Nun machte das Motiv von Markus M. (Habgier in Bezug auf das Erbe) und das sehr auffällige Nachtatverhalten (Widersprüche, keine Vermisstenanzeige, Verfügung über das Vermögen und Eigentum der Vermissten und so weiter) aus dem Verdächtigen noch nicht zwingend einen Täter. Allerdings stellte sich im Zuge der weiteren Ermittlungen heraus, dass Markus M. zu seinem Job als Mountainbikeguide genau einen Tag nachdem sein Bruder Heiko zuletzt lebend gesehen worden war, nach Spanien aufgebrochen war. Seinen Vater hatte man ebenfalls kurz davor zuletzt lebend gesehen – danach keinen von beiden mehr. Und dreimal dürfen Sie raten, wo Markus M.s Weg nach

Spanien vorbeiführte? Richtig. Mehr oder weniger direkt an den nur wenige Autominuten auseinanderliegenden Ablageorten der beiden Leichen. Dies ließ sich zum einen anhand einer Auswertung seiner Handydaten, Kreditkartenzahlungen sowie einer Polizeikontrolle rekonstruieren, bei der er wegen zu schnellen Fahrens geblitzt und sofort zur Kasse gebeten worden war. Noch dazu hatte er ausgerechnet in einem Facebook-Eintrag seine Fahrtstrecke gepostet.

Es sollte aber noch enger für Markus M. werden. Den Ermittlern war schon bei der Wohnungsbegehung aufgefallen, dass die im Wohnzimmer befindlichen Teppiche überhaupt nicht mit dem Rest der Wohnung harmonierten. Immerhin war die Wohnung des Vaters sehr elegant, in einer Art altem Rokokostil – die Ermittler sprachen von »Neuschwanstein-Optik« – eingerichtet, die dort ausgelegten Teppiche waren jedoch viel zu schlicht, zu modern und darüber hinaus auch viel zu klein für die großzügigen Räume. Im Übrigen erschien das Wohnzimmerparkett im Sofabereich und über die dort befindlichen modernen Teppiche hinaus deutlich heller als der Rest des Parketts, so als hätte über Jahre hinweg etwas deutlich Großflächigeres dort gelegen und das Parkett vor Sonne und Abnutzung geschützt.

Und tatsächlich: Eine Untersuchung der Fasern der beiden Orientteppiche und der blauen Kuscheldecke, in die die Leichen von Heiko und Dieter M. eingewickelt waren, ergab, dass sich identische Fasern aus der Produktionsreihe von Teppichen und Decke in der Wohnung der Vermissten fanden, wenn auch in geringer Menge. In dem Teppich, in dem die Leiche des Sohnes eingewickelt war, fand man zudem ein Haar von Markus M.

Für die Ermittler stand damit fest, dass die Teppiche in Südfrankreich aus der Wohnung der Vermissten stammten und dass die Wohnung aufgrund der nur etwa 27 Fasern, die man vor allem auf Möbelfüßen gefunden hatte, extrem gründlich gereinigt worden sein musste, da sonst deutlich mehr Fasern zu erwarten gewesen wären. Ein klassischer Fehler, den viele Täter machten, wie die Textilsachverständige im Gerichtsprozess ausführen sollte. Denn auch die Kontaktstellen von Möbeln, wie Sofafüße, Blumenständer, Filzgleiter und andere Gegenstände, kommen regelmäßig in Kontakt mit dem Boden, werden aber von Laien beim Reinigen des Tatortes erfahrungsgemäß oft übersehen.

Liebe Leserin, lieber Leser, ich gehe an dieser Stelle davon aus, dass Sie restlos davon überzeugt sind, dass Markus M. der Mörder seines Bruders und seines Vaters ist. Und, so viel sei vorab verraten, auch das Frankfurter Schwurgericht hatte keine Zweifel an Markus M.s Täterschaft, zumal sich im Zuge der fortwährenden Ermittlungen noch weitere belastende Indizien aufgetan hatten.

Hauptargumente des Gerichts, dass kein anderer als Markus M. derjenige war, der Heiko und Dieter M. getötet hatte, waren zwei wesentliche Gesichtspunkte: Zum einen wurden die Leichen an einem Ort abgelegt, der sich an einer leicht zu erreichenden Stelle unmittelbar an der Reisestrecke befand, die Markus M. nachweisbar kurz nach dem Verschwinden der beiden Vermissten auf dem Weg nach Spanien fuhr. Zum anderen wurden beide Leichen jeweils in Textilien gewickelt, die zuvor im Wohnzimmer von Dieter M. gelegen hatten. Dabei schloss das Gericht aufgrund der allgemeinen Lebenserfahrung aus, dass die beiden Getöteten mit zwei Orientteppichen im Gepäck auf eine Reise gen Süden aufgebrochen waren und dann zufällig ausgerechnet dort umgebracht und exakt an der Reiseroute des Angeklagten abgelegt wurden.

Der Argumentation von Markus M., dass sich die beiden Vermissten in einen Überwinterungsurlaub begeben hatten, folgte das Gericht nicht, gerade wegen der beiden Teppiche. Warum hätten sie mit zwei überdimensionierten Teppichen reisen sollen? Aber auch die Lebensumstände der Geschädigten und das Fehlen jeglicher objektiv nachweisbarer Vorbereitungen für eine Überwinterung sprachen nach Auffassung des Gerichts gegen ein freiwilliges Verschwinden von Heiko und Dieter M. Schließlich hatte keiner – mit Ausnahme des angeklagten Markus M. – irgendeine Kenntnis von Überwinterungsplänen, zumal die weiteren Ermittlungen ergaben, dass sich der Vater bei vormaligen, deutlich kürzeren Urlauben stets bei den Nachbarn verabschiedet hatte.

Zudem schilderten die Nachbarn Dieter M. als eine Person, die eine enge Verbundenheit zu seinem Haus und insbesondere seinem Garten hatte. Mit großem Zeitaufwand hatte er sich in den letzten Jahren um die Erhaltung und Erneuerung seines Wohnanwesens gekümmert. Keiner der Nachbarn glaubte, dass Dieter M. überhaupt den Wunsch gehabt hatte, sein Haus für längere Zeit zu verlassen.

Das Gericht folgte auch den Argumenten von Heikos Ex-Freundin Karin, die gegen einen längeren Auslandsaufenthalt sprachen. Eine solche Überwinterung hätte einen extremen Organisationsaufwand in Bezug auf den blinden Sohn Heiko bedeutet: Eine sehbehinderte Person wie Heiko M. hätte keinen Schritt allein tun können. Dieter M.

wäre rund um die Uhr für seinen Sohn verantwortlich gewesen. Für den Vater konnte eine solche Überwinterung also kaum Entspannung und Erholung bedeuten. Unter hörbarem Schmunzeln im Gerichtspublikum stellte das Gericht dem angeklagten Markus M. die rhetorische Frage, wer denn bitte schön während der Zeiten, in denen der Vater – wie von Markus M. gemutmaßt – Rennrad hätte fahren wollen, auf dessen blinden Sohn aufgepasst hätte?

Aber auch für den blinden Heiko M. hätte der von Markus M. behauptete Überwinterungsurlaub nach Auffassung des Gerichts letztlich nur Nachteile bedeutet: Immerhin habe er zu einem nicht unwesentlichen Teil seine Kontakte zu Freunden mithilfe elektronischer Medien gehalten und sei gut in der Community Sehbehinderter in Frankfurt integriert gewesen. Außerdem hatte er erst kurz vor seinem Verschwinden den Tischball für sich entdeckt. Und er war ja für die Woche nach seinem Verschwinden schon mit Freunden verabredet, hatte jedoch nicht abgesagt, obwohl er als höchst zuverlässig galt. Und schließlich hätte er auch seine Arbeitsstelle aufgegeben: Bei einer dreimonatigen Abwesenheit hätte er damit rechnen müssen, dass seine Stelle anderweitig besetzt werden würde.

Gegen die Überwinterung sprach laut Gericht auch die Tatsache, dass keinerlei Vorbereitungen für die geplante Abwesenheit getroffen worden waren, insbesondere in Bezug auf Gartenarbeit, Austausch der Fenster und letztlich auch das Ausbleiben auf Heikos Arbeit. Denn diese Tätigkeit bedeutete ihm viel, und er war dort als hochgradig zuverlässiger Mitarbeiter anerkannt und geachtet. Warum hätte Heiko M. diesen Status dadurch gefährden sollen, dass er sich aufgrund eines spontanen Reiseentschlusses statt einer seriösen Abmeldung ganz kurzfristig für einen derart langen Zeitraum »wegen Krankheit« von seinem Vater abmelden ließ? Und: Wie sich im Nachhinein herausstellte, war es das Handy von Markus M. gewesen, von dessen Nummer aus der »Vater« bei der Arbeitsstelle angerufen hatte.

Entgegen der in der Wohnung der Vermissten vorgefundenen Situation, sah es das Gericht auch als erwiesen an, dass gerade keine Reisevorbereitungen seitens Heikos und Dieter M.s getroffen worden waren. Schon die Frage, wie die beiden Vermissten in den Süden hatten kommen wollen oder gekommen sein sollen ging nach Auffassung des Gerichts nicht auf: Weder waren Flüge auf Dieter und Heiko M. im Zeitraum ihres Verschwindens gebucht worden, noch hatte der Vater ein Fahrzeug mieten können, denn dazu hätte es des Führerscheins bedurft, der aber zu Hause lag. Das war ein Hauptindiz gegen die Urlaubsthese: Wer begibt sich mit einem blinden Sohn auf eine mehrmonatige Reise ins Ausland, ohne den Führerschein mitzunehmen und sich so die Möglichkeit offenzuhalten, ein Fahrzeug mieten zu können?

Dass die beiden mit der Bahn gefahren waren, schloss das Gericht aufgrund des Umstands aus, dass man bei einer mehrmonatigen Überwinterung viel Gepäck mit sich schleppen müsste, was die Bahnfahrt mit einem Blinden deutlich beschwerlicher machen würde. Darüber hinaus bekundete Karin, Heikos Ex-Freundin, dass eine längere Zugreise für Sehbehinderte eine recht hohe Belastung darstelle. Lediglich eine Ausreise mit dem eigenen Pkw verblieb als einzige Möglichkeit. Der rote Mazda aber war nicht benutzt worden, sondern stand seit dem Zeitpunkt des Verschwindens und bis zum Verkauf durch Markus M. in der Garage. Ein anderes Auto oder gar ein Wohnmobil hatten Heiko und Dieter M. auch nicht gekauft, denn dazu hätte es amtlich zugelassen werden müssen. Schließlich hatten Dieter und Heiko M. noch nicht einmal ein konkretes Reiseziel gebucht. Nach Durchsicht ihrer Konten war weder ein Hotel noch eine andere Unterkunft organisiert worden. Und auf einen Campingplatz ohne Fahrzeug zu fahren, erschien dem Gericht als ziemlich abwegig.

Dass der Zustand der Wohnungen von Dieter und Heiko M. nach deren Verschwinden nach einer längeren Urlaubsreise aussah, war aus Sicht des Gerichts damit zu erklären, dass Markus M. die Wohnung in der bei der polizeilichen Begehung festgestellten Weise drapiert hatte. Das Gericht ging sogar noch einen Schritt weiter und fragte offen, welcher andere Täter, der mit den Getöteten in keiner Verbindung stand, einen Grund gehabt hätte, die Wohnungen in der festgestellten Art und Weise herzurichten?

Von Anfang an habe Markus M. erkennbar versucht, das Ermittlungsverfahren zu manipulieren und zu steuern. Keiner außer ihm hatte eine Erklärung für das spurlose Verschwinden der Getöteten gehabt, und alle Personen, die mehr Initiative zur Aufklärung des spurlosen Verschwindens zeigten, wiegelte er ab und steuerte sie damit letztlich auch. Alle, außer der eigene Sohn selbst, hatten sich größte Sorgen gemacht. Dabei empfand es das Gericht als besonders merkwürdig, dass sich Markus M. in Bezug auf das Verschwinden seiner engsten Angehörigen gerade mal ein einziges Mal binnen neun Monaten bei der Polizei gemeldet hatte, um mit den Polizeibeamten die Räumlichkeiten der Wohnung zu begehen. Danach war er nicht mehr aktiv geworden und hatte insbesondere keine Vermisstenanzeige gestellt. Markus M. hatte, entgegen seinen Behauptungen, immer wieder bei Bruder und Vater angerufen zu haben, nach Auswertung der Anruflisten der Getöteten kein einziges Mal ihre Nummern gewählt – ganz im Gegensatz zu den Freunden von Heiko M., die in der Zeit des Verschwindens immer wieder versucht hatten, ihn zu erreichen.

Als besonders dreist empfand das Gericht das finanzielle Gebaren von Markus M., das mit dem Tag der Wohnungsbegehung durch die Polizei nach seiner Rückkehr aus Spanien begann. An diesem Abend bezahlte er ein Essen für zwei in einem Thai-Imbiss mit der Kreditkarte seines Bruders. Vier Tage später lag der Tagesverbrauch schon bei 1000 Euro. Für das Gericht zugleich ein eindeutiges Tatmotiv: Habgier. Dabei hatte die Polizei herausgefunden, dass Markus M. bis zum Verschwinden von Bruder und Vater von Hartz IV lebte, denn sein Verdienst als Mountainbike-Tourguide war, vorsichtig ausgedrückt, bescheiden gewesen. Damit war zugleich widerlegt, dass das angeblich fehlende Geld aus dem Tresor von Markus M. angesparte Trinkgelder waren. Für das Gericht erklärte sich dadurch auch, warum Markus M. kurze Zeit nach dem Verschwinden der Getöteten auf deren Vermögen zugriff, indem er regelmäßig die Kreditkarte seines Bruders einsetzte und sich regelmäßig Geld vom Konto seines Vaters auf das eigene überwies, überschrieben mit Betreffen wie »Weihnachtsgeld«, »Nachlass Mutter« oder »Auslagen Haus«, wobei er auf den Überweisungsträgern die Unterschrift des Vaters fälschte.

Auch die Sache mit dem roten Mazda, dem Auto des Vaters, das Markus M. nach seiner Rückkehr aus Spanien verkaufte, die Aufforderung an den Mieter, die Miete künftig nicht mehr an den Vater, sondern an ihn zu überweisen, sowie die Vermietungsanzeige für die beiden Wohnungen waren für das Gericht eindeutige Zeichen dafür, dass Markus M. nicht mehr mit der Wiederkehr von Vater und Bruder rechnete und sich vielmehr an ihrem Tod bereichern wollte. Dazu passte, dass es nach dem Tod der Mutter, gut zwei Jahre vor dem Verschwinden, Unstimmigkeiten hinsichtlich der Aufteilung des Erbes gegeben haben sollte. Ausgerechnet eine fingierte Mail von Markus M. selbst deutete darauf hin, dass der Vater zu einer zeitnahen Aufteilung des Erbes nicht bereit war, sondern eine langfristige Anlagestrategie favorisierte. Und noch etwas war aus Sicht des Gerichts äußerst auffällig: Seit dem Verschwinden der beiden Verwandten arbeitete Markus M. kaum noch, trotz seiner vormals schlechten finanziellen Ausgangssituation.

Für die Richter stand fest: Markus M. hatte Bruder und Vater getötet, um sich um jeden Preis in den Besitz des Familienvermögens zu bringen.

Markus M. wurde wegen zweifachen Mordes zu lebenslanger Haft verurteilt. Weil er gleich zwei Menschen getötet hatte, stellte das Gericht zugleich auch die besondere Schwere der Schuld fest. Die Richter gingen davon aus, dass Markus M. die Tat in der Nähe seines Wohnortes beging, nicht aber notwendigerweise im Familienanwesen selbst. Denkbar sei auch, dass er eines oder beide Opfer an einen anderen Ort lockte und dort umbrachte, beispielsweise unter Zuhilfenahme des roten Mazdas, den er dann auffällig schnell verkaufte.

Bei der Urteilsverkündung ließ es sich das Gericht nicht nehmen, die aus seiner Sicht hanebüchenen Ausreden von

Markus M. zu zerpflücken. Auch seinem letzten Wort gegenüber, das jedem Angeklagten zusteht, ehe sich das Gericht zur Urteilsberatung zurückzieht, brachten die Richter ein deutliches Befremden zum Ausdruck: In seinem Schlussvortrag hatte Markus M. eine Schweigeminute für seinen toten Bruder und Vater eingefordert und selbst auch abgehalten. Danach hatte er selbst gebastelte Pappschilder mit Fotos der beiden Verstorbenen auf seinen Tisch gestellt und bei seiner Rede sogar Wortwiederholungen seines mit der Schreibmaschine geschriebenen Vortrags wörtlich abgelesen: »Bitte, bitte, bitte, hören Sie endlich mit diesen falschen Anschuldigungen auf.« Dieses »auf die Tränendrüse drücken«, wie es das Gericht wörtlich in seinem Urteil bezeichnete, ließ die Richter doch offensichtlich unberührt.

Sie fragen sich jetzt, wie ausgerechnet dieser Fall Eingang in ein Buch findet, in dem es um den perfekten Mord gehen soll?

Dass die Leichen zeitnah gefunden und miteinander in Zusammenhang gebracht werden würden, musste selbst dem tölpelhaftesten Täter einleuchten. Ebenso dass in Zeiten von DNA-Analyse und hochwissenschaftlicher Forensik ihre Identität nicht ewig unentdeckt bleiben würde. In Sachen Leichenbeseitigung wäre ein solches Vorgehen also eine glatte Sechs, dicht gefolgt von einer Fünf minus für die gesponnene Urlaubslegende ... »Perfekt« wäre an der ganzen Sache allenfalls, dass all das fast ein ganzes Jahr gut ging.

Doch der Fall hat einen entscheidenden Haken: Markus M. hat ein wasserdichtes Alibi. Denn die französischen

Ermittler gehen von einer Liegezeit der Leichen von maximal 72 bis zu 96 Stunden vor der Ausbringung der Leichen aus – eine Zeit, in der Markus M. mit der Fähre bereits nachweislich nach Teneriffa übersetzte.

Und jetzt? Jetzt hatte man ein Problem.

Grund dafür, dass sich die französischen Ermittler so sicher waren, dass die Leichen nicht schon deutlich länger am Fundort nahe Perpignan gelegen hatten, war das forensische Gutachten eines Entomologen. Der Insektenkundler hatte den Madenbefall in den Leichenverpackungen und an den Leichen selbst untersucht. Anhand des jeweiligen Entwicklungsstadiums der Fliegenlarven konnte er zurückrechnen, wann in etwa die Leichen abgelegt worden waren.

Natürlich erklärte das nicht, warum Markus M. über die Gelder der Vermissten so verfügte, als ob er bereits wisse, dass sie sie nicht mehr brauchen würden. Es erklärte auch nicht, wie die Leichen ausgerechnet in den Teppichen aus der eigenen Wohnung landeten und ebenso wenig, wie Vater und Bruder überhaupt nach Südfrankreich gelangt waren. Für die französischen Ermittler stand dennoch fest: Die Leichen konnte Markus M. nicht abgelegt haben. Und das erschütterte wiederum eines der beiden Hauptindizien, die zu seiner Verurteilung geführt hatten.

Blieben als Indizien also noch die Gegenstände aus der Wohnung (Teppiche und Kuscheldecke) sowie Markus M.s Verhalten nach dem Verschwinden.

Zumindest für Letzteres hatte Markus M. zahlreiche Gegenargumente: Als Gründe für den Verkauf des roten Mazda, die von ihm vereinnahmte Miete und das Ausgeben des Geldes von Bruder und Vater gab er an, er habe die beiden Vermissten zu einem Lebenszeichen bewegen wollen – schließlich hätten sie sich spätestens dann gemeldet, wenn sie bemerkt hätten, dass er ihr ganzes Geld während ihrer Abwesenheit verprasst hatte. Außerdem habe er damit ausgleichen wollen, dass er in den vergangenen Jahren vielfach das Hausgeld für seinen Bruder bezahlt habe. Im Übrigen deuteten die vielen Kreditkarteneinsätze zur Begleichung diverser Essensrechnungen, insbesondere bei McDonald's, auf einen Kreditkartenmissbrauch durch unbekannte Betrüger hin. Und was die Überweisungsaufträge mit der gefälschten Unterschrift des Vaters angehe, sei es so gewesen, dass ihm der Vater für seine Urlaubsabwesenheit die Erlaubnis erteilt hatte, entsprechende Überweisungen im Namen des Vaters zu tätigen. Immerhin habe er so auch die kostspielige Renovierung der Fenster begleichen können, die ihm persönlich nicht nutzte. Zu der gefälschten Unterschrift auf der Lebensbescheinigung des Bruders wollte sich Markus M. hingegen nicht äußern.

Verdächtig?

Ja!

Denn natürlich hatte Markus M. die Lebensbescheinigung mit der Unterschrift des Bruders gefälscht, damit dieser das Blindengeld weiter aufs Konto überwiesen bekam, von dem sich Markus M. seither großzügig bediente. Und dass er das Auto verkaufte, die Mieteinnahmen des Vaters kassierte und mit der Kreditkarte des Bruders bezahlte, war sicher auch nicht dem Gedanken geschuldet, dass die beiden sich dann bei ihm melden würden. Wieso sollten die Vermissten auf Mails und Anrufe nicht reagieren, aber auf Vermögensverschiebungen? Ganz abgesehen davon, wie sie überhaupt davon hätten erfahren sollen, wenn sämtliche Konto- und Kreditkartenabrechnungen ausschließlich in Papierform an die heimische Anschrift der Vermissten übersandt wurden.

Dass Markus M. mit Schulden, die sein Bruder angeblich bei ihm hatte, aufrechnen habe wollen, war auch kaum nachvollziehbar. Schließlich hatte Markus M. in der Zeit vor dem Verschwinden seines Bruders von Hartz IV gelebt und davon sicherlich nicht den Bruder finanziell unterstützen können. Und warum hätten sich die Vermissten bei Markus M. melden sollen, weil er deren Auto wegschaffte? Ein einfacher Zettel am Küchentisch mit der Bitte, sich bei Rückkehr zu melden, hätte es womöglich auch getan.

Und natürlich machte auch die Sache mit der Kontovollmacht des Vaters keinen Sinn. Warum sollte man als Kontoinhaber jemanden bitten, die eigene Unterschrift für eine Vielzahl von Überweisungen zu fälschen, wenn man demjenigen einfach eine schriftliche Vollmacht geben könnte? Was, wenn die gefälschte Unterschrift bei der Bank aufgeflogen wäre?

Last, but not least war auch der behauptete Kreditkartenbetrug durch unbekannte Dritte Nonsens. Sämtliche Kreditkartenumsätze des Bruders wurden entsprechend des Bewegungsbildes von Markus M. getätigt. Überall, wo sich Markus M. aufhielt, ob in Deutschland oder Spanien, kam zeitgleich die Kreditkarte des Bruders zum Einsatz. Dabei sagte eine Zeugin zu allem Überfluss aus, dass Markus M. sogar häufig McDonald's-Restaurants aufsuchte, weil es dort gerade ein lukratives Gewinnspiel gab.

Klar ist: Das alles stinkt zum Himmel! Aber objektiv betrachtet stinkt es eben nur in Richtung eines ziemlich schlecht angelegten Betrugs. Den Schluss des Gerichts, dass all dies belege, dass Markus M. mit einer Rückkehr der Vermissten gar nicht mehr rechnete und deshalb auch der Täter sei, lässt ein solches Gebaren nicht ohne Weiteres zu.

Was, wenn Markus M. tatsächlich nichts mit dem Tod der Vermissten zu tun hatte und die Situation, dass die beiden nach seiner Rückkehr aus Spanien verschwunden waren, nur bewusst ausnutzte? Zum Beispiel, weil er in chronischer Geldnot war. Oder weil er wütend war, dass sie ihm das Erbe der Mutter vorenthalten hatten?

Dass die gefälschten Überweisungen Betreffe wie »Weihnachtsgeld« oder »Auslagen Haus« aufwiesen, mag durchaus dafürsprechen, dass Markus M. damit »beweisen« wollte, dass die beiden Vermissten noch lebten. Ebenso dass er sich ein paar Monate nach ihrem Verschwinden in Spanien mit dem Personalausweis seines Bruders beim Buchen eines Hotels auswies. Doch dass er deshalb auch ein kaltblütiger Doppelmörder ist, beweist das nicht. Nicht einmal indiziell. Denn auch ohne den Mord begangen zu haben, hätte Markus M. ein Interesse daran gehabt, dass alle Zahlungen weiterliefen, solange Vater und Bruder vermisst wurden.

Auch hätte er gerade dann, wenn er nicht der Mörder wäre, mit Sicherheit großes Interesse daran gehabt, als augenscheinlich alleiniger Nutznießer nicht des Mordes verdächtigt zu werden, sodass er auch deshalb solcherlei Legenden gestrickt haben könnte, um gerade nicht ins Visier der Ermittlungen zu geraten. Vielleicht bot nur der Angeklagte Markus M. Erklärungen für das Verschwinden von Heiko und Dieter M. an, weil sich nahe Angehörige viel eher Gedanken darüber machen, wo die Vermissten sein könnten, und hierfür Erklärungen suchen? Das dürfte doch geradezu menschlich sein.

Und ganz so einfach, wie das Gericht es tat, war es nicht, eine mögliche Urlaubsreise der beiden Vermissten auszuschließen: Denn so unselbstständig war der blinde Bruder gar nicht. Er fuhr ohne Hilfe zur Arbeit, kam mit dem Taxi überallhin, und hatte sogar in Erwägung gezogen, für einige Monate nach Südamerika auszuwandern, ganz ohne den Vater. Alle Zeugen bestätigten, dass Heiko M. keine Rund-um-die-Uhr-Betreuung brauchte, sodass dieser Umstand kein Hindernis für eine längere Urlaubsreise gewesen wäre. Und natürlich hätte es auch im Süden Internet gegeben, sodass er seine regen Onlinebekanntschaften hätte weiterpflegen können.

Auch hatten die Ermittler gerade mal bei drei (!) Wohnmobilhändlern angefragt, ob Heiko oder Dieter M. ein Wohnmobil gekauft hatten. Dabei wäre es auch unproblematisch möglich gewesen, dies mit einem sogenannten Überführungskennzeichen zu tun, also mit rotem Nummernschild, um das Fahrzeug dann etwa in Spanien zuzulassen. Entsprechende Ermittlungen wurden nicht getätigt. Übrigens auch nicht, was diverse Zeugenangaben aus Frankreich anging. Auf zahlreiche Zeugenaufrufe der französischen Ermittler hatten gleich mehrere Personen angegeben, Heiko und Dieter M. noch in Frankreich, in der Nähe des Auffindeorts lebend gesehen zu haben. Und auch Markus M. will einen Anruf von einem Ehepaar erhalten haben, das glaubte, die Vermissten etwa einen Monat nach ihrem Verschwinden an der spanischen Südküste gesehen zu haben, wobei sie auch etwas von einem Wohnmobil berichtet hätten. Freilich konnte das wieder eine der vielen

Schutzbehauptungen gewesen sein, doch Ermittlungen hierzu wurden nicht getätigt.

Auch eines der für das Gericht wesentlichen Indizien, die gegen eine Urlaubsreise sprachen, wurde im Nachgang deutlich relativiert: die Sache mit dem aufgefundenen Führerschein. Denn Dieter M. soll – nicht widerlegbar – stets eine laminierte Kopie seines Führerscheins bei sich getragen haben. Sofern er also kein Wohnmobil gemietet, sondern sich eines gekauft hatte, hätte diese Kopie durchaus ausgereicht, sich zu legitimieren. Außerdem: Wer schon einmal im Ausland einen Mietwagen gemietet hat, weiß, dass selten die Authentizität eines Führerscheins überprüft wird, erst recht nicht eines ausländischen. Die Dokumente der verschiedenen Länder sind derart uneinheitlich, dass die Authentizität – ob Original oder Kopie – für die meisten Angestellten wohl kaum überprüfbar ist.

Aber selbst laut Gerichtsurteil waren das ja alles nur Indizien, die lediglich nicht *gegen* Markus M.s Täterschaft sprachen, aber für sich allein genommen auch jeweils abweichend erklärbar waren. Zentrale Bedeutung schrieb das Gericht Ablageort und Verpackung der Leichen zu – beides führte am Ende zur Verurteilung des Verdächtigen. Schließlich konnte es kein Zufall sein, dass sowohl die Fundorte der Leichen unweit der Route von Markus M. als auch der Zeitpunkt der Tötungen zeitnah zu dessen Reise lagen.

Umso problematischer also, dass die französischen Ermittler von einer Leichenablage zu einem Zeitpunkt ausgingen, an dem Markus M. ein wasserdichtes Alibi hatte …

Und nun schließt sich der Kreis zum eingangs erwähnten gravierenden Fehler der französischen Polizisten: Der vom Gericht beauftragte deutsche Rechtsmediziner, der die

Leichen Monate nach dem Fund nochmals obduzierte und das Untersuchungsergebnis der französischen Kollegen auswertete, kam zu dem Schluss, dass zum Zeitpunkt der Auffindung witterungsbedingt eine deutlich geringerer Insektenaktivität – und damit auch eine deutlich geringere Aktivität von Larvenablagerung – vorgelegen habe. Hinzu komme, dass der gute Verpackungszustand der Leichen eine Besiedelung durch Fliegen erschwert habe. All diese Parameter seien so erheblich, dass auch eine – im Verhältnis zu den im französischen Gutachten ermittelten Zeiträumen – mehrtägige Verzögerung des Fliegenbefalls keinesfalls auszuschließen sei.

Doch damit nicht genug: Die Leichen seien, gemessen an deutschen Standards, in Frankreich nicht ordnungsgemäß gekühlt worden. Der Umgang mit dem Verpackungsmaterial am Fundort und die Tatsache, dass die Leichen bereits vor Ort ausgepackt wurden, genüge ebenfalls nicht den Ansprüchen deutscher Tatortarbeit. Dies wiederum schließe eine Kontamination des Verpackungsmaterials nach Öffnung der Müllsäcke nicht aus. Aus diesem Grund sei nicht auszuschließen, dass zusätzlich aufgefundene Fliegenarten erst im Nachhinein auf das Verpackungsmaterial kamen. Sie ließen also keine Aussagen über den Ausbringungszeitpunkt der Leichen zu.

Das Gericht schloss sich der Bewertung des deutschen Rechtsmediziners an. Begründung: Man kenne und schätze ihn aus einer Vielzahl anderer Verfahren.

Somit blieb nach Ansicht des Gerichts lediglich der Todeszeitpunkt der Leichen, um festzustellen, wann sie frühestmöglich an den Ablageort gebracht worden waren. Der deutsche Rechtsmediziner führte aus, dass auf gerichtsmedizinischer Basis eine valide Ermittlung des Todeszeitpunkts nur in sehr groben Spannen möglich sei, jedoch anhand der Fäulnisprozesse ein Tod zwischen dem 11. November und dem 15. November, dem Tag des Verschwindens, nicht auszuschließen sei. Dies gelte insbesondere unter Berücksichtigung der Tatsache, dass bei der Leiche von Dieter M. die Fäulnis etwas weiter fortgeschritten wirkte, was jedoch nicht bedeuten müsse, dass von unterschiedlichen Todeszeitpunkten auszugehen sei.

Allerdings kamen auch hier die französischen Experten zu anderen Ergebnissen: Ihnen zufolge waren die Toten maximal zehn Tage vor ihrem Auffinden am 25. November getötet worden, also frühestens am 15. November. Dass der Mageninhalt bei beiden Toten nahezu identisch war (Rückstände von Kartoffeln und Karotten), ließe den Rückschluss zu, dass es sich hierbei um ein gemeinsames Mittag- oder Abendessen handelte. Rechne man die maximale Todeszeit von zehn Tagen auf das frühestmögliche Essen, ein Mittagessen zurück, wäre Markus M. um diese Zeit jedoch schon mit seinem Transporter unterwegs nach Spanien gewesen, denn er war nachweislich am 15. November um 10 Uhr aufgebrochen. Und erneut hätte Markus M. ein Alibi.

Doch auch völlig unabhängig von den ungenauen Expertenmeinungen der Rechtsmediziner gab es eine Fülle weiterer Punkte, die gegen ein Verbringen der Leichen durch Markus M. sprachen.

Eines der Hauptargumente für die These, dass die Leichen erst unmittelbar vor ihrer Entdeckung abgelegt worden waren – und damit zu einem Zeitpunkt, zu dem Markus M. bereits in Teneriffa weilte –, war der Umstand, dass die Pakete, in denen die Leichen lagen, trocken und so gut wie unversehrt waren. Nachweislich hatte es jedoch am Abend vor ihrer Entdeckung geregnet, sodass die Leichensäcke, wären sie vorher abgelegt worden, nass gewesen sein müssten. Das waren sie aber bei ihrer Auffindung nicht, zumindest wird seitens der Tatortermittler nichts von Nässe berichtet, und davon ist auch nichts auf den gefertigten Lichtbildern zu sehen.

Darüber hinaus ist der Ort, an dem die Leichen gefunden wurden, ein von Wildschweinen stark frequentiertes Gebiet. Nach Aussage mehrerer dort ansässiger Jäger hätten die Leichensäcke bei einer längeren Liegezeit angefressen oder zumindest aufgerissen worden sein müssen. Das waren sie aber nicht. Zwar urteilte das Gericht, dass die Leichen aufgrund der guten, luftdichten Verpackung von den Wildschweinen erst gar nicht gewittert und deshalb unversehrt geblieben seien, allerdings waren ja auch Fliegen in die Verpackung gekommen, um die dort aufgefundenen Larven abzulegen.

Und ob Zufall oder eben nicht, es war jedenfalls auffällig, dass beide Leichen, obwohl an unterschiedlichen Orten, zeitgleich aufgefunden worden waren. Auch das spricht dafür, dass die Leichen nicht lange dort gelegen hatten.

Weiterhin bestätigte der Hausarzt, dass Markus M. zur angenommenen Tatzeit unter starkem Rheuma litt, was schweres Tragen nahezu ausschloss. Bedenkt man den Umstand, dass keine Reifenspuren in unmittelbarer Nähe des Tatorts gefunden wurden, die zum Transporter von Markus M. passten, bedeutet das im Umkehrschluss, dass Markus M. zwei männliche Leichen mit einem Gewicht von jeweils 80 bis 90 Kilogramm über Hunderte Meter zum jeweiligen Ablageort hätte schleppen müssen.

Und mal ganz ehrlich: Würden Sie Ihre Fahrstrecke auf Facebook posten, wenn Sie vorhätten, auf der Fahrt zwei Leichen zu entsorgen? Hätte sich Markus M. dann nicht den Transport der Leichen von Deutschland nach Südfrankreich gleich ganz sparen können? Und warum hätte er das Risiko eingehen sollen, über eintausend Kilometer mit zwei Leichen im Auto zu fahren? Apropos Risiko: Erinnern Sie sich? Auf dem Weg nach Spanien war Markus M. in eine Geschwindigkeitskontrolle geraten und von der französischen Polizei angehalten worden. Und da frage ich Sie ganz unverblümt: Wie würden Sie als Mörder zweier Opfer reagieren, wenn Sie von der Polizei aufgehalten werden und Sie zwei Leichen in Ihrem Wagen haben? Nervös? Zittrig? Würden Sie rot anlaufen? Würden Sie stottern?

Und wie würden Sie erst reagieren, wenn einer der Polizisten Sie bittet, die Seitentür Ihres Transporters aufzumachen, um ins Wageninnere zu sehen? (Dort lagen übrigens nach Feststellung des Gerichts beide Leichen, wenn auch versteckt.) Würden Sie sich spätestens jetzt aus Angst vor Entdeckung auf- und davonmachen? Oder würden Sie in Anbetracht der Ausweglosigkeit der Lage alles zugeben?

Nun, beide Polizisten berichteten übereinstimmend, dass Markus M. in der besagten Kontrollsituation völlig ruhig blieb, dem einen Beamten das Wageninnere zeigte und darin sogar auf seine eigenen Ausbauten im Fahrzeug wie Waschbecken, Klappbett und Wandspiegel verwies. Von Nervosität keine Spur.

Wie das Gericht trotzdem noch der Auffassung sein konnte, dass dies den Feststellungen zur Täterschaft Markus M.s nicht entgegenstünde, will ich ganz Ihrer Meinung überlassen werte Leserin, werter Leser. Das Gericht urteilte, dass die Kontrolle nur von kurzer Dauer gewesen sei und der Fokus dabei auf dem Geschwindigkeitsverstoß, nicht auf der Untersuchung des Transporters gelegen habe. Deshalb hätten sie auch die zwei (!) Leichenverpackungen von bis zu 2,40 m und 1,80 m Länge im Transporter nicht bemerkt.

Zugegeben: Die französischen Verkehrspolizisten hatten den Transporter nicht durchsucht, sondern einer von ihnen hatte einen flüchtigen Blick ins Innere geworfen. Sie ließen Markus M. nach Sofortzahlung seines Knöllchens unbehelligt weiterfahren.

Wägt man nach alledem die Indizien und Argumente dazu ab, ob nun Markus M. derjenige war, der die Leichen am Ablageort deponiert hatte, erscheinen die Schlussfolgerungen des Gerichts nicht zu hundertprozentig sauber. Aber es bleibt ja noch das zweite Hauptindiz, das aus Sicht des Gerichts für Markus als den Täter sprach: die Orientteppiche und die Kuscheldecke.

Hier war die Beweislage doch recht eindeutig: Beide zur Verpackung benutzten Orientteppiche sowie die blaue Wolldecke stammten mit hoher statistischer Wahrscheinlichkeit aus der Wohnung von Dieter M. Dieser Umstand belegte nach Ansicht des Gerichts, dass die Vermissten in ihrem Haus oder in der näheren Umgebung ihres Wohnortes umgebracht wurden. Denn wären sie auf dem Weg in ihren Überwinterungsurlaub von unbekannten Tätern getötet worden, hätten sie kaum ihre beiden Orientteppiche dabeigehabt und wahrscheinlich auch Schuhe getragen. Da hatte das Gericht schon einen guten Punkt.

Auszuschließen war bei neutraler Betrachtung auch, dass unbekannte Täter Dieter und Heiko M. zu Hause getötet und dann – zusammen mit den beiden Orientteppichen – knapp 1500 Kilometer nach Frankreich verbracht hatten. Welcher Fremdtäter würde sich schon eine derartige Mühe machen?

Was sich das Gericht jedoch nicht fragte, war, warum sich ausgerechnet Markus M. diese Mühe hätte machen sollen und ein solches Risiko eingehen. Knapp 1500 Kilometer mit zwei Leichen über die Grenze nach Frankreich fahren? Und warum die Leichen dann ausgerechnet in die hauseigenen Orientteppiche legen? Zumal sie keine Massenware waren und anzunehmen war, dass man sie leicht zurückverfolgen konnte?

Und dann war da noch die Sache mit den fremden DNA-Spuren:

Denn natürlich hatten die französischen Ermittler die Müllsäcke sowie deren Verklebung, aber auch die Teppiche samt Kuscheldecke auf verwertbare Spuren untersucht, und zwar mit Erfolg: Auf dem Klebeband der inneren Leichenverpackung stieß man auf die DNA einer unbekannten weiblichen Person, die jedoch keinen Treffer ergab. Auch nicht identifizierbare Fingerabdrücke, die eindeutig nicht von Markus M. stammten, konnten hierbei sichergestellt werden.

Von französischer Seite hieß es, dass eine Aussage ihrer forensischen Expertin im deutschen Gerichtsverfahren daher wohl eher »peinlich« für die Anklage werden würde. Doch kein einziger der französischen Ermittler sagte im deutschen Gerichtsprozess aus.

Der Grund: Die französischen Behörden waren – anders als die deutschen – nicht von der Täterschaft Markus M.s überzeugt und stellten daher das Ermittlungsverfahren nicht ein. Sie ermittelten weiter gegen unbekannt. Doch solange in Frankreich ein Ermittlungsverfahren anhängig ist, unterliegen die französischen Ermittler einer absoluten Schweigepflicht und dürfen auch nicht aussagen.

Glück für das deutsche Gericht, denn so konnte es die DNA-Spur wegargumentieren, indem es ihr nur »unspezifische Aussagekraft« zusprach. Schließlich habe sie sich nicht auf der äußeren Leichenverpackung befunden, sodass die Abdrücke auch zwanglos von einer »berechtigten« Person aus der Wohnung stammen könnten. Ermittlungen, wer diese berechtige Person gewesen sein konnte, die »zufällig« ihre DNA an das Klebeband der inneren Leichenverpackung hatte bringen können, wurden jedoch keine angestellt. Das Gericht verwies lapidar auf den Haarfund des Angeklagten. Schließlich sei auch er in der Wohnung seines Vaters eine berechtigte Person. Dieser Logik zufolge war auch das Vorhandensein von Spuren des Angeklagten Markus M. zwanglos und ohne jeden Tatbezug erklärbar. Gleichwohl führte das Gericht aus, dass das an der Leiche des Heiko M. aufgefundene Haar von Markus M. auch anlässlich der Tatbegehung hinterlassen worden sein konnte. Widersprüchlich, oder nicht?

Übrigens wurden unabhängig von der besagten weiblichen DNA-Spur vier weitere Spuren, nämlich Finger- bzw. Teilfingerabdrücke auf den Müllsäcken des Leichenpakets gefunden. Auch diese waren nicht von Markus M., brachten jedoch auch keine weitergehenden Erkenntnisse. Gleiches galt für weitere an der Leiche des Heiko M. gefundenen Spuren, die allesamt nur unbekannt gebliebenen Dritten zuzuordnen waren. Da auch diese Spuren »nur« an der inneren Verpackung waren, blieb es bei der bereits erwähnten Erklärung des Gerichts, dass sie von sogenannten berechtigten Personen stammen mussten.

Auf eine Blutspur, die auf einem der Teppiche gefunden und wiederum von einer weiblichen Unbekannten verursacht worden war, ging das Gericht gar nicht weiter ein. Zusammenfassend schlussfolgerte es, dass alle Spuren – sowohl bezogen auf eine Täterschaft des Markus M. als auch bezogen auf etwaige Dritttäter – unergiebig geblieben seien und dass sie sich zwanglos damit erklären ließen, dass die Teppiche zuvor im Anwesen der Familie M. aufbewahrt wurden und von Freunden, Bekannten oder anderen Besuchern irgendwann einmal gelegt worden sein mussten.

Dass darüber hinaus weder im Haus der Getöteten Spuren noch eine Tatwaffe gefunden wurden, erklärte das Gericht damit, dass Markus M. entweder genügend Zeit gehabt habe, Spuren zu beseitigen, oder die Vermissten an einem unbekannten, nahe gelegenen Ort getötet hatte – freilich ohne dies auch nur im Ansatz zu belegen.

Wie er es trotz dreier Kopfschüsse, die erfahrungsgemäß mit einem extremen Blutspurenbild einhergehen, geschafft hatte, dass die Experten der Spurensicherung nicht einmal mikroskopisch kleinste Blutpartikel, dafür aber 27 Faserspuren der Orientteppiche und Kuscheldecke finden konnten, ließ das Gericht in seiner Urteilsbegründung offen. Ebenso die Fragen, woher Markus M. die Tatwaffe gehabt haben soll und wie und wo er sie spurlos entsorgt haben will, wenn er es nicht einmal geschafft hatte, die auf ihn zurückführbaren Orientteppiche loszuwerden.

Bei der Waffenbehörde war jedenfalls keine legale Waffe registriert, weder auf Markus M. noch sonst einen Familienangehörigen. Sie teilte allerdings mit, dass ein vormaliger Mieter des Dieter M. eine legale Waffe besaß. Mit diesem, so Markus M., hätte sein Vater auch »irgendein Problem« gehabt. Ermittlungen wurden hierzu keine angestellt.

Des Weiteren fand man auch im Transporter des Markus M. keinerlei Spuren, und auch ein eigens eingesetzter Leichenspürhund schlug nicht an: weder an der Stelle, an der das Gericht die Leichen im Transporter vermutet hatte, noch anderswo. Das Gericht zog daraus keine Schlüsse, schließlich sei nach so langer Zeit, ein halbes Jahr nach Leichenentdeckung, nicht mehr mit Spuren zu rechnen.

Dass im Raum Perpignan kurze Zeit zuvor schon einmal eine Leiche mit einer Schussverletzung aufgefunden worden war, interessierte das Gericht ebenso wenig wie der Umstand, dass zahlreiche Nachbarn der Familie M. häufige Urlaubsreisen nach Spanien unternahmen und dabei stets dieselbe Strecke nutzten wie Markus M. seinerzeit nach Teneriffa.

Das Urteil gegen Markus M. ist gleichwohl rechtskräftig. Er sitzt seit Ende 2011 in Haft.

In der NDR-Doku »Die Spur des Mörders« sagte die im Fall gegen Markus M. zuständige Staatsanwältin:

»*Wir ermitteln nicht alles, und wir werden in den wenigsten Fällen die hundertprozentige Wahrheit haben. In den Tötungsdelikten sind die Opfer nicht mehr da, die uns wirklich etwas sagen könnten. Wir können niemanden fragen. Wir können nur Tatabläufe konstruieren, und da werden immer Fragezeichen bleiben. Wir haben keine objektive Spur, keine Zeugen, keine Fingerabdrücke, keine Blutspuren, die ganz klar ihn mit der Tat in Verbindung bringen.*«

DER LETZTE GAST

Es war der perfekte Mord. Er hatte die beiden so gehasst. Nun waren sie tot. Und von ihrem beträchtlichen Vermögen war auch etwas für ihn abgefallen.

Dabei war der Fall nicht unentdeckt geblieben. Im Gegenteil: Mehr Medienpräsenz und Öffentlichkeitswirkung waren kaum möglich. Der Druck auf die Polizei, einen Täter zu präsentieren, war immens. Auch weil das grausame Verbrechen in der schicksten Ecke der Stadt geschehen war, wo nur die Bessergestellten lebten. Entsprechend groß war die Angst, die seither in der Nachbarschaft herrschte. In dieser Gegend war es noch nie zu einer solchen Gewalttat gekommen. Hin und wieder mal ein Einbruch, ja. Aber ein bestialischer Mord – nein. Und dann gleich zwei Opfer ...

Ausgerechnet die beiden Geschwister aus der Stadtvilla mit Blick auf den Stadtpark. Parkstraße 1a. Sie waren regelrecht abgemetzelt worden. Die grauenvollen Umstände der Tat, die nach und nach an die Öffentlichkeit drangen, ließen die Nachbarn erschaudern. Was hatten diese beiden älteren, gut betuchten Menschen für Qualen erleiden müssen?

Dabei hatte die Polizei nicht einmal genaue Details preisgegeben, aus ermittlungstaktischen Gründen, wie es hieß. Ein kluger Schachzug, wie sich später herausstellen sollte. Denn nicht selten kann ein Verdächtiger überführt werden, weil er Dinge weiß, die nur der Täter wissen kann. Würde die Polizei vorab zu viel verraten, würde so manch kriminalistischer Trick nicht mehr aufgehen. Doch dazu später mehr.

Vicky und ihr Lebensgefährte Florian hatten die beiden Leichen entdeckt. Es war der erste Weihnachtsfeiertag. Seit Heiligabend hatte Vicky von ihrer Mutter und ihrem Onkel nichts mehr gehört. Das war ungewöhnlich. Sie hatten zwar in diesem Jahr beschlossen, den Heiligabend jeweils allein zu feiern, weil es für die beiden alten Rentner – sie waren bereits 74 und 77 – zuletzt recht anstrengend gewesen war, die ganze Familie zu bewirten. Aber dass sie sich nicht einmal kurz meldeten und frohe Weihnachten wünschten, das war seltsam.

Um halb neun und dann noch einmal um zehn Uhr abends hatte Vicky versucht, ihre Mutter und ihren Onkel zu erreichen. Ohne Erfolg. Zunächst hatte sie noch gedacht, dass die beiden mit ihrem Hund Rolfi Gassi gehen waren. Doch als Vicky im Laufe des Vormittags des ersten Weihnachtsfeiertags noch immer nichts von den beiden gehört und mehrfach erfolglos versucht hatte, Mutter und Onkel telefonisch zu erreichen, hatte sie sich Sorgen gemacht. Sie hatte eine Nachbarin gebeten, bei ihrer Mutter zu klingeln, doch obwohl Licht brannte, hatte niemand geöffnet. Daraufhin war Vicky umgehend zur Villa gefahren.

Erst hatte sie alleine fahren wollen, aber ihr Lebensgefährte bestand darauf, sie zu begleiten. »Was, wenn die beiden gestürzt sind, dann brauchen sie sicherlich Hilfe«, hatte er gesagt. Sie waren also zu zweit gefahren.

Nachdem sie dort eingetroffen waren und ebenfalls erfolglos an der Haustür geklingelt hatten, waren sie um das Haus herum in den Garten und auf die Terrasse des Hauses gegangen. Dann der erste Schock: Sie sahen Vickys Mutter im Wohnzimmer auf dem Boden liegen. Da Vicky keinen eigenen Hausschlüssel zur Wohnung der Mutter besaß, drückte sie gegen die Terrassentür, die zu ihrer Verwunderung unverschlossen war. Nachdem sie die Tür ein Stück weit geöffnet und die Gardine etwas zur Seite geschoben hatte, hatte sie auch ihren Onkel reglos auf dem Boden liegen sehen. Und den Hund Rolfi. Sofort hatte sie ihren Lebensgefährten gebeten, die Polizei zu rufen.

Es sah nicht gut aus. Viel Blut. Für Vicky sah es so aus, als ob alle drei erschossen worden waren. Das Protokoll des Polizeinotrufs hielt fest:

»Polizeinotruf«
»Florian Z. hier, guten Tag.«
»Guten Tag.«
»Wir sind hier in der Parkstraße 1a, da liegt jemand auf dem Boden, die Terrassentür ist offen hier zum Wohnzimmer. Es sieht nicht gut aus. Überall Blut.«
»Ja, okay, wir kommen da sofort hin.«

Das Telefon wird nun der Tochter übergeben.

»Ich brauch eine Person vorne an der Straße, die den Rettungswagen einweist.«

»Ok, aber ich weiß nicht, ob das noch was nutzt, das sieht schlimm aus hier.«

»Ich möchte, dass jemand von Ihnen jetzt nach dem Gesundheitszustand guckt, das heißt, ob noch ein Puls vorhanden ist oder jemand noch atmet.«

»Ok, aber ich will da nur zusammen reingehen, bleiben Sie dran.«

»Ja, ich bleibe dran.«

»Ich hab Angst. Die sind alle hier erschossen. Die liegen hier alle.«

»Was heißt alle?«

»Der Hund, und mein Onkel und meine Mutter liegen hier irgendwie erschossen oder was, ich weiß es nicht.«

»Dann gehen Sie nicht in die Wohnung. Hören Sie! Sie gehen nicht in die Wohnung!«

»O Mann, scheiße!«

»Sie gehen nicht in die Wohnung!«

»Hier ist kein Einbrecher mehr, der ist weg, oder wer auch immer das war.«

»Sie gehen nicht in die Wohnung.«

»Dachte, wir sollten nach dem Gesundheitszustand gucken.«

»Sie gehen nicht in die Wohnung, alles gut. Wir kommen. Haben Sie mich verstanden?«

»O Gott. Ja ich hab das verstanden, ja.«

»Bleiben Sie draußen, wir machen das jetzt, ja? Einer geht zur Straße, um die Kollegen zu empfangen.«

»Ja, okay, das machen wir. Ich habe alles verstanden. Ich kann es nur nicht glauben.«

»Wir bleiben trotzdem am Draht so lange, ja?«

»Brauchen Sie nicht, scheiße, das glaube ich einfach nicht. Ich hatte gestern schon abends angerufen um halb zehn und wollte frohe Weihnachten wünschen, und da war keiner da, und ich dachte, die sind jetzt mit dem Hund unterwegs. Und heute Morgen hatte ich schon die Nachbarin rübergeschickt, da war Licht an, und mir hat das keine Ruhe gelassen. Dann bin ich selber hingefahren und jetzt seh ich, dass die hier liegen, das ist ja furchtbar, weiß ich nicht, das ist ja schrecklich.«

»Und Sie sind Verwandtschaft haben Sie gesagt, ja?«

»Das ist meine Mutter und mein Onkel.«

»Die Kollegen sind unterwegs, Sanitäter sind unterwegs, die müssen jeden Moment eintreffen. Sie haben das richtig gemacht, Sie haben uns sofort angerufen.«

»Ich kann das überhaupt nicht glauben. Das ist ja wie in meinen schlimmsten Befürchtungen.«

»Wieso hatten Sie ein komisches Gefühl, erzählen Sie mal.«

»Wir hatten morgen, am zweiten Feiertag, zum Kaffee eingeladen, und gestern Abend wollte ich dann sagen, dass sie schon heute am 1. Weihnachtsfeiertag kommen sollen, und wollte auch frohe Weihnachten wünschen, aber da war keiner da. Und dann habe ich gedacht, na gut, dann sind sie vielleicht gerade mit dem Hund draußen, und dann habe ich eine Stunde später, kurz vor zehn, noch mal angerufen, das können sie ja auf Band sehen. Da habe ich gesagt, wir gehen jetzt ins Bett, und dass sie jetzt nicht mehr zurückrufen sollen und wir dann alles am nächsten Morgen besprechen. Und heute, am ersten Feiertag, hab ich um viertel nach zehn angerufen. Da war wieder keiner da. Ich dachte, die sind vielleicht wieder grad mit dem Hund draußen. Aber ich hab dann wieder und wieder angerufen, und es war immer noch keiner da. Das Telefon klingelte, es war nicht besetzt … Jetzt kommt jemand mit Blaulicht, glaube ich.«

»Dann übergebe ich Sie jetzt an die Kollegen. Wir legen jetzt auf. Alles Weitere machen wir vor Ort.«

»Okay, danke schön.«

Die Polizei umstellte zunächst das Haus. Aufgrund der Angaben der Tochter musste sie mit allem rechnen. Immerhin konnte der Täter noch im Haus sein. Was die Einsatzkräfte im Haus tatsächlich erwarten sollte, ahnten sie noch nicht. Denn viel hätte nicht gefehlt und die Zahl der Opfer wäre noch deutlich höher gewesen. Doch der Reihe nach:

Durch die geöffnete Terrassentür begaben sich die Erstzugriffsbeamten mit gezogener Waffe ins Haus. Direkt vor der Tür lag der beigebraune Mischlingshund, er war offensichtlich tot. Etwas weiter entfernt war eine männliche Person in Bauchlage zu sehen, auch sie augenscheinlich nicht mehr am Leben, der Rücken wies mehrere großförmige Stichverletzungen auf. Nachdem die Polizisten Keller und Treppenhaus gesichert hatten, begaben sie sich ins Obergeschoss. Auf dem Weg dorthin entdeckten sie noch eine weitere leblose Person im Wohnzimmer. Offensichtlich handelte es sich um eine weibliche Leiche, die ebenfalls bäuchlings mit dem Kopf nach unten in einer großen Blutlache lag.

Die Beamten begaben sich über eine Wendeltreppe in den ersten Stock des Anwesens. Dort nahmen sie einen starken Gasgeruch wahr. Sofort stürmten die Beamten aus dem Haus, wobei einer der Polizisten eine noch brennende Kerze im Wohnzimmer ausblies, die in einem reich geschmückten Weihnachtsgesteck stand. Sofort wurde das Grundstück weiträumig abgesperrt und die Feuerwehr verständigt.

Es war eine ganz knappe Sache für die Einsatzkräfte, aber auch für Vicky, Florian und die Nachbarn gewesen. Die Feuerwehr stellte fest, dass der Gasanteil im ersten Stock bereits nahe der Explosionsgrenze war. Viel hatte nicht mehr gefehlt. Nicht auszumalen, was passiert wäre, wenn das Gas weiter ins Wohnzimmer zu der brennenden Kerze vorgedrungen wäre.

Als Ursache für den unkontrollierten Gasaustritt hatte die Feuerwehr einen etwas hervorgezogenen Gasherd in der Küche im Obergeschoss ausgemacht. Augenscheinlich war eine der Herdplatten voll aufgedreht gewesen, wenngleich die Abdeckung der Herdplatten geschlossen war.

Alles in allem Glück im Unglück, aber für die Spurensicherung war es dennoch ein Albtraum: Dutzende Feuerwehrmänner, die mit schwerer Einsatzkleidung durch den Tatort marschiert waren und dabei vermutlich wertvolle Spuren zerstört hatten. Andererseits: Wäre das ganze Haus in die Luft geflogen, wäre von den erhofften Spuren noch weitaus weniger übrig geblieben.

Nachdem die Hauptgasleitung von den Stadtwerken abgestellt und alle Fenster geöffnet worden waren, gab die Feuerwehr Entwarnung. Der herbeigerufene Notarzt konnte allerdings nur noch den Tod der beiden am Boden liegenden Personen feststellen. Ganz offensichtlich waren sie nicht an dem ausströmenden Gas verstorben: Am Körper der Frau war unterhalb des Kehlkopfes eine tiefe Schnitt- oder Stichverletzung zu erkennen. Der gesamte Brust- und Bauchbereich war zudem stark mit Blut verschmiert. Unter dem Kopf der männlichen Leiche befand sich eine größere Blutlache. Im Rückenbereich waren mehrere von Blut verklebte Löcher im Pullover zu erkennen.

Die Beamten übergaben den Fall an die Kriminalpolizei. Diese konnte schnell ausschließen, dass es ein Familiendrama zwischen den beiden Toten gegeben hatte. Nicht nur wiesen beide exakt elf Messerstiche auf, die sich keiner von beiden selbst hätte beibringen können, es fehlte auch eine Tatwaffe: das klassische Zeichen dafür, dass kein Suizid oder Mitnahmesuizid vorlag.

Tötungsdelikte mit Messern sind nichts Ungewöhnliches für die Mordermittler. Statistisch gesehen werden von jährlich etwa 800 Morden etwa 300 mit dem Messer begangen. Doch die Messerattacke in der schmucken Stadtvilla war anders. Die beiden Opfer waren regelrecht übertötet worden, was Kriminalisten schnell an eine Beziehungstat denken lässt. Schließlich entladen sich hierbei oft Wut, Eifersucht und Hass.

Doch selbst für ein hasserfülltes Beziehungsdrama schien diese Tat zu grausam. Nicht nur war beiden Opfern mehrfach tief in Rücken und Brustbereich gestochen worden – und zwar so tief, dass bei der einen Leiche der Herzbeutel durchtrennt und bei der anderen der Magen abgetrennt worden war –, der Frau war das Messer sogar entlang der rechten Nasenwurzel in das rechte Auge und durch die Augenhöhle hindurchgestochen worden, sodass die Messerspitze dabei abgebrochen und in der Schädelgrube stecken geblieben war. Eine solch brutale Vorgehensweise hatten selbst die Hartgesottensten unter den Mordermittlern noch nicht gesehen. Sofort dachten sie an osteuropäische Mafiabanden, von denen bekannt war, dass sie nicht gerade zimperlich mit ihren Opfern umgingen. Immerhin attestierte der hinzugezogene Rechtsmediziner, dass der Tod angesichts der Schwere der Verletzungen und des immensen Blutverlustes binnen kürzester Zeit eingetreten sein musste.

Der Hund hatte ebenfalls nicht lange leiden müssen. Auch er hatte zahlreiche Messerstiche abbekommen, wobei am augenfälligsten eine große Einstichverletzung im Brustkorbbereich nahe des linken Vorderlaufes war, die so kraftvoll ausgeführt worden war, dass sie die Rippe des mittelgroßen Collie-Mischlings glatt durchtrennt hatte.

Bei der weiteren Tatortbesichtigung fielen den Ermittlern ein umgestoßener Sessel im Wohnzimmer sowie Blut auf den Innenseiten der Gardinen im Esszimmer auf. Hatte es einen erbitterten Kampf um Leben und Tod gegeben? Auffallend war auch, dass ein im Esszimmer stehender Sekretär durchsucht worden war und Bücher auf den Boden gefallen waren. Im angrenzenden Büro waren zwei Schränke durchwühlt worden, mehrere Aktenordner sowie lose Papiere lagen auf dem Boden. Und auch im Obergeschoss waren in einem Zimmer zwei Schubladen einer Kommode herausgezogen und auf dem Bett ausgeleert worden. Handelte es sich also um einen Raubmord?

Andererseits waren auf dem Esstisch neben einer ungeöffneten Rotweinflasche der Marke *Pontissimo* ein benutztes Trinkglas und eine angebrochene Wasserflasche gefunden worden, die noch etwa zwei Drittel des Wassers enthielt. Zwei der drei Esszimmerstühle standen vom Tisch weggerückt und einander gegenübergestellt. Es sah so aus, als sei unmittelbar vor der Tat gemeinsam am Tisch gesessen und geredet worden. Waren die beiden Rentner dabei vom Täter überrascht worden? Oder hatten sie gar einen Gast bewirtet. Den späteren Täter? Die Polizei stellte das Glas, das

Wasser und die Weinflasche sicher und schickte alles zur weiteren Untersuchung ins Labor.

Unweit des weiblichen Leichnams machten die Ermittler eine weitere Entdeckung: Unter einem Servierwagen befand sich der hintere Teil einer Messerklinge. Darauf bedruckt das Warenzeichen »Edelstahl Rostfrei«. Passte dieses Klingenstück zu der abgebrochenen Messerspitze im Auge? Mit wie viel Wucht hatte der Täter zugestochen, wenn die solide Markenklinge in mehrere Teile zerbrochen war? Doch eine hasserfüllte Beziehungstat?

Und dann war da noch die Sache mit dem Gasherd und der brennenden Kerze: War das nur Zufall oder hatten es die Kriminalbeamten mit einem besonders durchtriebenen Täter zu tun, der den Gasherd bewusst aufgedreht und die Kerze absichtlich entzündet hatte, um eine Explosion herbeizuführen, die sämtliche Spuren verwischte? Für diese These sprach die Position des Gasherds. Die Feuerwehrmänner hatten angegeben, den Gasherd ein Stück weit vorgezogen aufgefunden zu haben. Und, siehe da, bei einer Untersuchung der Rückseite des Geräts stellten die Ermittler fest, dass es manipuliert worden war: Am Verbindungsstück des Herdes mit der Gaszufuhr war ein Blindstopfen abgedreht worden, sodass durch die entstandene Öffnung das Gas ungehindert ins Hausinnere strömen konnte. Unweit entfernt, am Fuße der Wendeltreppe, die ins Kellergeschoss führte, lagen zwei Rohrzangen und eine Kneifzange. Zufall?

Wie üblich nahmen die Ermittler zunächst die beiden Toten ganz genau unter die Lupe. Wer waren sie? Was für ein Leben führten sie? Wie lebten sie ihren Alltag? Hatten sie

Feinde? Gab es Streitigkeiten innerhalb der Familie? Hatten sie dubiose Geschäfte gemacht?

Frau Weinmann, das weibliche Opfer, war 74 Jahre alt und verwitwet. Zusammen mit ihrem Bruder, Herrn Wittmann, lebte sie zusammen in dem schmucken Einfamilienhaus mit Einliegerwohnung in gehobener Wohnlage. Das Haus gehörte ihr. Ihr Bruder bewohnte die Einliegerwohnung im Obergeschoss. Beide nahmen Alltagsroutinen gemeinsam wahr, darunter regelmäßiges Gassigehen mit dem Collie-Mischling Rolfi. Außerdem: Fernsehen, Kochen, Essen. Zu ihrer leiblichen Tochter Vicky hielt sie regelmäßigen Kontakt.

Frau Weinmann war gesund, rüstig und geistig fit. Sie war bis zu ihrer Berentung eine stadtbekannte Internistin gewesen. Dann, noch zu Lebzeiten ihres Mannes, hatte sie ihre Affinität zur Naturheilkunde entdeckt. Bis zu ihrem Tod praktizierte sie privat als Naturheilkundlerin. Zu ihrem Patientenkreis zählten eine Vielzahl von Personen, die sie überwiegend umsonst behandelte. Ihr Bekanntenkreis bestand aus gut gepflegten Kontakten: sowohl Familienangehörige als auch Bekannte, Freunde und Nachbarn, die sie von ihren regelmäßigen Hundespaziergängen kannte. Die Dame war gut situiert. Die Beamten fanden größere Mengen wertvoller Schmuckstücke und anderer Wertgegenstände im Haus. Ihre finanziellen Möglichkeiten hatte sie nicht zur Schau gestellt, sondern sie lebte sparsam. Parteipolitisch war sie eher dem rechtskonservativen Lager zuzuordnen. Laut ihrer Tochter Vicky hatte sie gewisse Probleme mit der zunehmenden »Überfremdung«.

Das männliche Opfer, Herr Wittmann, war 77 Jahre alt, ledig und lebte in der besagten Einliegerwohnung im Haus seiner Schwester. Laut seiner Nichte Vicky hatte ihre Mutter nach dem Tod ihres Ehemannes darum gebeten, dass er in die luxuriöse Stadtvilla einzog. Sie hatte Angst allein in dem großen Haus. Auch Herr Wittmann, pensionierter Gymnasiallehrer, war sowohl geistig als auch körperlich fit. Die Ermittler empfanden als ungewöhnlich, dass er in den letzten Jahren einen hohen sechsstelligen Betrag in eine Medienfirma investiert, die Firma aber bis zum Zeitpunkt seines Ablebens keine Umsätze erbracht hatte.

Wie seine Schwester trug auch Herr Wittmann seine finanziellen Möglichkeiten nicht zur Schau und lebte mit Ausnahme der zuvor genannten Investitionen sehr sparsam. Er unterhielt einen größeren Bekanntenkreis, der sich vornehmlich aus den Bekannten seiner Schwester und den Mitarbeitern der besagten Medienfirma zusammensetzte.

Alle diese Informationen boten den Ermittlern eine Vielzahl von Ansätzen: die dubiose Medienfirma, in die Herr Wittmann viel Geld investiert, die aber bis dato keinen Gewinn abgeworfen hatte, die rechtsgerichtete Gesinnung von Frau Weinmann sowie das große Vermögen der beiden. Außerdem hatte die Polizei herausgefunden, dass es Erbschaftsstreitigkeiten gegeben hatte, als der Ehemann von Frau Weinmann gestorben war. Laut Testament war alleinige Erbin der beiden Verstorbenen die Tochter respektive Nichte: Vicky, die Auffindezeugin der beiden Leichen.

Grund genug, sich zunächst einmal Vicky genauer anzusehen. Und tatsächlich schienen die Ermittler keinen schlechten Riecher zu haben: Ein befreundetes Ehepaar der getöteten Frau gab an, dass diese bei einem Besuch vor wenigen Monaten abfällig über ihre Tochter und deren Lebensgefährten gesprochen habe. Über ihre Tochter habe sie geringschätzend, aber auch mit Bedauern gesprochen. Dem Lebensgefährten, Florian, habe sie pure Verachtung entgegengebracht, ihn für faul und lethargisch gehalten. »Denen« wolle sie nichts vererben, sondern stattdessen lieber eine Stiftung ins Leben rufen, die ihr Erbe bekommen solle. War es also eine Beziehungstat gewesen, aus einem der ältesten Motive der Welt heraus: Habgier?

Die Ermittler wähnten sich auf der richtigen Spur. Ihnen war aufgefallen, dass sowohl Vicky als auch Florian die Entdeckung der Leichen in sehr widersprüchlicher Weise geschildert hatten. Florian hatte bei seiner polizeilichen Vernehmung angegeben, dass zuerst seine Lebensgefährtin Vicky und dann auch er durch das Treppenzimmerfenster geschaut hätten. Vicky habe sofort gesagt, dass da jemand liege. Sie sei dann um das Haus herumgerannt und auf eine Bank gestiegen, die auf der Terrasse stehe. Von dieser Bank habe sie durch das Fenster direkt in das blutverschmierte Gesicht ihrer Mutter geblickt.

Und? Haben Sie den Widerspruch erkannt? Richtig! Die Mutter lag auf dem Bauch, mit dem Kopf nach unten. Wie hätte Vicky ihr direkt ins Gesicht sehen können? War das nur ein Missverständnis?

Doch die Ermittler fanden weitere Widersprüche: Florian sagte aus, dass Vicky zur Terrassentür gerannt sei und diese habe aufdrücken können, da sie nicht verschlossen war. Sie hätten dann gemeinsam die Tür etwa 20 Zentimeter weit aufgedrückt. Allerdings wäre es nicht weiter gegangen, weil der Hund mit seinen Hinterbeinen auf der rechten Seite davorgelegen hätte und sie ihn hätten wegschieben müssen, um die Tür ganz zu öffnen. Abgesehen davon, dass es bis dato immer geheißen hatte, lediglich Vicky habe die Terrassentüre aufgedrückt, lag der Hund beim Eintreffen der Polizisten auf seiner linken Seite und wäre beim Aufschieben der Tür nicht erreicht worden.

Weiter hatte Florian angegeben, dass auch er draußen auf die Bank gestiegen war, um durch das Fenster zu schauen. Im Raum habe er eine Person auf dem Boden liegen gesehen. Für ihn sei klar gewesen, dass es Herr Wittmann sei, weil er einen grauen Pullover habe erkennen können, auf dem mehrere Stiche sichtbar gewesen seien. Jedoch wäre aus der von Florian geschilderten Position der Blick auf den männlichen Leichnam unmöglich gewesen. Die Ermittler argwöhnten, dass Florian die Lage des männlichen Leichnams womöglich schon vor Auffindung der Leichen kannte ... sehr verdächtig.

Auch Vicky machte widersprüchliche Aussagen. In ihrem Notruf hatte sie geschildert, lediglich den Leichnam ihrer Mutter durch das Terrassenfenster gesehen zu haben. Während des Notrufs entstand der Eindruck, sie sei erst auf Verlangen der Notrufzentrale durch die offene Terrassentür ins Haus gelangt, wo sie dann ihren Onkel entdeckt habe. In ihrer polizeilichen Vernehmung gab sie jedoch an, noch vor Absetzen des Notrufes in das Haus gegangen zu sein und dort den Leichnam ihres Onkels entdeckt zu haben. Ein Versehen? War sie noch durcheinander wegen des gewaltsamen Tods von Mutter und Onkel?

Allerdings hatten sowohl Vicky als auch ihr Lebensgefährte ein wasserdichtes Alibi. Sie konnten die beiden Opfer nicht getötet haben. Die Ermittlungen der Polizei hatten ergeben, dass die beiden Rentner am Heiligen Abend nach 19 Uhr getötet worden waren. Davor hatte sie jemand mit dem Hund Gassi gehen sehen. Und um 19 Uhr hatte Herr Wittmann noch im Internet gesurft. Sowohl Vicky als auch ihr Lebensgefährte waren seit spätestens 18.30 Uhr am Heiligabend durchgehend zu Hause gewesen, gemeinsam mit ihrem elfjährigen Sohn und mit Florians Schwester. Auch am Morgen des ersten Weihnachtsfeiertages hatten alle ein Alibi:

Mutter, Sohn und Florians Schwester waren zu Hause gewesen und hatten im Laufe des Vormittags den Weihnachtsbraten vorbereitet. Florian hatte das Haus schon morgens gegen 6.40 Uhr verlassen, um zum Weihnachtsgottesdienst zu gehen, wo er mit Tom, einem Freund der Familie, verabredet war. Danach waren beide noch spazieren gewesen. Gegen 9.30 Uhr war Florian wieder zurück bei seiner Familie gewesen. Sowohl Sohn und Schwester als auch Tom konnten das bezeugen.

Also konzentrierten sich die Ermittler auf den Geschäftspartner der ominösen Medienfirma, in die der getötete Herr Wittmann knapp eine Million Euro investiert, aber bis dato keine Rendite erzielt hatte. Ein Zeuge hatte berichtet, dass sich Herr Wittmann vielleicht hintergangen oder gar betrogen gefühlt haben könnte. Aber ein Tatmotiv seitens des Geschäftspartners war für die Polizei trotz intensiver Recherchen nicht erkennbar. Warum hätte der Geschäftsführer seine Melkkuh töten sollen? Tot würde Herr Wittmann sicher kein Geld mehr investieren können. Sich den Geschäftsführer vorzuknöpfen war dennoch nicht umsonst gewesen, denn er hatte die Ermittler auf eine neue Idee gebracht:

Seit Frau Weinmann nach ihrer Pensionierung als Heilpraktikerin aktiv gewesen war, sei es laut dem Geschäftsführer häufiger vorgekommen, dass unangemeldet Personen oder Patienten bei ihr klingelten und um Hilfe baten. Sowohl Frau Weinmann als auch Herr Wittmann hätten bei diesen Gelegenheiten schnell heftig und emotional reagiert. Das sei umso mehr der Fall gewesen, wenn sie jemand an der Haustür um Geld angebettelt hätte. War der Täter also doch nicht im unmittelbaren Geschäfts- oder Verwandtenkreis zu suchen?

Bald hatten die Ermittler einen neuen Ansatzpunkt: Das Labor, das die sichergestellten DNA- und Fingerspuren ausgewertet hatte, hatte mitgeteilt, dass auf der Rotweinflasche und dem Wasserglas verwertbare Fingerspuren gefunden wurden. Darüber hinaus hatte sich unter einem Fingernagel und an der linken Wange der getöteten Frau Weinmann dieselbe DNA einer unbekannten Person befunden. Auch eine DNA-Spur unter der Hundekralle war derselben Person zuzuordnen. Eine Suche in der DNA-Datenbank hatte jedoch keinen Treffer ergeben, auch nicht in ausländischen Datenbeständen.

Also kamen die Ermittler zurück auf den Hinweis des Geschäftsführers, dass häufiger unangemeldete Patienten in der Villa vorbeigekommen seien. War ein unerwünschter Patient am Heiligabend an der Tür erschienen und die Situation war dann eskaliert? Eine Theorie, die die Ermittler nicht ungeprüft lassen wollten. Immerhin hatten sie im Büro von Frau Weinmann eine ganze Schublade voller Patientenakten gefunden. Womöglich war unter ihnen der Täter oder die Täterin?

Die Polizei entschloss sich, alle Patienten von A bis Z zu vernehmen und bei der Gelegenheit nach freiwilligen

DNA-Proben und Fingerabdrücken zu fragen. Wer keine freiwillige Probe abgeben würde, hatte womöglich etwas zu verbergen und konnte dann etwas genauer unter die Lupe genommen werden. Ein alter Polizeitrick.

Bei Durchsicht besagter Patientenakten sprang den Ermittlern ein Name sofort ins Auge: Tom H.! Hatte nicht ausgerechnet jener Tom Vickys Lebensgefährten ein Alibi für den Morgen des ersten Weihnachtsfeiertags gegeben? Zufall?

Tom H. war also der erste der Patienten, dem die Polizei einen Besuch abstattete. Allerdings gab sich der ziemlich unbeeindruckt. In ruhigem und sachlichem Ton gab er an, Florian aus einer »biokybernetischen Behandlung« in der Naturheilpraxis von dessen Lebensgefährtin Vicky zu kennen. Sie hätten dann über die Zeit hinweg bemerkt, dass sie ähnliche Interessen hätten, sodass es fortan zu lockeren Treffen vor allem mit Florian gekommen sei, die sich über die Zeit intensiviert hätten.

An dem Alibi, das er Florian für den Morgen des 25. Dezember gegeben hatte, hielt er fest. Sie würden sich schon seit mehreren Jahren am Morgen des ersten Weihnachtsfeiertags zur Weihnachtsmesse treffen, wie eben auch an dem Tag, an dem die Leichen aufgefunden worden waren. Beide wären danach noch gemeinsam spazieren gegangen, danach hätten sich die Wege getrennt, so gegen zwanzig nach neun. Mit der Abgabe einer DNA-Probe und der Abnahme von Fingerabdrücken war Tom einverstanden.

Und trotzdem, die Ermittler hatten ein komisches Gefühl. Tom H. war 28, sein Freund Florian 51 und damit satte 23 Jahre älter. Ein recht ungleiches Paar, auch optisch. Tom war ein zierlicher Typ, ruhig, nicht gerade selbstbewusst.

Florian war das genaue Gegenteil: äußerst korpulent, ungepflegt, resolute Erscheinung. Und noch was störte die Polizisten: diese Coolness. Immerhin hatte die Mordkommission bei Tom geklingelt. Und der Fall, um den es ging, war mittlerweile so präsent in den Medien, dass wirklich jeder im Ort davon sprach – einmal ganz abgesehen davon, dass der Mord ja in Toms unmittelbarem Umfeld geschehen war. Dennoch hatte Tom nicht einmal gefragt, warum die Ermittler ausgerechnet bei ihm vorstellig wurden und warum sie zudem seine Fingerabdrücke und DNA hatten haben wollen.

Das ließ die Polizisten an einen weiteren alten Ermittlertrick denken: Wenn die Mordkommission bei jemandem anruft, der nichts mit einer Sache zu tun hat, wird derjenige mit an Sicherheit grenzender Wahrscheinlichkeit recht überrascht nachfragen, was denn bitte schön die Mordkommission von ihm wolle. Das ist die zu erwartende, natürliche Reaktion eines Unschuldigen. Ruft die Mordkommission an und der Angerufene tut hingegen so, als sei das völlig normal, fragt noch nicht einmal nach, warum und wieso, dann ist das ziemlich unnatürlich und somit verdächtig.

Und, siehe da: Die Ermittler sollten recht behalten. Nur wenige Tage später erhielten sie einen aufgeregten Anruf aus dem Labor: Toms Fingerabdrücke stimmten zu einhundert Prozent mit den gefundenen Fingerabdrücken überein: den Spuren auf dem Wasserglas und der Weinflasche, den Spuren unter dem Fingernagel des weiblichen Opfers und denen an der Hundekralle. Volltreffer, könnte man meinen. Und dennoch ließ dieses Ergebnis die Ermittler mit einigem Kopfzerbrechen zurück:

Tom hatte überhaupt kein erkennbares Motiv, es sei denn ...

Es sei denn, Tom hatte im Auftrag gehandelt! Wieder waren die Ermittler bei Florian und Vicky. Und wieder griffen sie in die Trickkiste. Diesmal wandten sie sich an die Presse. Sie informierten die Medien darüber, dass es eine heiße Spur an der besagten Weinflasche gebe, und lieferten ein schönes Bild der aufgefundenen Rotweinflasche »Pontissimo« mit.

Der Trick dabei? Die Ermittler hörten die Telefonanschlüsse von Tom, Florian und Vicky ab und observierten sie zudem Tag und Nacht. Die Hoffnung: Durch die öffentliche Berichterstattung über die aufgefundene Spur an der Rotweinflasche würden die drei nervös werden und über die Tat sprechen. Vielleicht würden sie absprechen, wie sie die Spuren gut »erklären« könnten, sich eingestehen, dass sie einen dummen Fehler bei der Tat gemacht hatten, Fluchtpläne schmieden oder Ähnliches. Im besten Falle würden sie dabei Wissen offenbaren, das nur der Täter haben konnte. Dann wäre die Sache klar.

Doch es passierte nichts. Tom rief Florian nicht an, und Florian sprach auch nicht mit Vicky. Und doch war das aufschlussreich für die Ermittler – zumindest im Hinblick auf Tom. Denn, mal ehrlich: Wüssten Sie, dass Sie jemandem eine Flasche Wein vorbeigebracht haben, und dieser Jemand wird dann kurz darauf ermordet – würden Sie sich nicht schleunigst mit der Polizei in Verbindung setzen? Schon allein, um aufzuklären, dass das Ihre DNA und nicht etwa die des Mörders ist? Vorausgesetzt natürlich, Sie hätten nichts zu verbergen ...

Dass man die DNA und die Fingerabdrücke von Tom an

einschlägigen Gegenständen mit Tatortbezug gefunden hatte, machte den Haftbefehl zur reinen Formsache. Erneut standen die Ermittler also vor Toms Tür, diesmal mit dem Sondereinsatzkommando. Grund dafür war weniger die Angst vor dem mutmaßlichen Doppelmörder als vielmehr ein weiterer Trick der Mordermittler, der bei der Festnahme von mutmaßlichen Mördern nicht selten ist: Die meisten Verdächtigen stehen, wenn sie vom wenig zimperlichen SEK überrascht und festgenommen werden, unter einem dermaßen großen Schock, dass sie regelrecht erleichtert sind, sobald sie aus den Fängen der maskierten und schwerstbewaffneten Spezialkräfte an die »harmlosen« Mordermittler übergeben werden. Nicht selten ist ein Tatverdächtiger dann so erleichtert, dass er sein Gewissen gleich mit erleichtert.

Leider war die altbewährte Taktik bei Tom nicht aufgegangen. Ganz im Gegenteil: Er schien trotz der Festnahme durch das SEK vollkommen ruhig und kontrolliert. Auf die Frage der Ermittler, ob man ihm den Grund des polizeilichen Einschreitens mitgeteilt hätte, antwortete er, er vermute, dass es im Zusammenhang mit der Weinflasche aus der Pressemeldung stehe. Er erwähnte auch gleich, dass er tags zuvor bereits im Internet nach einem Rechtsanwalt gesucht habe. Angaben zu den Vorwürfen wolle er auf Anraten seines Anwaltes keine machen. Er bat seinen Vater noch kurz darum, sich um die Blumen in seiner Wohnung zu kümmern und irgendwann die Nahrungsmittel im Kühlschrank zu entsorgen. Offenbar rechnete Tom bereits damit, ab sofort länger abwesend zu sein.

Die Ermittler taten das auch. Für sie war klar, dass Tom die aufgefundenen Spuren in direktem Zusammenhang mit der Tat hinterlassen hatte. Er war vor über einem Jahr zum letzten Mal als Patient bei Frau Weinmann gewesen, daher konnten die Spuren also nicht rühren. Und bislang hatte er auch nicht angegeben, darüber hinaus jemals in dem Haus der Getöteten gewesen zu sein.

Insbesondere die Spur unter dem Fingernagel von Frau Weinmann ließ für die Ermittler nur den einen Schluss zu: dass sie im Rahmen des tödlichen Angriffs auf Frau Weinmann hinterlassen worden war. Und dann war da noch Toms Beruf: Tom war Gas- und Wasserinstallateur. Na, klingelt es bei Ihnen? War der Gasanschluss des Herdes nicht fachmännisch manipuliert worden …?

Restlos überzeugt, dass Tom der blutrünstige Killer war, waren die Ermittler gewesen, als sie bei der Durchsuchung von Toms Wohnung auf ein Buch gestoßen waren, das ihnen das Blut in den Adern gefrieren ließ. Schon zuvor, beim Betreten der Wohnung, war ihnen klar geworden, dass sie es mit einer auffälligen Täterpersönlichkeit zu tun hatten: Toms Schlafzimmer war etwa 30 Zentimeter hoch mit Sand aufgeschüttet. Als Bett diente lediglich eine Hängematte. Sonst befand sich nichts in dem Zimmer.

Eigentlich hatten die Mordermittler nach dem Tatmesser, der Tatkleidung oder Ähnlichem gesucht, jedoch ohne Erfolg. Doch ausgerechnet das aufgefundene Buch würde Toms Täterschaft endgültig besiegeln: *21 Techniken des lautlosen Tötens* lautete der Titel. Darin beschrieben 21 Illustrationen, wie man ein Opfer möglichst lautlos umbringt, darunter ein Bild, das einen Täter zeigte, wie er sich von hinten an sein Opfer mit einem Messer anschleicht, um das Messer dann mit Wucht durch das Auge hindurch in den Kopf zu stoßen. Wenn das mal kein »Zufall« war.

Zugegeben, ärgerlich war für die Ermittler, dass Tom sich entschlossen hatte, von seinem Recht zu schweigen Gebrauch zu machen. Sie waren sich nach wie vor sicher: Tom hatte zwar kein Motiv, er war aber der Täter. Umgekehrt hatten Vicky als Alleinerbin und ihr Lebensgefährte Florian als mittelbarer Nießnutzer von Vickys Erbe zwar ein Motiv, konnten aber aufgrund ihres Alibis nicht die Täter sein. Entweder Florian, Toms »guter Freund«, Vicky oder beide hatten Tom mit dem Mord beauftragt, davon gingen die Polizisten aus. Das widersprüchliche Aussageverhalten, der dubiose Spaziergang von Florian und Tom am ersten Weihnachtsfeiertag und nicht zuletzt das Testament sprachen aus Sicht der Ermittler Bände.

Dem Spurenbild am Tatort nach zu urteilen, war dieser erst im Anschluss an die Bluttat so präpariert worden, dass es nach einer Durchsuchung durch unbekannte Täter aussah. Zudem konnte nur eine ortskundige Person vom Gasherd im Obergeschoss gewusst haben. Für die Ermittler lag nahe, dass Tom diese Vertuschungshandlungen nur mit dem profunden Wissen Florians oder Vickys hätte durchführen können. Oder mit einem von ihnen gemeinsam – vielleicht just in der Zeit des angeblichen Spaziergangs?

Natürlich hatten sich die Ermittler auch Florian und Vicky nochmals vorgeknöpft, und das mit sehr interessantem Ergebnis. Von Vicky erfuhren sie, dass Tom eine deutlich größere Rolle im Leben der Getöteten gespielt hatte als zunächst angenommen. Er war nicht bloß Patient gewesen. Über die Freundschaft zu Florian war es dazu gekommen, dass Tom immer wieder handwerkliche Tätigkeiten im Haus der beiden Rentner übernommen hatte. Und mehr noch: Auch mit ihnen hatte Tom sich über die Jahre angefreundet. Er hatte zunächst als Wünschelrutengänger Wasseradern in ihrem Haus aufgespürt. Und im Jahr vor deren gewaltsamen Tod hatte Frau Weinmann ihn sogar zum Weihnachtsessen eingeladen.

Vicky selbst verhielt sich in ihrer erneuten polizeilichen Vernehmung nicht weiter auffällig. Und auch Florian war diesmal einigermaßen vernehmungsfest geblieben. Er hatte sogar unverhohlen zugegeben, dann und wann seinen Unmut über seine »Schwiegermutter« und Herrn Wittmann zum Ausdruck gebracht zu haben – auch gegenüber Tom. Aber nie habe er auf Tom eingewirkt oder ihn gar dazu angestiftet, das rüstige Rentnerpaar zu töten. Die Ermittler glaubten ihm trotzdem kein Wort.

Immerhin hatten sie bemerkt, dass Florian bei seiner Vernehmung auffällig reagierte. Sowohl bei der Frage, ob er wisse, dass das Vermögen der Verstorbenen möglicherweise in eine Stiftung übergehen solle, als auch bei der Information, dass Herr Wittmann akribisch Tagebuch geführt hatte, hatte Florian auffällig gelacht und seine Sitzposition verändert. Natürlich war das kein gerichtsverwertbarer Beweis, aber es spornte die Ermittler noch mehr an, neben Tom auch Florian und vielleicht sogar Vicky ihre (Mit-)Täterschaft an der grausamen Bluttat nachzuweisen.

Doch zunächst wandten sich die Ermittler noch zwei anderen, möglicherweise sehr wichtigen Zeugen zu. Wenn Tom schon nicht mit ihnen reden wollte, dann vielleicht dessen Eltern. Und die Ermittler staunten nicht schlecht, nachdem sie mit Toms Mutter und Vater gesprochen hatten. Etwa eine Woche vor der Festnahme hatte Tom eine Art Familienrat einberufen. Vater, Mutter, Schwester und Schwager, alle hatten kommen müssen, denn Tom hatte ihnen etwas Wichtiges mitzuteilen. Er berichtete ihnen, dass er das Gefühl habe, observiert zu werden, und dass das etwas mit den Fingerabdrücken auf dieser Weinflasche aus der Zeitung zu tun haben könnte. Denn die aufgefundenen Fingerabdrücke könnten möglicherweise von ihm stammen. Er sei nämlich an Heiligabend dort gewesen, um sich bei Frau Weinmann mit einer Flasche Wein zu bedanken. Er sei durch seine Tätigkeit als Rutengänger mehrmals in der Villa gewesen. Beim letzten Rutengehen hätte er von Frau Weinmann deutlich mehr Honorar als üblich bekommen, hundertfünfzig statt der ursprünglich vereinbarten vierzig Euro. Dafür habe er sich bedanken wollen und quasi zum Ausgleich eine Flasche Wein mitgebracht. Sie hätten bei seinem Besuch um die Mittagszeit, zwischen 13 und 15 Uhr, kurz zusammengesessen und Frau Weinmann hätte ihm ein Glas Wasser angeboten. Später sei er dann spazieren gegangen und hätte sich etwas gekocht, allein. Danach habe er im Internet gesurft und sich einen ruhigen Abend gemacht.

Nette Schutzbehauptung, dachten die Ermittler und fragten, warum Tom – oder auch die Eltern mit ihm – nicht zur Polizei gegangen sei, als die Sache mit der Weinflasche publik wurde, um einen potenziellen Tatverdacht zu entkräften. Tom habe sich geärgert, dass er keinen Alibizeugen habe und sein Handy nicht an gewesen sei, lautete die Antwort auf diese Frage, die die Eltern Tom natürlich auch gestellt hätten. Er hätte Angst gehabt, jetzt verdächtigt zu werden. Für die Ermittler ebenfalls interessant: Beide Eltern äußerten den Eindruck, dass Tom ein sehr inniges Verhältnis zu den beiden Ermordeten gehabt hätte. Er habe sehr offen und begeistert von beiden erzählt, fast wie von Opa und Oma. Von Frau Weinmann, von ihrem Wissen und ihren Ansichten habe Tom geradezu geschwärmt, ebenso von Herrn Wittmann. Er habe die beiden so ins Herz geschlossen, er würde sie sicher nicht umbringen, da waren die Eltern von Tom ganz sicher. Sie konnten sich all das nicht erklären, doch nach einer längeren Pause fiel ihnen ein Name ein ... Florian.

Florian sei sehr trickreich gewesen. Tom sei normalerweise sehr reflektiert, aber dieser Florian sei sein weißer Fleck. Er stehe bei Tom hoch im Kurs, und sie gingen davon aus, dass Tom Florian je nach Situation auch schützen würde. Er habe immer in den höchsten Tönen von Florian gesprochen. Dieser habe Tom irgendwann sein altes Auto geschenkt, und Tom habe immer wieder Florians neuen goldenen Mercedes nutzen dürfen. Das einzig Negative, wenn man so will, was Tom über Florian gesagt habe, war, dass Florian nicht das beste Verhältnis zu den beiden Rentnern habe und nur zu besonderen Anlässen in ihr Haus dürfte ...

Diese Aussagen passten sehr gut in das Bild, das die Ermittler mittlerweile von dem Fall gewonnen hatten. Toms Motiv erklärte sich mehr und mehr durch die Freundschaft zu Florian Z. Inzwischen hatten weitere Zeugen ausgesagt und diesen Verdacht bestätigt. Das ungleiche Paar war im Umkreis häufiger aufgefallen. Manche hielten sie für Onkel und Neffen, andere wiederum für ein homosexuelles Paar mit Florian als Sugardaddy. Eine Zeugin, die die beiden flüchtig aus ihrem Bioladen kannte, sagte sogar aus, sie könne sich nicht vorstellen, dass Tom etwas Besonderes getan hätte, ohne dass Florian davon wusste. Und sie habe gehört, dass Frau Weinmann schon immer gegen die Beziehung ihrer Tochter zu Florian gewesen sei. Wörtlich hätte sie ihr gegenüber geäußert, dass Vicky kein Geld bekommen würde, solange sie mit Florian zusammen wäre. Sie hätte ihrer Tochter sogar angeboten, mit ihrem Sohn in die Villa zu ziehen.

Alle Zeugen, die die Ermittler bis dato zu dem Thema vernommen hatten, äußerten einvernehmlich, dass sie Tom als »Schatten« und »Handlanger« von Florian wahrgenommen hätten. Für die Ermittler stand nun endgültig fest: Florian hatte Tom dazu angestiftet, die beiden ihm verhassten Rentner zu töten, damit seine Lebensgefährtin das viele Geld erben und erst gar nicht auf die Idee kommen würde, ihn auf Wunsch der Mutter zu verlassen.

Doch so schön und plausibel sich das alles zusammenfügte, nachweisen konnten sie Florians Beteiligung damit noch nicht. Tom schwieg nach wie vor eisern. Und Florian hatte zumindest für die Tatzeit ein wasserdichtes Alibi, es waren keinerlei Spuren von ihm am Tatort gefunden worden, und er war zur angenommenen Tatzeit dort nicht gesehen worden. Doch die Ermittler konnten und wollten den Fall noch nicht abschließen. Sie wandten sich an die Kollegen der operativen Fallanalyse, die sogenannten Profiler, und baten um Hilfe.

Aufgabe von Profilern ist es, alle bisher gesammelten Daten wie etwa Tatortbefund und Obduktionsbericht, Informationen zum Opfer, Zeugenaussagen und so weiter zu analysieren und den Kollegen dadurch neue Ermittlungsansätze zu liefern. Oft ist es der unbefangene Blick von außen, der hilft, weitere Hypothesen aufzustellen, andere wieder zu verwerfen, den Tathergang zu rekonstruieren, mögliche Motive herauszuarbeiten und die wesentlichen Charakteristika eines Falls herauszustellen.

Beachtenswert fanden die Profiler zunächst einmal die Tatzeit, welche aufgrund der rechtsmedizinischen Untersuchung und der Rekonstruktion der letzten Lebenszeichen beider Opfer mit hoher Wahrscheinlichkeit auf den Abend des 24. Dezember eingegrenzt werden konnte. Die Geschwister planten, diesen Abend allein zu verbringen, und hatten keinen Besuch eingeladen oder Vorbereitungen für Gesellschaft getroffen. Das ließ für die Profiler den Schluss zu, dass der Täter davon ausgehen konnte, nicht gestört zu werden. Auch der Tatort selbst ließ gewisse Rückschlüsse zu. Denn in einer so wohlhabenden Gegend war selbst bei Unkenntnis über die Vermögensverhältnisse der Opfer klar, dass sich Wertgegenstände im Haus befinden könnten.

Zum Tatablauf rekonstruierten die Profiler, dass zunächst das männliche Opfer, darauf der Hund und schließlich das weibliche Opfer getötet worden war. Am Leichnam des männlichen Opfers konnte keine Fremd-DNA gesichert werden, und die Leiche wies auch keine Abwehrverletzungen auf. Am Fundort der Leiche gab es keinerlei Situationsspuren, die auf eine Eskalation hinwiesen. Das Blutspurenbild war statisch und auch an der Kleidung von Herrn Wittmann fand sich keine Beblutung, die auf eine Dynamik hindeutete. Die Verletzungsrekonstruktion in Verbindung mit dem Spurenbild ließ für die Profiler den Schluss zu, dass Herr Wittmann überraschend frontal angegriffen worden war. Nachdem er vermutlich versucht hatte, Distanz aufzubauen und wegzulaufen, griff ihm der Täter in die rückwärtige Oberbekleidung, um ihm weitere Stichverletzungen zuzufügen, woraufhin er zu Boden gegangen sein und der Täter weiter auf sein Opfer eingestochen haben dürfte.

Ganz anders bei Frau Weinmann: In ihrem Fall war es zunächst zu einigen oberflächlichen Stichverletzungen mit Abwehrverletzungen an den Händen und Armen gekommen, die auf eine gewisse Dynamik schließen ließen. Vermutlich hatte sie versucht, einige Schritte zurückzuweichen und die Arme zur Abwehr zu heben. Das hatte der Täter ausgenutzt, um ihr tiefe Stiche in den Brustbereich zu versetzen. Ein Stich war sogar durch den schützenden Arm hindurchgegangen. Die Profiler rekonstruierten, dass sie auf die Knie gesackt war und der Täter das Messer dann mit voller Wucht durch ihr Auge hindurch in den Kopf gesteckt hatte, wo schließlich die Klinge abgebrochen war. Dabei war nicht auszuschließen, dass er in einem Zustand »affektiver Erregung« trotz abgebrochener Klinge weiter auf das Opfer eingestochen hatte.

Die Profiler kamen zu dem Schluss, dass die Tötungen kurz nacheinander erfolgt waren und dass die Situation dem Täter erlaubt hatte, sich den Opfern nacheinander zuzuwenden. Das männliche Opfer war arglos, als der erste Angriff erfolgte. Der Hund erhielt einen Einstich in Bewegung in unmittelbarer Nähe des männlichen Opfers, was für eine zeitliche Nähe auch in Bezug auf die Tötung des Hunds sprach. Das weibliche Opfer trat vermutlich hinzu und lief dann dem Täter förmlich in die Arme. Alle drei Tötungen waren nach Ansicht der Profiler zielgerichtet durchgeführt worden, es gab keine Hinweise auf eine vorherige Eskalation. Auch eine verbale Eskalation schien in Anbetracht der zeitlichen Abfolge und des Tatortbildes unwahrscheinlich. Dabei ließen die Rekonstruktion der Verletzungsbilder in Verbindung mit den zeitlichen Komponenten den Schluss zu, dass es dem Täter primär um die Tötung der Personen und des Hundes gegangen war. Und, für die Mordermittler ganz wichtig: Laut der Profiler ergab die Rekonstruktion der Tötungen keinen Hinweis auf mehrere Täter.

Natürlich nahmen die Profiler auch das Nachtatverhalten genauer unter die Lupe und stellten dabei fest, dass nur drei Zimmer des Hauses durchsucht worden waren: das Esszimmer und das Büro im Erdgeschoss sowie das Schlafzimmer im Dachgeschoss. Ungewöhnlich für Räuber, die darauf aus sind, möglichst fette Beute zu machen. Gegen eine echte Durchsuchung sprach auch, dass nicht auszumachen war, wonach der Täter konkret gesucht haben will. Unterlagen und Schmuck waren nur teilweise bewegt worden. Tresore waren unberührt, Medikamente im Praxisraum hatten keine Beachtung gefunden. Und Schmuck im Wert von etwa 11 000 Euro war lediglich ausgekippt, aber vollständig vor Ort belassen worden. Gegen eine kopflose Durchsuchung aufgrund von Erregung oder Aufregung nach den Tötungshandlungen sprach ganz klar die spätere Manipulation am Gasherd.

Apropos Gasherd: Entscheidende Bedeutung maßen die Profiler dem Umstand zu, dass der Täter um den Gasherd in der Küche im ersten Stock wusste. In der von den Opfern genutzten Küche im Erdgeschoss befand sich nämlich kein Gasherd, sodass ein einfacher Rückschluss von den Gegebenheiten im Erdgeschoss auf das Obergeschoss auszuschließen war. Auch war es nach dem bloßem Betreten des Raumes nicht möglich gewesen, den Gasherd zu erkennen, da die Herdplatten abgedeckt gewesen waren. Der Täter musste also um die Gegebenheiten des Hausanschlusses und Gasherdes im Obergeschoss gewusst haben.

Für die Profiler war daher die Hypothese am schlüssigsten, dass der Täter den Opfern bekannt gewesen war und sie ihn selbst ins Haus gelassen hatten. Nur so hatte der Täter die Möglichkeit, eine Situation zu nutzen, in der die Opfer zunächst getrennt voneinander waren. Die Bewirtungssituation machte auf die Profiler den Eindruck einer schnellen, höflichen Bewirtung eines Gastes. Die Weinflasche könnte ein Mitbringsel gewesen sein, was wiederum für eine Vorbeziehung sprach. Auch die Kombination der Durchsuchung, der Inszenierung und der Manipulation am Gasherd wäre als Tatplan in sich unschlüssig, wenn der Täter keinerlei Bezug zu den Opfern gehabt hätte.

Der Täter musste sich also im direkten oder indirekten Umfeld des Opfers bewegt haben. Es hatten sich auch keine Anhaltspunkte für ein arbeitsteiliges Vorgehen mehrerer Täter ergeben. Der durchgängige Handlungsstrang von dem ersten Angriff des männlichen Opfers bis zur Tötung sowie die unmittelbar anschließende Tötung des Hundes sprachen für einen Einzeltäter. Anhand der rechtsmedizinisch festgestellten Verletzungsspuren stellten die Profiler fest, dass der Täter lediglich ein Tatmittel verwandt haben musste, nämlich ein Messer, dessen Klinge zum Abschluss der Tötungshandlungen in mehrere Teile zerbrach. Messergriff und Klingenteile, mit Ausnahme der Klingenspitze im Auge des weiblichen Opfers und eines Bruchteils, wurden nicht am Tatort zurückgelassen, vermutlich, um keine unnötigen Spuren zu hinterlassen. Und das wiederum sprach für eine durchweg geplante Tat. Eine fehlende Eskalation in Verbindung mit dem beim ersten Angriff arglosen männlichen Opfer und der späteren Mitnahme des Tatmittels deuteten im Übrigen auch darauf hin, dass es sich nicht um ein Messer aus dem Haushalt der Opfer handelte.

Bis hierhin war die Fallanalyse der Profiler also völlig eindeutig mit der Theorie der Mordermittler in Einklang zu bringen, dass entweder Vicky und Florian oder nur Florian Tom angestiftet und vielleicht sogar mit ihm die Tat minutiös geplant hatten. Tom war schließlich beiden Rentnern bestens bekannt, sie vertrauten ihm, hatten ihn im Jahr zuvor sogar persönlich zum Weihnachtsessen eingeladen. Mit einer Flasche Wein in der Hand als kleines Weihnachtsgeschenk hätten sie ihm auch am Heiligabend Einlass in ihr Haus gewährt. Und Tom war nicht nur als Gas- und Wasserinstallateur fachlich in der Lage, den Gasherd zu manipulieren, er wusste auch, dass es einen solchen im Haus überhaupt gab.

Hatte die Fallanalyse die Ermittlungen also keinen Zentimeter weitergebracht? Dass Tom der Killer war, stand ja schon zuvor dank der aufgefundenen DNA- und Fingerspuren fest – oder nicht? Nein, denn ausgerechnet die besagten DNA- und Fingerspuren führten am Ende der Fallanalyse zu einem echten Problem: Die Profiler kamen zu dem Ergebnis, dass diese nicht zwingend tatrelevant waren.

Die beschriebene Bewirtungssituation, so die Argumentation, war nicht auf die Stunde genau und damit auf die Tatzeit eingrenzbar. Sie hätte auch vor einer späteren Tat eines Dritten so stattgefunden haben können. Und die Spuren am weiblichen Opfer könnten auch von einer Begrüßung herrühren: Küsschen auf die Wange, Händeschütteln, Pfotegeben des Hundes ... Hatte Tom womöglich doch die Wahrheit gesagt und tatsächlich nichts mit der Tat zu tun? Immerhin hatte sich kein einziger der befragten Zeugen vorstellen können, dass dieser zierliche, beinahe untergewichtige junge Mann, der bis dato noch nie mit dem Gesetz in Konflikt geraten war, zu einer solch bestialischen Tat fähig war. Außerdem hatte er die beiden Rentner gemocht und sie ihn doch auch.

Nach Bekanntwerden des Berichts der Profiler ließ die Post von Toms damaligem Anwalt nicht lange auf sich warten. Er beantragte Toms sofortige Freilassung, da sich sämtliche der aufgefundenen Spuren nachvollziehbar erklären ließen. Dazu verwies er auf den Bericht der Profiler und fügte seinem Schreiben eine Erklärung seines Mandanten bei. Darin schildert Tom den Tag des 24. Dezember wie folgt:

> Gegen 9.00 Uhr bin ich aufgestanden. Ich habe – wie üblich – etwas Frühsport gemacht und gefrühstückt. Bei meinen Besorgungen am Vortag hatte ich die Getränke vergessen, und ich habe den Einkauf am 24.12. nachgeholt. Etwa zwischen 11.00 und 12.00 Uhr bin ich mit meinem Fahrrad und mit meinem Rucksack zum Biomarkt gefahren. Dort habe ich einen schönen Wein *(Pontissimo)* gesehen und mich spontan entschlossen, diesen für Frau Weinmann zu kaufen. Sie hatte mir mal erzählt, dass sie gerne Rotwein trinkt. Ich hatte mir überlegt, ihr den Wein als eine Art Werbegeschenk zu schenken.
> Anschließend bin ich nach Hause gefahren und habe mich an meinen Computer gesetzt und dort Wartungsarbeiten durchgeführt. Zwischendurch habe ich meine Wohnung aufge-

räumt. Ich habe kurz etwas zu Mittag gegessen und bin dann zwischen 13 und 15 Uhr zu Frau Weinmann nach Hause gefahren. Ich wollte ihr frohe Weihnachten wünschen und das kleine Geschenk abgeben. Ich habe damit bezweckt, dass sie mich weiterempfiehlt und mich auch selbst weiterhin beauftragt. Ich habe gehofft, dass sie ihren ehemaligen Patienten meine Tätigkeit im Bereich der Geopathologie näherbringt und ich so vielleicht weitere Aufträge bekomme.
Ich habe mein Auto geparkt und bin mit der Weinflasche in der Hand zur Tür gegangen und habe geklingelt. Nach einem kurzen Moment kam Frau Weinmann zur Tür, hat mich hineingebeten und herzlich begrüßt. Sie hat mich auch umarmt, wie das bei uns so üblich ist. Weiter hat sie mich zum Tisch gebeten und gefragt, was denn der Grund meines Besuchs wäre. Daraufhin habe ich ihr die Weinflasche überreicht.
Im Verlauf des weiteren Gesprächs bot sie mir ein Glas Wasser an. Wir haben dann u. a. über die Kommerzialisierung von Weihnachten gesprochen. Das gesamte Gespräch bzw. mein Aufenthalt dort hat nach meiner Schätzung vielleicht 15 Minuten gedauert. Am Ende habe ich mich verabschiedet und bin wieder gegangen. Während des Gesprächs habe ich Herrn Wittmann gar nicht gesehen.
Ich bin anschließend wieder nach Hause gefahren. Dort habe ich den restlichen Tag verbracht. Ich habe unter anderem noch mein Badezimmer gesäubert und im Garten mit dem Wasserschlauch Wühlmäuse vertrieben, indem ich deren Löcher geflutet habe. Ich habe weiter am Computer gesessen und mir schließlich zum Abendessen ein Steak gebraten. Danach habe ich mich wieder an den Rechner gesetzt. Dort habe ich auch einen Film angesehen (Harry Potter).
Ich bin etwa kurz vor Mitternacht ins Bett gegangen.

> Am nächsten Tag habe ich mich gegen 6.45 Uhr von meinem Smartphone, das immer neben meinem Bett liegt, wecken lassen. Nachdem ich im Badezimmer war, bin ich mit dem Fahrrad gegen 7 Uhr zur Kirche gefahren. Ich hatte mich dort mit Florian zur Weihnachtsmesse verabredet. Dorthin gehen wir schon seit Jahren gemeinsam. Nach der Messe sind wir etwa gegen 9 Uhr aus der Kirche gekommen und anschließend noch zusammen 15 bis 20 Minuten spazieren gegangen. Wir haben uns dabei unter anderem über den Inhalt der Predigt unterhalten. Ich bin dann zurück zur Kirche gegangen, um mein Fahrrad zu holen. Anschließend bin ich wieder nach Hause gefahren.

Alles, was Tom in dem Schreiben sagte, war mit dem bisherigen Ermittlungsergebnis in Einklang zu bringen, und zwar ohne dass Tom damit der Täter sein musste. Natürlich ließ es sich der Kollege auch nicht nehmen, nochmals auf das fehlende Motiv hinzuweisen und zu erwähnen, dass die beiden Rentner in der Zeit zwischen 13 und 15 Uhr, in der Tom sie besucht haben will, definitiv noch gelebt haben mussten. Schließlich war Frau Weinmann noch um 16.30 Uhr von Zeugen mit dem Hund gesehen worden, und Herr Wittmann hatte noch um 19 Uhr im Internet gesurft. Hingegen hatte niemand Tom in der Zeit nach 19 Uhr am Tatort gesehen, auch nicht dessen Auto.

Die Ermittler waren sich dennoch weiterhin sicher, dass Tom der Täter war und er seine Geschichte dem bisherigen Ermittlungsergebnis angepasst hatte. Schließlich hatte er als Beschuldigter über seinen Anwalt Einsicht in die Ermittlungsakte erhalten und sich seine Geschichte schön zurechtlegen können. Und unter uns: Eine Leiche, der ein

Messer im Auge steckt, und ein Buch mit Tötungstechniken, die genau eine solche Tötungsmethode vorschlägt. Ein Haus, in dem ein Gasherd fachmännisch manipuliert worden ist, und ein Gas- und Wasserinstallateur. Ein Täter, der sowohl die Opfer als auch die Gegebenheiten in deren Haus gekannt haben muss, und ein Tatverdächtiger, der genau das tut. Sind das nicht alles ein paar Zufälle zu viel?

Außerdem: Wenn Tom schon so herzlich und eng mit der ganzen Familie war, warum hatte er den Hinterbliebenen nicht wenigstens mitgeteilt, dass er am Heiligen Abend noch unmittelbar vor dem Mord zu Gast gewesen war? Und warum hatte er sich nicht auf den öffentlichen Aufruf der Polizei gemeldet, um nicht für den Rest seines Lebens als möglicher Täter gesucht zu werden?

Es passte alles zusammen. Doch ich kann Ihnen versichern, verurteilen hätte man Tom trotzdem nicht können. Es wäre nicht schlüssig gewesen. Schließlich hätte es mit einiger Wahrscheinlichkeit – und damit alles andere als zweifelsfrei – auch genau so sein können, wie es Tom in seiner Einlassung geschildert hatte. Die aufgefundenen Spuren wären auf diese Weise, das hatten die Profiler gezeigt, genauso gut erklärbar gewesen.

Doch der Fall sollte eine Wendung nehmen, mit der weder die Kriminalpolizei noch Tom gerechnet hatten. Die Ermittler erhielten nämlich Post, ausgerechnet aus dem Gefängnis, in dem Tom in Untersuchungshaft saß. Doch der Brief kam nicht etwa von Tom selbst, sondern von dessen Zellennachbarn Peter. Dieser bat um einen Besuch der Ermittler. Er habe ihnen etwas Wichtiges mitzuteilen.

Nun ist es nicht selten, dass sich Gefangene an die Behörden wenden, um vermeintliches Wissen von Mithäftlingen preiszugegeben. Meistens erhoffen sie sich daraus einen Vorteil für die eigene Sache. In den USA ist das sogar gang und gäbe. Wenn Ermittler darauf setzen, dass Inhaftierte ihren Knastkollegen etwas erzählen, ist das immer mit einem faden Beigeschmack verbunden. Entspricht das, was der Mithäftling erzählt, der Wahrheit? Oder hat er sich das vielmehr ausgedacht, um sich selbst gut darzustellen? Zu Recht reagieren wir Strafverteidiger stets sehr skeptisch, wenn solcherlei »Kronzeugen« auftauchen, und auch die höchstrichterliche Rechtsprechung tut das. Belastende Aussagen von Mithäftlingen als Beweis unterliegen stets einer besonderen Prüfung.

Bei Toms Mithäftling war das allerdings anders. Er hatte sich ausbedungen, erst nach Beendigung seiner regulären Haftstrafe zu »singen«. Er hatte also keinen Vorteil davon, ganz im Gegenteil. Peter wollte seinen guten Stand im Knast – wie er es selbst nannte – nicht gefährden. Hätte er noch während seiner Haftzeit gegen seinesgleichen ausgesagt, wäre er geächtet worden. Er hätte wieder ganz unten in der Knasthierarchie gestanden, dabei hatte er sich über die letzten Jahre bis an die Spitze hochgearbeitet.

Sein Motiv war ein völlig anderes. Peter hatte sich ohne Wissen seines Rechtsanwaltes an die Kriminalpolizei gewandt, der ihm ausdrücklich von der Aussage abgeraten hatte. Eigenen Angaben zufolge war er von der bestialischen Tat gegen die beiden Rentner so schockiert, dass er es nicht mit seinem Gewissen vereinbaren konnte, dass der Doppelmörder und der Hintermann womöglich nicht zur Rechenschaft gezogen würden ...

Sie können sich vorstellen, dass spätestens beim Wort

»Hintermann« das Interesse der Ermittler riesig war. Schließlich sahen sie gerade ihre Felle – ich möchte fast sagen, buchstäblich ihren ganzen Fall – nach der Analyse der Profiler davonschwimmen. Sie statteten Toms Zellengenossen Peter einen persönlichen Besuch ab.

Peter war ein knapp zwei Meter großer, schlanker junger Mann mit schütterem Haar. Er hatte seine Strafe wegen Betrugs fast abgesessen. In der folgenden Woche sollte er wegen guter Führung vorzeitig entlassen werden. Da er unter den Häftlingen zu den älteren Hasen zählte, hatte ihn die Gefängnisleitung nach Toms Einlieferung gebeten, sich um Tom zu kümmern, damit ihm nichts passiere. Denn aufgrund der Tat, die Tom vorgeworfen wurde, stand zu befürchten, dass andere Mithäftlinge Tom eine gehörige Tracht Prügel verpassen würden. Das geschieht Neuzugängen, denen vorgeworfen wird, Kinder oder Alte ermordet zu haben, häufig – obwohl die »normalen« Mörder in der Knasthierarchie ganz oben stehen. Nur Vergewaltiger und Pädophile stehen noch unter den »Oma- und Kindermördern«.

Und tatsächlich hatten Mithäftlinge, wenn Peter und Tom ihren täglichen Hofgang machten, aus ihren Zellen gerufen und Tom offensiv bedroht. Peter bot Tom Schutz und war der Einzige, der sich mit ihm unterhielt, Gesellschaftsspiele gegen die Langeweile mit ihm spielte und zusammen mit ihm fernsah. Tom hatte bereits nach kürzester Zeit vollstes Vertrauen zu Peter gefasst und mit ihm auch über den Doppelmord gesprochen. Peter sagte aus, dass das Vertrauen inzwischen so groß war, dass Tom sich ihm völlig geöffnet und sogar von den Hintergründen der Tat erzählt habe ... Die Ermittler waren ganz Ohr.

Zunächst hätten die beiden über Toms Haftbefehl gesprochen. Tom habe Peter mitgeteilt, dass er sich um zwei Punkte Sorgen machte: um einen im Haftbefehl genannten abgebrochenen Fingernagel von Frau Weinmanns linker Hand und um eine Zange, mit dem der Verschluss des Gasherdes geöffnet worden sei und die Tom dummerweise am Tatort zurückgelassen habe. Tom habe sich gesorgt, dass er nicht plausibel erklären könnte, warum seine DNA auch unter dem abgebrochenen Fingernagel gefunden wurde. Gemeinsam hätten sich Peter und Tom Gedanken gemacht, mit welcher Version man die DNA dort erklären könne. Peters Vorschlag sei gewesen, dies mit einfachem Händeschütteln zwischen Frau Weinmann und Tom zu erklären. Da es aber der Nagel der linken Hand war, hätte Tom diesen Vorschlag verworfen und sie hätten gemeinsam weiter überlegt. Zu diesem Zeitpunkt habe Tom noch nicht gewusst, dass das mit der DNA am Fingernagel der linken Hand ein Fehler der Ermittler gewesen war: Toms DNA hatte sich eigentlich nur unter dem nicht abgebrochenen Fingernagel der rechten Hand befunden, was mit Händeschütteln gut hätte erklärt werden können.

Laut Peter hatte Tom aber auch Angst gehabt, dass man seine DNA oder Fingerabdrücke an der Zange finden würde, mit der er den Blindstopfen des Gasherdes entfernt hatte – ein Detail, das niemand außer dem Täter kennen konnte. Denn bis dato hatten die Ermittler lediglich mitgeteilt, dass Gasgeruch beim Auffinden der Leichen festgestellt worden war. Von einem Gasherd, geschweige denn einem manipulierten Blindstopfen, war die Presse niemals informiert worden. Das bedeutete: Peters Wissen um den Blindstopfen konnte er nur von demjenigen haben, der auch den Gasherd manipuliert hatte: dem Täter!

Tom habe Peter eingestanden, dass es ein Fehler gewesen sei, nur den Gasherd und nicht gleich die Hauptleitung im Keller aufgedreht zu haben. Peter wusste auch von der Kerze im Wohnzimmer zu berichten – abermals eine Information, die nur vom Täter stammen konnte. Tom habe Peter erzählt, dass er, nachdem er den Gasherd manipuliert hatte, unten eine Kerze angezündet hatte, um das Haus in Brand zu setzen und den größten Teil der Spuren zu vernichten.

Der schon verloren geglaubte Fall nahm durch Peters Aussage eine komplett neue Wendung. Besonders, als Peter aussagte, Tom habe erzählt, die Tat gemeinsam mit Florian geplant zu haben. Letzterer habe das getötete Geschwisterpaar gehasst, weil sie ihn als Schwiegersohn nicht akzeptiert hatten und weil Frau Weinmann Vicky enterben wollte, wenn sie ihn nicht verließ. Auch habe Florian gewusst, dass Herr Wittmann hohe Geldbeträge auf Schweizer Bankkonten hatte und dass die beiden Rentner kein Testament hatten, sodass im Falle ihres Todes seine Lebensgefährtin Vicky alles erben würde. All das waren Informationen, die selbstverständlich nie nach außen getragen worden waren und die Peter nur von einem haben konnte: Tom.

Detailliert beschrieb Peter weiter: Tom habe ihm gesagt, dass es Florian und Tom nur um die Tötung der beiden Personen gegangen sei, weil in erster Linie das Erbe das Motiv für Florian war und Tom dann einen Teil des Erbes hätte bekommen sollen. Tom habe für die Tat zwei Messer mitgebracht und sei dann gegen 20 oder 21 Uhr des 24. Dezember mit dem Fahrrad zur Wohnung der beiden Rentner gefahren. Frau Weinmann habe ihn eingelassen und sei mit ihm ins Wohnzimmer gegangen, wo sie ihm ein Glas Wasser gereicht hätte. Dann habe er sofort zugestochen. Er habe quasi in Trance auf die Frau eingestochen, hierbei sei das Messer abgebrochen. Er habe in Oberkörper und in das Auge gestochen. Als das weibliche Opfer bereits bewegungsunfähig gewesen sei, sei von oben der Herr Wittmann heruntergekommen.Zu diesem Zeitpunkt habe Tom bereits das zweite mitgeführte Messer in der Hand gehabt und Herrn Wittmann in Oberkörper und Rücken gestochen.

Er habe auch den Hund getötet, nur aus Mitleid, damit er nicht bei lebendigem Leib verbrennen musste, wenn das Haus explodierte. Dann habe er die gesamte Wohnung durchsucht, um einen Raubmord vorzutäuschen. Dabei hätte er auch etwas Geld gefunden, das er mitgenommen habe. Im Obergeschoss habe er den Gasstopfen mit einer Zange vom Anschluss gelöst, die Zange habe er am Tatort liegen lassen. Seine Tatkleidung und die Messer habe er im Anschluss an die Tat in einem Ofen in seiner Wohnung verbrannt. Die Asche und die Überreste des Messers, darunter auch Klingen, habe er irgendwo vergraben. Am Folgetag habe er Florian getroffen. Sie seien gemeinsam in die Kirche gegangen und hätten im Anschluss einen langen Spaziergang gemacht, auf dem Tom Florian die Tat in allen Einzelheiten geschildert habe. Sie hätten sich gewundert, dass noch kein Brand aus der Parkstraße gemeldet worden sei. Tom habe Florian auch über die Lage der Leichen informiert, worüber er sich im Nachhinein sehr ärgere, weil Florian bei seiner polizeilichen Aussage fast etwas Falsches darüber erzählt habe. Anhand dieser Aussage könne die Polizei merken, dass Florian schon vor Auffindung der Leichen wusste, wo sich diese befanden.

Selbstverständlich hatte die Polizei keinerlei Informationen zu der Art der Verletzungen der Getöteten preisgegeben, sie sprach nur von »erheblichen tödlichen Verletzungen«. Erst recht hatte niemand erfahren, dass das Messer bei der Tatausführung abgebrochen war. Alles, was Peter den Polizisten erzählte, konnte er nur und ausschließlich vom Täter wissen.

Tom hatte Peter den Tathergang minutiös dargestellt und dabei auch Florian Z. schwer belastet. Doch es kam noch besser: Peter behauptete, dass ihm Tom verraten habe, wo er die Tatbeute vergraben hatte. Und tatsächlich: Auf einer von Tom gefertigten Zeichnung, die eindeutig dessen Handschrift trug, war das Versteck in einem kleinen Waldgebiet beschrieben. Dort sollte sich auf einer Anhöhe, in einer Vertiefung, etwa einen Meter entfernt von einer bestimmten Birke, ein Glas mit Schraubverschluss in etwa 50 Zentimeter Tiefe befinden. Darin seien die 1000 Euro, die Tom nach der Ermordung der beiden Rentner aus dem Haus mitgenommen hatte.

Nach einigem Suchen gruben die Ermittler hinter besagtem Baum, unter einer Baumwurzel ein Glas mit einem Schraubverschluss aus. Darin befanden sich mehrere zusammengerollte Hunderteuroscheine. Ein Abgleich mit den Verbindungsdaten von Toms Mobilfunktelefon ergab, dass sich Toms Handy einige Zeit nach der Tat just in der Funkzelle des besagten Waldgebietes befunden hatte. Diesmal hatte Tom wohl vergessen, sein Handy vorher auszuschalten.

Nach Peters Aussage bestanden keinerlei Zweifel mehr daran, dass Tom die beiden Rentner getötet hatte und der brutale Doppelmörder war. Und auch in Bezug auf Florian schienen die Ermittler von Anfang an den richtigen Riecher gehabt zu haben.

Tom wurde angeklagt und verurteilt.

Bei Florian Z. taten sich die Ermittler aber trotzdem weiterhin schwer. Noch immer fehlte der entscheidende Beweis. Denn die bloße Aussage Peters würde bei Florian – anders als bei Tom – nicht reichen. Das hört sich merkwürdig an, ist aber durchaus nachvollziehbar:

Peter war nicht unmittelbarer Zeuge von Florians Tatbeteiligung. Unmittelbar wusste nur Tom von dem Mord zu berichten. Er gab sein Wissen an Peter weiter. Peter war damit bloßer Zeuge vom Hörensagen, der kein eigenes Wissen kundtat, sondern fremdes. Und wenn eine Person von etwas berichtet, das sie nicht selbst wahrgenommen, sondern nur erzählt bekommen hat, ist es wie beim Spiel Flüsterpost: Informationen gehen unter, werden verändert, falsch verstanden, anders wiedergegeben und so weiter. Deshalb ist man sich in der höchstrichterlichen Rechtsprechung auch einig, dass Zeugen vom Hörensagen grundsätzlich nur sehr wenig Beweiswert zukommt und sich deren Aussage immer anhand objektiver Beweismittel bestätigen muss.

Und Sie ahnen es bereits: Objektive Beweismittel, dass Florian Z. Drahtzieher, Hintermann und damit mindestens Anstifter zu der brutalen Tat, wenn nicht sogar Mittäter kraft seiner überragenden Tatplanung war, gab es nicht.

Anders bei Tom. Was Tom Peter offenbart hatte, waren direkte Informationen des mutmaßlichen Täters, sie waren nicht nur – wie in Bezug auf Florian – von einem Zeugen überliefert. Zudem waren es allesamt Details, die nur der

Täter hatte kennen können und die damit ausschließlich von diesem stammen konnten.

Und was war mit den Ungereimtheiten in der Aussage von Florian Z.? Sie erinnern sich: Florian hatte im Rahmen seiner Vernehmung nicht nachvollziehbar angegeben, dass er anhand eines Blickes durch das Terrassenfenster im Wohnzimmer den Leichnam erkannt haben wollte, obwohl dies aus dieser Position nicht möglich war. Es war nicht zu widerlegen, dass er sich möglicherweise einfach geirrt oder die Leichen schlicht verwechselt hatte.

Es kam, wie es kommen musste: Tom wurde wegen der Tötung der beiden Rentner verurteilt. Florian Z. hingegen wurde noch nicht einmal angeklagt – und das, obwohl das Gericht in seinem Urteil gegen Tom sogar ausdrücklich davon überzeugt war, dass Florian Tom zu der Tat angestiftet hatte.

Einen perfekteren Mord kann man meines Erachtens nicht begehen: Jeder weiß, dass Florian Anstifter oder gar Mittäter ist, man kann ihn aber aus Mangel an Beweisen nicht verurteilen.

Seinen grandiosen Coup gegenüber der Justiz, der seiner Lebensgefährtin Vicky ein geschätztes Erbe in Höhe von 30 Millionen Euro einbrachte, hat Florian allerdings nicht lange auskosten können. Wie seine Lebensgefährtin mitteilen ließ, verstarb er etwa zwei Jahre nach Toms Verurteilung nach kurzer, schwerer Krankheit. Vicky ließ ihn unmittelbar nach seinem Tod beerdigen. Im Familiengrab, direkt neben ihrer getöteten Mutter und ihrem getöteten Onkel.

FOLGE DEM GELD

In der Nacht – die genaue Uhrzeit wisse sie nicht mehr – war sie wegen eines Geräusches aufgewacht. Sie konnte es nicht zuordnen, aber es hörte sich an wie ein Schreckensschrei. Dann Bewegungsgeräusche. Feste Schritte seien es gewesen. Kurz habe es sich so angehört, als würde jemand gegen ein Möbelstück laufen. Die Geräusche kamen aus dem Erdgeschoss, das die Eheleute S. bewohnten. Die Nachbarin selbst wohnte im Stockwerk darüber. Bis dato hatte sie eigentlich nie etwas aus dem unter ihr liegenden Schlafzimmer des Rentnerehepaars gehört, schon gar nicht um diese Uhrzeit. Von draußen hin und wieder einmal ein vorbeifahrendes Auto, aber von unten quasi nichts – und wenn, dann nicht solche Geräusche.

Die Nachbarin sei regelrecht aus dem Schlaf gerissen worden. Deshalb sei sie auch kurz aufgestanden und in den Wohnungsflur gegangen, um sich erst einmal zu orientieren. Wieder habe sie Bewegungen gehört, und jetzt auch eine Frau, die weinte. Plötzlich noch eine Stimme, eher eine tiefere, die aus der anderen Richtung von unten zu kommen schien. Die Nachbarin sei daraufhin wieder in ihr

Schlafzimmer gegangen, um besser zu verstehen, was wohl gerade vor sich ging. Dort seien beide Stimmen dann leise verklungen. Vermutlich hatte die tiefere männliche Stimme die weibliche Person beruhigt – zumindest habe das die Nachbarin gedacht. Danach habe sie nur noch ein Geräusch gehört, das wie das Anstoßen an ein Treppengeländer klang, und das Schließen der Tür, aber ein eher leises Zugehen. Insgesamt hätten die Geräusche nur wenige Sekunden, höchstens eine Minute gedauert.

Was die Nachbarin tatsächlich gehört hatte, sollte erst am übernächsten Morgen aufgedeckt werden und fortan als einer der brutalsten und aufsehenerregendsten Morde in Koblenz gelten.

Ausgerechnet der eigene Sohn und dessen Ehefrau fanden die übel zugerichteten Leichen des Rentnerehepaars. Anlässlich eines Überraschungsbesuchs zum 69. Geburtstag von Frau S. waren sie zusammen mit zwei ihrer drei Töchter extra aus ihrem 350 Kilometer entfernten Wohnort angereist. Weil die Eheleute S. auf das Klingeln an der Haustür nicht öffneten, betraten der Sohn und dessen Ehefrau die Wohnung mit ihrem eigenen Schlüssel. Schon beim Aufschließen der Haustür kam ihnen ein übler Geruch entgegen. Auf Rufe gab es keine Antwort. In allen Zimmern waren die Rollläden heruntergelassen – ungewöhnlich für die Eheleute S., die normalerweise schon früh am Morgen wach waren.

Auf der Suche nach seinen Eltern gelangte zunächst der Sohn ins Schlafzimmer, aus dem die Nachbarin zwei Tage zuvor die ungewöhnlichen Geräusche vernommen hatte. Als er das Licht einschaltete, bot sich ihm ein Bild des

Schreckens: Im Ehebett, das mit Blut besudelt war, lag die Leiche seiner Mutter. Wie die Obduktion später ergeben würde, war sie mit zahlreichen Stichen und Schnitten getötet worden, darunter Stiche in den Hals, die nicht nur beide Halsschlagadern samt Kehlkopf durchtrennten, sondern sogar die Wirbelsäule anschnitten, sowie ein weiterer tiefer Stich in den oberen Brustkorb, der die Lunge durchstach und die rechte Herzkammer eröffnete. Neben diesen Verletzungen, die binnen Kürze zum Tod geführt hatten, fanden sich am linken Ober- und Unterarm bis zu 20 Zentimeter lange, tief in die Muskulatur reichende Stichschnittverletzungen sowie zwei oberflächliche Schnittverletzungen an der rechten Schulter und drei schnittförmige Abwehrverletzungen der rechten Hand. Folglich hatte sich Frau S. noch vergeblich zu wehren versucht, ehe sie regelrecht abgeschlachtet worden und dann innerhalb weniger Sekunden verstorben war.

In der offenen Tür zum angrenzenden Badezimmer lag in einer Blutlache die Leiche von Herrn S. Auch bei ihm fand man später tiefe Stich- und Schnittverletzungen im Hals- und Bauchbereich, unter anderem einen 16 Zentimeter langen bis zu 4 Zentimeter breit klaffenden Halsschnitt am Übergang vom Hals zur Schulter, der die linke Drosselvene durchtrennte, sowie einen Schnitt auf Nabelhöhe, der die Bauch- und Dickdarmwand durchtrennte. Allerdings gab es kaum erkennbare Abwehrverletzungen an den Extremitäten. Herr S. musste vom Täter ziemlich überrascht worden sein. Laut dem später eingeholten rechtsmedizinischen Gutachten verstarb er in einem Zeitraum von mehreren Minuten bis zu unter einer Stunde nach dem Angriff durch ein Verbluten nach außen – ein langsamer, qualvoller Tod.

Der Sohn blieb fassungslos in der Schlafzimmertür stehen. Eine Mischung aus Entsetzen, Ungläubigkeit und Schockstarre durchfuhren ihn. Er war handlungsunfähig. Was er da sah, konnte und wollte er nicht glauben. Seine Frau drängte sich an ihm vorbei, lief ins Badezimmer, berührte den Leichnam des Schwiegervaters und streichelte ihm die Hand. Dabei bemerkte sie, dass er darin einen Gegenstand hielt, den sie aber nicht aus seiner Hand herausbekam. Die Hand war schon ganz steif: Die Leichenstarre hatte längst eingesetzt. Anschließend begab sie sich zu ihrer Schwiegermutter, die komplett zugedeckt war. Sie wollte sie aufdecken, aber die völlig blutverschmierte Decke klebte regelrecht an ihr. Als sie sie daraufhin mitsamt der Bettdecke umfasste, merkte sie, dass auch Frau S. bereits ganz erstarrt war. Spätestens jetzt begriffen der Sohn und seine Frau, dass sie inmitten eines grauenvollen Tatorts standen. Was war hier nur passiert? Und vor allem: warum?

Für das vormals so rüstige und lebensfrohe Rentnerpaar kam jedenfalls jede Hilfe zu spät. Während der Sohn nach draußen ging, um die Polizei und seine beiden Töchter zu informieren, sah seine Frau sich noch kurz im Obergeschoss um, dann verließ auch sie das Haus, um gemeinsam mit ihrem Mann und den Töchtern auf das Eintreffen der Polizei zu warten. Was dann folgte, war Routine, zumindest anfänglich: Die Polizei sicherte Spuren, fertigte Lichtbilder an und befragte Zeugen, zuvorderst den Sohn der Verstorbenen und dessen Ehefrau.

Der Tatort verrät der Polizei in vielen Fällen schnell, in welche Richtung die weiteren Ermittlungen laufen werden: Gibt es Hinweise auf ein Familiendrama oder einen gemeinsamen Suizid, weil zumindest einer der Toten die Waffe noch in der Hand hält? Oder ist von einem Raubmord auszugehen, weil Schränke durchwühlt und Wertgegenstände entwendet wurden? Gibt es Einbruchsspuren, die auf unbekannte Täter schließen lassen, oder haben die Opfer ihrem Verderben gar selbst die Tür geöffnet, was dafürsprechen könnte, dass sie den oder die Täter kannten? Auch ob es ein oder mehrere Täter waren, kann häufig recht schnell ermittelt werden, zum Beispiel durch Schuhabdrücke, fremde DNA-Spuren oder fremdes Blut. Dass Blutspuren gefunden werden, die nicht zum Opfer gehören, ist bei Tötungen mit Messern oder anderen Stich- und Schnittwerkzeugen sogar ziemlich häufig, weil sich die Täter beim unkoordinierten oder mehrfachen Zustechen oft auch selbst verletzen.

Im Koblenzer Fall hatte die Polizei nicht lange gewartet und den Tatort schnell auf wichtige Spuren untersucht. Noch aus dem Augenwinkel konnte die Ehefrau des Sohnes sehen, wie einer der Beamten einen Blutstropfen im Flur sicherte, ehe man sie zusammen mit ihrem Ehemann zur ersten Befragung aufs Polizeipräsidium brachte.

Bei Tötungsdelikten ist es meist die Kriminalstatistik, die den Ermittlern vorgibt, wo der Täter zu suchen ist: In 70 Prozent aller Mordfälle stehen Opfer und Täter in einer Beziehung zueinander, in 30 Prozent aller Fälle sind die Täter sogar die eigenen Familienangehörigen oder Partner. Nachvollziehbar also, dass vor allem der Sohn des verstorbenen Rentnerpaares ein gesteigertes Interesse bei der Polizei weckte, nicht zuletzt deshalb, weil die Spurenlage am Tatort recht eindeutig war: Die beiden Toten waren weder eines natürlichen Todes gestorben, noch hatte es sich um einen erweiterten Suizid gehandelt, es wurde schließlich keine Tatwaffe am Tatort gefunden. Diese Erkenntnis würde im Übrigen auch die Rechtsmedizin alsbald bestätigen, denn die zugefügten Verletzungen und die Art der Beibringung dieser Verletzungen sprachen bei beiden Leichen klar gegen eine Selbstverursachung.

Aber noch viel entscheidender war: Der Täter musste dem Ehepaar S. aller Wahrscheinlichkeit nach bekannt gewesen sein. Denn Einbruchsspuren hatte es keine gegeben, und die Haustür hatte das Rentnerpaar dem Täter wohl auch nicht geöffnet, immerhin waren beide Verstorbenen mit Nachthemd beziehungsweise Schlafanzug bekleidet gewesen und beide in ihrem Schlafzimmer getötet worden, die Frau in ihrem Bett, der Mann, als er grad von der Toilette gekommen war. Es war kaum anzunehmen, dass sie einem Fremden so bekleidet die Tür geöffnet und sich danach wieder ins Schlafzimmer begeben hätten. Der Täter musste also einen Schlüssel benutzt haben. Und wer außer den beiden selbst hatte einen Schlüssel?

Richtig. Und da der Sohn nicht nur laut Statistik zu 30 Prozent der mögliche Täter sein konnte, sondern zudem der testamentarische Alleinerbe seiner beiden Eltern war, war er für die Ermittler noch ein ganzes Stück interessanter. Man könnte sagen, etwa 1,5 Millionen Mal interessanter als sonst: Denn 1,5 Millionen Euro betrug in etwa sein Erbe.

Damit aus der »normalen« Tötung eines Menschen ein Mord wird, müssen besondere Umstände hinzutreten, etwa die Motivation des Täters oder die Art und Weise der Tötung. Sie lassen die Tötung als noch höheres Unrecht erscheinen, sei es, weil der Täter besonders verwerflich handelt oder er aufgrund einer besonderen kriminellen Energie als besonders gefährlich erscheint. Klassische Beispiele sind, wenn nur zur Befriedigung des Geschlechtstriebs oder nur aus Habgier getötet wird. Aber auch wer besonders grausam oder um eine andere Straftat zu verdecken tötet, handelt im Auge des Gesetzgebers besonders bestrafenswert. Der Unterschied macht sich für den Täter im Strafmaß bemerkbar: Für Mord gibt es zwingend lebenslange Freiheitsstrafe, für die »einfache« Tötung, den Totschlag, sind es maximal 5 bis 15 Jahre Haft.

Dass es im Fall der beiden getöteten Rentner um einen eiskalt geplanten Mord ging, war klar. Denn die Art der Verletzungen und die Rekonstruktion des Tatablaufs deuteten auf einen – zumindest Herrn S. betreffenden – überraschenden Angriff hin. Der Rentner hielt noch immer seine Brille in der Hand, als er tot aufgefunden wurde, ein Zeichen dafür, dass er bei seiner Rückkehr zum Schlafzimmer nicht damit rechnete, angegriffen zu werden. Wäre er beim Toilettengang gestört worden, hätte er die Brille wohl noch aufgehabt und nicht in der Hand gehalten, so die Tatortanalyse. Und wer jemanden tötet, der zum Zeitpunkt der Tat arg- und wehrlos ist, handelt heimtückisch und damit besonders verwerflich – ein weiteres Mordmotiv also, der Jurist spricht von einem sogenannten Mordmerkmal.

Der Doppelmord von Koblenz, wie der Fall fortan in der Presse genannt wurde, sorgte wegen des grausamen Vorgehens des Täters schnell für bundesweite Schlagzeilen. Die Mordkommission sollte er allerdings noch viele Monate beschäftigen.

Die anfängliche Euphorie der Ermittler darüber, schon allein anhand der statistischen Wahrscheinlichkeit mit dem Sohn und Alleinerben auch den Täter zu haben, wich einer Enttäuschung: Er hatte ein wasserdichtes Alibi. Am Tag der Tat war er mittags von einem Freund am Flughafen abgeholt worden, um mit diesem das Wochenende zu verbringen. In der Tatnacht war er bis zum übernächsten Morgen die ganze Zeit über bei diesem Freund, 150 Kilometer vom Tatort entfernt.

Zwar ging die Polizei aufgrund der Angaben der Nachbarin aus der Einliegerwohnung schon relativ früh davon aus, dass die Tat mitten in der Nacht begangen wurde, sodass – ganz theoretisch – der Sohn sich heimlich hätte aus der Wohnung des Freundes schleichen und sich mit dessen Auto zum Tatort begeben können. Allerdings schied diese Überlegung schon deshalb aus, weil der Freund dem Sohn weder seine Auto- noch seine Wohnungsschlüssel überlassen und auch nicht gesagt hatte, wo er diese aufbewahrte. Es schien ganz so, als würde ausnahmsweise einmal alles gegen eine Beziehungstat sprechen.

Immerhin war da ja noch die Sache mit dem Haustürschlüssel. Er war bei der Untersuchung des Tatorts im Beet neben der Treppe zur Eingangstüre sichergestellt worden. War es ein Ersatzschlüssel, der von dem Rentnerpaar dort versteckt worden war für den Fall, dass man sich mal aussperrte? Kannte der Täter das Versteck und war so unbemerkt ins Haus gelangt? Oder hatte der Täter diesen Schlüssel nach der Tat ins Beet geworfen? Vielleicht war es auch eine vom Täter bewusst falsch gelegte Fährte, und er war ganz anders ins Haus gekommen?

Wenigstens die Erkenntnis, dass es sich nur um einen

einzigen und nicht mehrere Täter handeln musste, stand nach der rechtsmedizinischen Untersuchung der Leichen fest. Denn beide Opfer wurden mit derselben Waffe getötet, aller Wahrscheinlichkeit nach einem Messer mit einer Klingenlänge von mindestens elf Zentimetern. Und dass ein Täter mit seinem Messer zunächst das eine Opfer tötet, um das Messer dann einem zweiten Täter zu übergeben, damit er das andere Opfer tötet, ist höchst unwahrscheinlich, zumal die Auffindesituation der Leichen auf einen überraschenden Angriff deutete und nur wenige Sekunden zwischen dem Angriff auf das erste und dem Angriff auf das zweite Opfer vergingen. Ebenso klar war, dass es sich nicht um einen Raubmord handelte, weil schlicht keinerlei Wertgegenstände fehlten und der Tatort auch nicht den Anschein machte, durchsucht worden zu sein.

Die Ermittler standen vor einem Rätsel: Welches Motiv sollte der Täter gehabt haben, das allseits beliebte Rentnerehepaar zu töten, das ein ausgeprägtes Interesse für Gartenarbeit und Wandern mitbrachte, aber keinerlei Anknüpfungspunkte, um Ziel eines solch brutalen Tötungsdeliktes zu werden?

Es sollte noch knapp ein Jahr dauern, bis die Polizei der Öffentlichkeit einen Täter präsentieren konnte. Oder sagen wir besser: eine Täterin.

Ja, Sie lesen richtig: Eine Frau!

Warum das so ungewöhnlich ist? Die Frauenquote bei Tötungsdelikten liegt in Deutschland bei 15 Prozent und damit schon über dem internationalen Durchschnitt von ca. 10 Prozent. Doch was Mörderinnen von Mördern eklatant unterscheiden soll, ist, *wie* sie morden.

Oft ist zu lesen, dass Männer eher hart, meist mit den Händen töten, Frauen dagegen eher weich, etwa mit Gift, weil sie ihren meist männlichen Opfern oft körperlich unterlegen sind. Außerdem seien Frauen eher darauf bedacht, die Morde wie natürliche Tode aussehen zu lassen, weil ihre Opfer überwiegend der eigene Partner oder die eigenen Kinder sind. Und genau dieses Wissen sät bis heute starke Zweifel daran, dass die Polizei im Koblenzer Fall die Richtige ermittelt hat. Aber dazu später mehr. Viel wichtiger ist zunächst die Frage: Wer ist denn nun die Täterin, die zwei nichts ahnende Rentner nachts so bestialisch umgebracht haben soll? Und vor allem: warum?

Na, haben Sie eine dunkle Vorahnung? Die Nachbarin aus dem Obergeschoss? Die dritte Enkelin, die zu Hause zurückgeblieben war? Oder gar eine noch gänzlich unbekannte Person? Immerhin sagte die Schwiegertochter der Getöteten in ihrer ersten Vernehmung aus, noch am Tattag kurz mit ihrer Schwiegermutter telefoniert und erfahren zu haben, dass ein Schlüssel fehle. War es der Schlüssel, mit dem die Täterin ins Haus gelangte, um das Rentnerpaar zu töten, und der dann im Beet gefunden worden war? Die Überraschung war gelinde gesagt groß, als die Polizei ausgerechnet die Schwiegertochter des Rentnerpaares gut zehn Monate nach der Bluttat festnahm und als Täterin des brutalen Doppelmordes der Öffentlichkeit präsentierte. Damit hatte keiner gerechnet, am wenigsten der eigene Ehemann. Und dass man sie am Ende sogar wegen zweifachen Mordes mit besonderer Schwere der Schuld zu lebenslanger Freiheitsstrafe verurteilen würde, hatten noch weniger erwartet.

Das Gericht würde die Tat später so rekonstruieren: Am Tattag habe sich die Schwiegertochter zum Kaffee mit ihrer Nachbarin getroffen, um sich so ein Alibi zu besorgen. Der habe sie erzählt, dass es ihr schon den ganzen Tag nicht gut gehe und sie früh schlafen gehen wolle. Kurz vor 21 Uhr habe sie das Haus der Nachbarin verlassen, angeblich um in einem nahe gelegenen Supermarkt noch Zigaretten zu kaufen, bevor sie sich zur Nachtruhe begeben würde. Tatsächlich sei die Schwiegertochter dann aber nicht zum Supermarkt und anschließend nach Hause gefahren, sondern habe die 350 Kilometer lange Strecke zu den Schwiegereltern nach Koblenz angetreten. Dort angekommen habe sie ihr Fahrzeug, einen dunkelblauen BMW, etwas entfernt abgestellt und sei zu Fuß zum Haus ihrer Schwiegereltern gegangen. Dort soll sie die Hauseingangstüre mit dem Schlüssel, der ihrem Mann von seinen Eltern überlassen worden war, geöffnet und von dem Rentnerpaar unbemerkt das Haus betreten haben.

Dann sei sie in das im Erdgeschoss gelegene Schlafzimmer vorgedrungen, um ihre Schwiegereltern im Schlaf zu überraschen und zu töten.

Beim Betreten des Schlafzimmers habe sie allerdings nur ihre Schwiegermutter schlafend vorgefunden, da der Schwiegervater zu diesem Zeitpunkt im angrenzenden Badezimmer war. Die Schwiegertochter habe aber die Situation sofort erkannt und ihren Plan dahingehend geändert, zunächst den Schwiegervater bei seiner Rückkehr ins Schlafzimmer zu überraschen. Mit einem Messer habe sie im Bereich der Tür, die vom Bade- ins Schlafzimmer führte, gewartet und dann, als ihr Schwiegervater ins Schlafzimmer zurückkehren wollte, in rascher Folge mit mehreren

Hieben auf ihn eingestochen. Als Herr S. schwer verletzt zu Boden sank, habe sich die Schwiegertochter Frau S. zugewandt, die durch die Geräusche des Angriffs auf ihren Mann erwacht war und sich im Bett aufgesetzt hatte. Wieder in Tötungsabsicht und in rascher Folge habe die Schwiegertochter dann mehrere Stiche und Schnitte gegen ihre Schwiegermutter geführt und sodann den Leichnam mit der Bettdecke bedeckt.

Daraufhin – so die Meinung des Gerichts weiter – habe sie sich wieder in das angrenzende Badezimmer begeben, wo ihr noch immer am Boden liegender Schwiegervater infolge der Verletzungen inzwischen verstorben oder zumindest so schwer verletzt war, dass er nicht überleben konnte. Sie habe daraufhin die Tatwaffe im Waschbecken des Badezimmers abgewaschen und anschließend das Haus verlassen, wobei sie im Hinausgehen noch einen Hausschlüssel an sich genommen habe, den sie draußen neben der Haustür ablegte, um so das spurenlose Eindringen des Täters in das Haus erklärbar zu machen und von dem Schlüssel ihres Ehemanns, den sie tatsächlich benutzt hatte, abzulenken. Dann sei sie unbemerkt zu ihrem Fahrzeug gegangen und nach Hause gefahren. Entweder unterwegs dorthin oder in der Umgebung ihres Hauses habe sie noch das Messer und eventuell auch bei der Tatausführung verschmutze Bekleidung entsorgt.

Gegen 6 Uhr morgens habe die Schwiegertochter endlich ihren 350 Kilometer entfernten Wohnort erreicht und den BMW auf den Hof einer Kfz-Werkstatt gebracht, um so vorzutäuschen, dass das Fahrzeug defekt sei und daher gar nicht in der Lage gewesen wäre, die weite Strecke nach Koblenz und zurück zu bewältigen. Noch in den frühen

Morgenstunden habe sie dann ihren Ehemann bei dessen Freund angerufen und ihm mitgeteilt, dass sie mit seinem Vater einen Überraschungsbesuch anlässlich des Geburtstags seiner Mutter vereinbart habe. Dies tat sie angeblich, um etwaige Spuren von ihr durch einen berechtigten Aufenthalt am Tatort erklärbar zu machen. Wenig später hätte sie noch den Ehemann ihrer Nachbarin, einen ehemaligen Medizinstudenten, aufgesucht, da sie sich bei der Tatausführung mit dem Messer an der Hand verletzt hatte. Diesem habe sie aber erklärt, dass sie sich bei der Gartenarbeit verletzt habe. In Wahrheit habe sie sich so vorsorglich eine Erklärung für ihre Handverletzung konstruieren wollen.

Jetzt werden Sie vermutlich sagen: Ja, klingt plausibel. Wenn das Gericht das so feststellt, wird es schon so gewesen sein. Oder besser gesagt: bewiesen. Denn um jemanden zu verurteilen, bedarf es Beweise. Die Frage lautet also: Wie wurde bewiesen, dass die Schwiegertochter die Täterin war, sodass das Gericht sie verurteilen konnte? Die Antwort lautet: Gar nicht. Denn im sogenannten Doppelmord von Koblenz gab es keinen einzigen Beweis, und das Einzige, was die Schwiegertochter in der Verhandlung sagte, war: »Ich habe die Tat nicht begangen.«

Wenn Sie jetzt ins Grübeln kommen und sich empört fragen, wo es denn so etwas gibt, jemanden ohne Beweise zu verurteilen, noch dazu zu lebenslanger Haft, würde ich Ihnen antworten: »Im deutschen Strafrecht«. Nun, ich will Sie nicht länger auf die Folter spannen und Ihnen gleich schildern, wie das Gericht sein Urteil gegen die Schwiegertochter begründet hat. Sie werden vermutlich ungläubig den Fall googeln, weil Sie sich – wie viele der damaligen

Prozessbeobachter auch – fragen werden, ob es nicht auch ganz anders gewesen sein könnte und der wahre Mörder in Wirklichkeit noch frei herumläuft. Ein dann – wenn man so will – doppelt perfekter Mord, denn es würde ja eine Unschuldige für die Tat büßen und der wahre Mörder wäre nicht nur ungestraft, sondern müsste noch nicht einmal eine Strafverfolgung befürchten ...

Um das Urteil im Prozess um den Doppelmord von Koblenz zu verstehen, muss man zweierlei wissen:

1. Wie kommt ein Gericht zu der Überzeugung, dass jemand schuldig oder unschuldig ist?
2. Wann ist etwas bewiesen bzw. was genau ist ein Beweis?

Vereinfacht gesprochen werden im deutschen Strafprozess dem Richter von der Staatsanwaltschaft Beweise präsentiert. Der Verteidiger kann Gegenbeweise präsentieren – muss das aber nicht. Schließlich ist es Aufgabe des Staates, ein Gericht von der Schuld zu überzeugen, und nicht Aufgabe des Angeklagten, seine Unschuld zu beweisen. Nachdem alle Beweise im Prozess präsentiert wurden, würdigt der Richter sie und entscheidet dann nach seiner persönlichen und freien Überzeugung, ob der Angeklagte schuldig oder unschuldig ist. Und mit »frei« meint das Gesetz wirklich frei, denn es gibt so gut wie keine Regeln, wie ein Richter bestimmte Beweise zu würdigen hat. Wenn drei Zeugen gegen einen Angeklagten ausgesagt haben, muss der Richter ihn beispielsweise nicht verurteilen. Glaubt er allen drei Zeugen nicht, kann er den Angeklagten trotzdem freisprechen. Eine Regel wie etwa im Alten Testament, dass nur wenn zwei Zeugen gegen jemanden aussagen, derjenige auch verurteilt werden darf, gibt es im deutschen Recht nicht.

Natürlich ist diese Freiheit nicht grenzenlos. Die Argumentation des Richters muss logisch, widerspruchsfrei und nachvollziehbar sein und darf nicht gegen allgemeingültige und naturwissenschaftliche Erfahrungssätze sprechen. Er kann also nicht sagen, der in München lebende Angeklagte ist mit seinem Auto in Lichtgeschwindigkeit nach Hamburg gefahren, um so das entsprechende Zeitfenster der Tatbegehung »plausibel« zu begründen.

Jetzt werden Sie vielleicht sagen: Ist doch eigentlich ganz einfach – kann man die Tat beweisen, wird man verurteilt. Wenn nicht, dann wird man freigesprochen. Ja, so wäre es im Idealfall. Doch wann genau ist etwas bewiesen, und was macht das Gericht, wenn es keine Beweise gibt? Immer freisprechen? Letzteres klingt zumindest konsequent. Doch führen Sie sich einmal folgenden Fall vor Augen: Sie kommen in ein Zimmer, in dem eine blutüberströmte Leiche liegt. Davor steht ein Mann mit einem Messer in der Hand, von dem das Blut des Opfers tropft. Wie würden Sie als Richter urteilen? Aller Wahrscheinlichkeit nach würden Sie den Mann schuldig sprechen, so wie jeder Berufsrichter es in diesem Fall auch tun würde. Und trotzdem hätten Sie ohne einen einzigen Beweis geurteilt.

Von einem Beweis spricht man, wenn das Beweismittel zwingend eine Tatsache belegt. Der Fingerabdruck am Messergriff beweist, dass derjenige, zu dem dieser Fingerabdruck gehört, das Messer in der Hand gehalten haben muss. Aber der Fingerabdruck beweist nicht, dass die Person auch mit dem Messer zugestochen hat. Denn man könnte ja das Messer vor oder nach der Tat angefasst, aber eben nicht damit zugestochen haben. Für die Frage, ob die Person der Täter ist, ist der Fingerabdruck nur ein Indiz. Übrigens ist nahezu jeder »Beweis« vor Gericht in Bezug auf die Feststellung der Schuld nur ein Indiz. Es erlaubt gewisse Rückschlüsse, belegt aber nicht zwingend die Tat.

So verhält es sich leider auch in den meisten Strafprozessen: Fingerabdrücke am Tatort beweisen nur, dass die betreffende Person irgendwann einmal am Tatort war. Genauso wie DNA-Spuren. Auch sie beweisen nicht, dass jemand der Täter ist, und sind oftmals deutlich schwächer als Fingerabdrücke, denn DNA kann auch von Dritten übertragen werden. Setzen Sie sich auf den Sitz im Taxi, auf dem zuvor ein anderer Fahrgast saß, werden Sie aller Wahrscheinlichkeit nach dessen Hautschuppen aufnehmen und anderswo wieder verlieren – und das, obwohl der Fahrgast nie an dem Ort war, an dem Sie seine DNA verloren haben.

Und jetzt? Beim Doppelmord von Koblenz gab es noch nicht einmal DNA-Spuren oder Fingerabdrücke, ganz zu schweigen von irgendwelchen direkten Beweisen, wie etwa Kameraaufzeichnungen oder Zeugen, die die Tat unmittelbar gesehen hätten.

Was man vorerst hatte, waren die Zeugenaussage der Nachbarin aus der Einliegerwohnung über der Wohnung des Rentnerpaares, die rechtsmedizinischen Ergebnisse der Obduktion der Leichen und einen aufgefundenen Schlüssel zur Haustür, der im Beet neben der Treppe zum Hauseingang lag. Was man nicht hatte, waren ein Motiv und vor allem einen Verdächtigen. Denn ausgerechnet der alleinerbende Sohn, der gemäß aller kriminalistischer Erfahrung der Täter sein musste, hatte ein wasserdichtes Alibi.

Einbrecher schieden als Täter schon deshalb aus, weil Einbruchsspuren und Anzeichen einer Durchsuchung fehlten und zudem keine Wertgegenstände vermisst wurden. Auch die Befragung von knapp einhundert Zeugen warf mehr Fragen auf, als dass sie Antworten lieferte. Einzige Erkenntnis: Das Ehepaar S., ordentliche Kaufleute mit mehreren Lebensmittelgeschäften, das seinen Wohl- und Ruhestand genoss, war allseits beliebt, hatte keine Feinde und offenkundig auch keinen Kontakt zu zwielichtigen Gestalten. Und wer sich fragt, warum die später verurteilte Schwiegertochter nicht schon zu Beginn der Ermittlungen tatverdächtig war, dem sei lapidar entgegnet: weil es schlicht abwegig erschien. Sie wohnte 350 Kilometer entfernt, war in der Tatnacht noch um 21 Uhr und dann wieder um 6 Uhr morgens zu Hause gesehen worden, was ihr letztlich ein recht unrealistisches Zeitfenster von gerade einmal neun Stunden gelassen hätte, um 700 Kilometer zu fahren, zwei Menschen bestialisch umzubringen, Tatwaffe und -kleidung zu entsorgen, ihr Auto in die Werkstatt zu bringen, von dort zu Fuß nach Hause zu laufen und bei alledem keinerlei Spuren zu hinterlassen, noch nicht mal auf einer Überwachungskamera beim Tanken. Außerdem war sie ja eine Frau – und Mörderinnen sind doch äußerst selten und töten nicht so brutal … Und dann gleich zwei Menschen auf einmal?

Kurzum, die Ermittlungen gerieten ins Stocken. Über viele Monate gab es keinerlei Entwicklungen. Der Fall drohte zum Cold Case zu werden, vielleicht sogar zum perfekten Mord.

Vermutlich war es diese eine simple Regel, die die ausgefuchsten Kriminalisten von Generation zu Generation weitergeben und die einfacher nicht sein könnte: »Follow the money« – zu Deutsch: Folge dem Geld. Seit Jahrzehnten, wenn nicht sogar seit Jahrhunderten hat sich diese alte Weisheit bewährt: Wenn du in einem Mordfall nicht mehr weiterkommst, schau, wer von der Tat profitiert, gegebenenfalls auch langfristig oder nur mittelbar. Wenn nicht ein maßloses Verlangen zur Befriedigung des Geschlechtstriebs, irrsinnige Rachegelüste oder starke Eifersucht das Mordmotiv sind, dann ist es meistens Geld, nicht selten *viel* Geld. Und da gelangten die Polizisten dann irgendwann doch wieder zu dem Millionenerbe, das die Eheleute S. hinterlassen hatten.

Man fing also an, noch tiefer im Leben derer nachzubohren, denen das Geld zugeflossen war. Und neben dem Sohn profitierte ja auch irgendwie dessen Ehefrau von dem Erbe, immerhin war sie mit dem Alleinerben verheiratet. Und Zeugen aus dem Umfeld des Sohnes und seiner Frau hatten mittlerweile ausgesagt, dass die beiden nach Auszahlung des Erbes mit umfangreichen Renovierungsarbeiten begonnen hätten. Neben neuen Möbeln fürs Wohnzimmer hätte es zu Weihnachten auch einen Geländewagen gegeben, einen Nissan Pathfinder mit Schiebedach. Daher schaute sich die Polizei auch die finanziellen Verhältnisse des Ehepaares vor Auszahlung des Erbes näher an und fand bei einer Gegenüberstellung von Einnahmen und Ausgaben der Familie im ersten Halbjahr vor dem Mord eine Unterdeckung zwischen 6000 und 7000 Euro. Hinzu kamen ein Bankdarlehen in Höhe von 89 000 Euro und ein weiteres Darlehen vom verstorbenen Vater in Höhe von 47 000 Euro.

Das Gericht sollten diese Zahlen später davon überzeugen, dass die Schwiegertochter ihre Schwiegereltern tötete, damit ihr Ehemann erben und sie mit dem Erbe ihren Lebensstandard verbessern konnte. Zwei Fliegen mit einer Klappe könnte man sagen: Denn damit hatten die Ermittler ein Motiv und zugleich das Mordmerkmal der Habgier begründet. Aber: Ein Motiv allein beweist noch keine Tat. Und außerdem: War es wirklich so einfach, der Schwiegertochter Habgier zu unterstellen? Die Polizei hatte schließlich auch herausgefunden, dass der verstorbene Vater seinem Sohn allein über die letzten vier Jahre rund 120 000 Euro einfach geschenkt hatte. Das Darlehen über die 47 000 Euro hatte er ihm darüber hinaus zinslos gewährt. Mit anderen Worten: Hätten der Sohn oder dessen Familie ernsthafte Geldsorgen gehabt, konnten sie nicht davon ausgehen, dass der Vater wieder finanziell geholfen hätte? Abgesehen davon hatte der Sohn als Mitarbeiter eines großen Versicherungskonzerns ein solides Einkommen sowie ein Sparguthaben in Höhe von knapp 25 000 Euro.

Und konnte man nach dem Tod der Schwiegereltern wirklich von einem, wie es das Gericht formulierte, »durch den Erbfall eingetretenen Wechsel der finanziellen Lage« sprechen, nur weil der Sohn und dessen Frau nach dem Erbfall – zum größten Teil eigenhändig – renoviert und einen gebrauchten japanischen Mittelklassewagen gekauft hatten?

Auf was ich hinauswill: Wenn man 25 000 Euro Sparguthaben hat, das zumindest für hauseigene Renovierungen in überwiegender Selbstarbeit kein Pappenstiel ist, die Schwiegereltern die Familie immer wieder bereitwillig und gern mit Finanzspritzen unterstützen und der Ehemann darüber hinaus einen Job mit einem soliden Einkommen hat – bringt man dann zwei betagte Menschen um, die man in geraumer Zeit bei deren natürlichem Tod ohnehin (mittelbar) beerben würde?

Auch die Tatsache, dass die Ehefrau nur einen schlecht bezahlten Job hatte, macht doch nicht wahrscheinlicher, dass sie die Täterin ist – zumal anzunehmen ist, dass sie jederzeit den schlecht bezahlten Job in der Buchhandlung hätte wechseln können, schließlich hatte sie mal BWL studiert. Vielleicht war ja auch das der Grund, aus dem die Staatsanwaltschaft neben dem Mordmerkmal der Habgier auch noch das der niedrigen Beweggründe angeklagt hatte, ein Mordmerkmal, das für ein besonders verwerfliches Motiv steht. Im Doppelmord von Koblenz soll neben dem Streben nach der Erbschaft nämlich auch das verhasste Verhältnis der Schwiegertochter zu den Schwiegereltern, insbesondere zur Schwiegermutter, prägendes Motiv für die Tötung gewesen sein. Und Gefühlsregungen wie Hass sind dann als sogenannte niedrige Beweggründe einzustufen, wenn sie menschlich nicht verständlich, sondern Ausdruck einer niedrigen Gesinnung des Täters sind.

Und tatsächlich: Ein bekanntes Paar aus der Nachbarschaft beschrieb die Schwiegertochter als kalt und berechnend und sagte aus, dass das schlechte Verhältnis zur Schwiegermutter über Jahre hinweg ein Thema gewesen sei. Die Schwiegertochter hätte keinen Hehl daraus gemacht, dass sie, in Anbetracht des ausstehenden Erbes, das immer Mittelpunkt der Gespräche gewesen sei, mit dem Tod ihrer Schwiegereltern kein Problem gehabt habe. So habe sie sogar häufig erwähnt, dass es nicht schlimm sei, wenn die »Olle« – so habe sie ihre Schwiegermutter immer genannt – tot sei, denn dann würde ihr Mann alles erben, und sie würden reich sein. Die Schwiegertochter habe sogar einmal gefragt, ob die besagten Bekannten denn keinen Auftragsmörder kennen würden, der ihre Schwiegermutter umbringen könnte. Und das war noch nicht alles: In der Woche, in der die Tat stattfand, hätte sich die Schwiegertochter für einen bestimmten Tag (welchen genau, daran konnte sich das Paar nicht mehr erinnern) ihr Auto leihen wollen, wozu sie aber nicht bereit gewesen wären. Auch die Anmietung eines Fahrzeugs bei verschiedenen Mietwagenfirmen auf den Namen des bekannten Ehepaars soll letztlich gescheitert sein. Die Schwiegertochter gab an, dass sie nicht mit dem eigenen Auto fahren wollte, weil sie ohne Wissen ihres Mannes eine Freundin besuchen wollte. Warum der Mann davon nicht erfahren sollte, sagte sie ihren Bekannten aber nicht. Die Polizei – und später dann auch das Gericht – gingen davon aus, dass sie schlicht nicht mit einem der beiden familieneigenen Fahrzeuge zum Tatort nach Koblenz fahren wollte. Ob es dann allerdings so klug ist, mit dem Auto von Bekannten oder einem auf diese angemieteten Wagen zu einem Mord zu fahren, der ja ebenso erkannt und zurückverfolgt werden könnte, sei mal dahingestellt. Ein Indiz dafür, dass die Schwiegertochter auch den Doppelmord begangen hat, ist die Aussage ihrer Bekannten jedenfalls nicht.

Und auch das angeblich so zerrüttete Verhältnis zu den Schwiegereltern schien sich im Laufe des Prozesses als gar nicht so schlecht darzustellen, wie von den Zeugen behauptet. Immerhin hatten ausgerechnet jene verhassten Schwiegereltern der Schwiegertochter einige Zeit vor ihrem Tod noch ein Auto für knapp 20 000 Euro gekauft. Das Gericht sollte in seinem späteren Urteil sogar explizit feststellen, dass es keinerlei Anzeichen für ein tiefgreifendes Zerwürfnis mit der Schwiegermutter und auch keine Anzeichen für Spannungen zum Schwiegervater gegeben habe. Die Aussagen anderer Zeugen zeichneten da nämlich ein ganz anderes Bild: Die Schwiegertochter mochte ihre Schwiegereltern, den Schwiegervater liebte sie sogar wie einen eigenen Vater; – irgendwie merkwürdig. Merkwürdig war auch, dass ausgerechnet jene Bekannten ihrerseits ins Fadenkreuz der Ermittler geraten waren und eine ganze Zeit selbst als Tatverdächtige im Fall des Doppelmordes von Koblenz galten. Denn aus Sicht der Ermittler waren sie Angehörige eines kriminalitätsbelasteten Milieus: die Frau Prostituierte, der Mann Türsteher. Und beide hielten sich am Abend der Tatnacht zumindest zeitweise in Düsseldorf bzw. Köln und damit nur etwa eine Stunde Fahrt vom Tatort entfernt auf. Auch wenn beide gegenüber der Polizei beteuerten, sie seien gegen 2.30 Uhr wieder zu Hause gewesen, Zeugen dafür gab es nicht.

Die Polizei wandte sich daraufhin der unmittelbaren Nachbarin zu, jener Nachbarin, mit der die Schwiegertochter am Abend vor der Tat noch bis ca. 21 Uhr zusammengesessen hatte. Und was die zu berichten wusste, war für die Ermittler gleich so wesentlich, dass dies letztlich zum Erlass des Haftbefehls gegen die Schwiegertochter führte: Besagte Nachbarin hatte nämlich von ihrer Terrasse aus gesehen, wie die Schwiegertochter kurze Zeit nach ihrem Besuch wieder aus dem Haus gekommen und mit dem BMW weggefahren sei. Und vor allem habe sie weder die Schwiegertochter später zurückkommen sehen oder gehört, noch war der BMW vor dem Haus wiederaufgetaucht. Aber das war noch nicht alles: Angeblich hätte die Schwiegertochter im Laufe der Ermittlungen Angst gehabt, man könne sie verdächtigen, weshalb sie wörtlich zur Nachbarin gesagt habe: »Wenn ich jetzt eine gute Freundin hätte, die mir ein Alibi geben würde, wäre ich aus allem raus.« Die Nachbarin, so angeblich die Schwiegertochter weiter, müsste sich ja nicht erinnern, wie lange sie bei ihr gewesen sei, und auch dass sie mit dem BMW abends weggefahren sei, könnte die Nachbarin ja vergessen haben. Immer wieder habe die Schwiegertochter in der Folgezeit um ein Alibi gebeten, was die Nachbarin selbst wiederum immer abgelehnt habe.

Und tatsächlich war es auch selbige Nachbarin, die aussagte, dass die Schwiegertochter kein bisschen um die Schwiegereltern trauern würde, sondern lediglich Angst hätte, verhaftet zu werden. Unmittelbar nach der Tat sei nicht der Tod der Schwiegereltern schlimm gewesen, sondern der Umstand, dass die Polizei das Haus der Schwiegereltern, also ihr Erbe, ruinieren würde. Durch die ganzen spurensichernden Maßnahmen sei sehr viel kaputt gemacht worden. Im Übrigen sei die Schwiegertochter seit dem Mord sehr nervös, sehr aufgeregt und mache jetzt »irgendwie auf verletzlich«. Die Nachbarin habe weder von der Schwiegertochter noch vom Sohn des verstorbenen Rentnerpaares je gehört, dass sie sich wünschen würden, dass die Polizei bald den Täter fasse, wenngleich das doch die einzig normale Reaktion wäre. Was ihr jedoch am meisten verdächtig vorkommen würde, sei, dass die Schwiegertochter sie nochmals eindringlich darauf hingewiesen habe, dass sie ihre wichtigste Zeugin sei. Sie solle daher genau aufpassen, was sie bei der Polizei aussagen würde, und solle bedenken, dass sie mit ihrer Aussage eine ganze Familie zerstören könne. Und dann war da noch diese Sache mit dem Neoprenanzug. Die Schwiegertochter hätte dem Mann der Nachbarin nämlich gesagt, dass der unbekannte Täter schon keinerlei Spuren hinterlassen habe können, weil er bestimmt einen Neoprenanzug getragen habe.

Liest man das alles, könnte man tatsächlich ins Grübeln kommen, ob die Schwiegertochter nicht etwas mit der Tat zu tun haben musste. Es ist doch schon auffällig, dass jemand im Rahmen der polizeilichen Mordermittlungen nervös wird, keine Anzeichen von Trauer um die Verstorbenen zeigt – und dann auch noch die Sache mit dem Wegfahren am Tatabend, oder nicht? Verdächtig war aber irgendwie auch der schiere Belastungseifer, den die Nachbarin gegenüber der Schwiegertochter an den Tag legte. Jene Nachbarin wusste ausschließlich Schlechtes über die Schwiegertochter zu berichten, und das, obwohl sie ja – zumindest bis einschließlich des Tatabends – noch eine gute Freundin von ihr gewesen zu sein schien, mit der sie immerhin auch mal einen ganzen Nachmittag bis 21 Uhr beim Kaffeetrinken verbrachte. Dass es dann ausgerechnet diese Nachbarin war, die sich der Polizei als Lockspitzel anbot und sich heimlich verkabeln ließ, um die Schwiegertochter bei einem von ihr initiierten »freundschaftlichen« Treffen ins Bockshorn zu jagen und mit vorgefertigten Fragen der Tat zu überführen, würde diesen Eindruck, dass da auch irgendetwas mit besagter Nachbarin »faul« sein könnte, nicht mindern.

Der Polizei war das freilich egal. In Ermangelung auch nur irgendeines Beweises oder belastenden Indizes, schienen sie der Nachbarin förmlich an den Lippen zu hängen. Erst relativ spät, wenn nicht sogar erst nach dem Gerichtsprozess, sollten zumindest in der Öffentlichkeit Zweifel an den Aussagen der Nachbarin aufkommen und die Frage immer lauter werden, ob sie sich nur extrem wichtigmachen wollte – leider keine Seltenheit gerade in Mordfällen und anderen ähnlich spektakulären Gerichtsverfahren. Denn wie sich herausstellte, teilte die Nachbarin ihr belastendes Wissen nicht nur mit der Polizei. Sie war auch eine ambitionierte Informantin für Amateur- und Hobbydetektive in diversen Onlineforen und beteiligte sich trotz ihrer wichtigen Zeugenrolle rege an den im Internet geführten Diskussionen zum Doppelmord von Koblenz. Das ging sogar so weit, dass sie sich dazu hinreißen ließ, noch während des Gerichtsprozesses auf dem Internet-Diskussionsforum »www.allmystery.de« zu schreiben, dass sie im Gerichtssaal anwesend sein wolle, wenn die angeklagte Schwiegertochter zerfleischt werde – garniert mit einem Zwinkersmiley.

Da stellt sich vielleicht nicht nur ein Strafverteidiger die Frage, warum die Nachbarin so belastend gegenüber der Schwiegertochter aussagte. Auch wenn sie, darauf angesprochen, versicherte, sich lediglich im Chat mit anderen Menschen ausgetauscht zu haben, um die Situation – das Verhältnis zur Familie ihrer Nachbarin war mittlerweile zerstört – verarbeiten zu können, bleibt schon deshalb ein fader Beigeschmack, weil ihr von der Polizei eigentlich auferlegt worden war, mit niemandem, noch nicht einmal mit ihrem eigenen Ehemann, über den Fall zu reden. Das Gericht würde jedenfalls in seinem späteren Urteil schreiben, dass es die Angaben der Nachbarin vorsorglich nur sehr bedingt verwertet habe, wenngleich ich mich frage, wie das Gericht wohl reagiert hätte, wenn es auch noch von der Party gehört hätte. Ja, wirklich, eine Gartenparty zur Feier des Urteils! Denn unmittelbar nach Verkündung der lebenslangen Haft gegen die Schwiegertochter lud die Nachbarin die gesamte Nachbarschaft ein, um die Verurteilung der Schwiegertochter, der nunmehr ehemaligen Nachbarin, gebührend zu feiern. Später würden sich zahlreiche Nachbarn beim Ehemann der Verurteilten übrigens dafür entschuldigen, an dieser Gartenparty teilgenommen zu haben …

Wenn nicht diese Aussage und auch keine Spuren am Tatort, was waren dann die tragenden Indizien gegen die Schwiegertochter?

Es war das Nachtatverhalten, wie die Kriminalisten so schön sagen. Wir erinnern uns: Weit über ein halbes Jahr war seit der Ermordung des Rentnerpaares vergangen, ohne dass es einen einzigen Ermittlungserfolg gegeben hätte. Lediglich die Kriminalstatistik (bei 70 Prozent aller Morde stehen Täter und Opfer in einer Beziehung) und die kriminalistische Erfahrung (»follow the money«), legten nahe, dass der Sohn oder, nach den Bekundungen der Nachbarin, dessen Frau am wahrscheinlichsten den Mord begangen hatte. Genau deshalb besorgten sich die Ermittler einen richterlichen Beschluss, um die Familie des Sohnes abhören zu lassen: Telefone, Wanzen im Fahrzeug, das volle Programm. Danach stellten sie der Schwiegertochter folgende Falle:

Der leitende Ermittler rief sie an und erklärte ihr, dass man eine neue heiße Spur habe. Man habe sogenannte

Mantrailer eingesetzt, Hunde, die die Geruchsspur einer gesuchten Person kilometerweit verfolgen könnten. Man erklärte der Schwiegertochter, dass als Geruchsprobe ein Abrieb des Schlüssels aus dem Blumenbeet gedient habe, von dem anzunehmen war, dass der Täter hiermit in Berührung gekommen sei. Der Polizist beschrieb der Schwiegertochter, welchen Weg die Hunde eingeschlagen hatten, und zwar genau den Weg, den man vom Tatort aus zum Haus der (nunmehr tatverdächtigen) Schwiegertochter hätte fahren können. Nachdem die Polizei diese Informationen mitgeteilt hatte, hieß es nur noch abwarten.

Und tatsächlich: In den überwachten Telefongesprächen mit ihrem Mann sorgte sich die Schwiegertochter, dass die Hunde ihren Geruch verfolgen würden. Auch dauerte es nicht lange, bis sie den leitenden Kommissar anrief und ihm mitteilte, dass die Geruchsspur durchaus von ihr sein könne, da sie den Schlüssel bei Besuchen der Schwiegereltern schon benutzt habe, wenn sie ihren vergessen hatte.

Aus Sicht der Polizei hatte sie den Köder geschluckt. Grund genug, noch eins draufzusetzen: Jetzt teilte der Ermittler der Schwiegertochter telefonisch mit, dass die Hunde nun auch eine Geruchsspur von einer Einstichstelle am Brustkorb der Schwiegermutter verfolgen würden, die unter der Bettdecke verborgen war. Diese Stelle hatte die Schwiegertochter nach eigenen Angaben und Angaben ihres Mannes bei der Auffindung der Leiche aber gerade nicht berührt. Sie erinnern sich: Sie hatte nur die Bettdecke umklammert, aber nicht darunter gefasst. Kurz nach dieser Mitteilung durch die Polizei verstärkte sich die Besorgnis der Schwiegertochter noch mehr, die daraufhin ihren Mann fragte, ob sie ihre Schwiegermutter nicht auch doch unter der Bettdecke berührt hatte. Dann rief sie den leitenden Ermittler an und fragte, ob die Hunde denn auch Geruch aufnehmen könnten, wenn der Täter Handschuhe getragen hätte und mit einem Fahrzeug unterwegs gewesen wäre.

Für die Ermittler auffallend: Während ihr Ehemann keinerlei Anzeichen von Aufregung zeigte, wurde die Schwiegertochter mit fortschreitendem Einsatz der Spürhunde zusehends nervöser, entwickelte sogar körperliche Beschwerden wie Übelkeit und ging schließlich von ihrer baldigen Festnahme aus. Nur wenige Minuten nach dem Telefonat rief sie ihren Ehemann an und teilte ihm die neuesten Erkenntnisse der Polizei mit. Er versuchte sie zu beruhigen, sagte, dass sie ja stets eine andere Strecke gefahren seien. Nach Ansicht der Ermittler ließ die Schwiegertochter der Gedanke, der Weg der Hunde führe nun zu ihr, erkennbar nicht mehr los.

Am nächsten Tag meldete sich der Kommissar erneut bei der Frau, diesmal mit der Nachricht, dass die Hunde der Geruchsspur immer weiter in Richtung des Wohnortes der Schwiegertochter gefolgt seien.

Jetzt erklärte die Schwiegertochter, am Tag der Auffindung doch an der Einstichstelle gewesen zu sein, worauf sie vom Kommissar nochmals darauf hingewiesen wurde, dass die Stichstelle unter der Decke gewesen sei, sie aber bei ihrer Vernehmung bisher nicht angegeben hatte, mit der Einstichstelle je in Berührung gekommen zu sein.

Wiederum meldete sich die Schwiegertochter bei ihrem Mann und gab an, sie habe wie wild an der Decke gerüttelt, versucht, die Schwiegermutter abzudecken, und ihren Körper umfasst. Ihr Mann beruhigte sie erneut und versicherte ihr, dass sie auf keinen Fall unter der Decke gewesen sei, er habe das ja gesehen. In diesem Zusammenhang erwähnte ihr Mann auch erneut, dass dies doch eh keine Rolle spiele, weil sie ja nie die Strecke, die die Hunde angezeigt hatten, gefahren seien. Auf ihre Frage, ob ihr Mann dies auch der Polizei gesagt habe, verneinte er, und sie war erleichtert, denn sonst hätten ihre Geruchsspuren nur noch durch eine dem Ehemann unbekannte Fahrt erklärt werden können, der Fahrt in der Tatnacht ...

Das reichte der Polizei dann – so verdächtig konnte sich ihrer Meinung nach nur der wahre Täter verhalten. Als dann noch herauskam, dass die Schwiegertochter nicht nur versucht hatte von ihrer Nachbarin, sondern auch von der eigenen Tochter, die in der Tatnacht zu Hause gewesen war, ein Alibi zu bekommen, war der Haftbefehl wegen dringenden Tatverdachts vermutlich nur noch Formsache. Denn ein Unschuldiger würde sich niemals so verhalten, oder?

Nach all diesen Informationen, was meinen Sie: schuldig oder unschuldig?

Doch eh Sie sich diese Frage beantworten, bitte ich Sie, sich noch kurz in folgende Lage zu versetzen: Sie werden eines Doppelmordes verdächtigt, obwohl Sie unschuldig sind. Sie können Ihre Unschuld aber nicht beweisen, weil Sie kein Alibi, aber dummerweise ein Motiv haben. Jetzt behauptet die Polizei auch noch, dass Spürhunde angeblich Ihre Geruchsspur vom Tatort bis in die Nähe Ihres Hauses verfolgt haben. Was würden Sie tun? Würden Sie vielleicht einen Familienangehörigen oder Freund bitten, Ihnen ein Alibi zu geben? Würden Sie sich und anderen vielleicht zu erklären versuchen, wie die Hunde ausgerechnet auf Ihre verdammte Geruchsspur gekommen sind? Würden Sie vielleicht auch nervös und aufgeregt reagieren? Würde Ihnen vielleicht auch übel werden?

Noch eine Hintergrundinformation zu den Maintrailern: Hundenasen können niemanden verfolgen, der sich in ein Auto setzt und damit davonfährt. Und die Verfolgung einer menschlichen Geruchsspur ist nach einem Tag, nach einer Woche, vielleicht noch mit sehr viel Glück nach einem Monat möglich, aber garantiert nicht sieben Monate später. Mit anderen Worten: Die ganze Story der Ermittler mit den Geruchsspuren, die auf die Autobahn in Richtung des Wohnorts der Schwiegertochter geführt hatten, war absoluter Mumpitz. Und was die Alibiabsprache mit der Tochter angeht: In dem überwachten Telefonat ist nicht die Rede davon, dass die Tochter ein falsches Alibi abgeben soll – die Mutter spricht lediglich von einem Alibi.

Und damit zurück zu meiner Frage: Schuldig oder nicht? Verhält sich die Schwiegertochter verdächtig oder ist ihr Verhalten gar nachvollziehbar, wenn man unschuldig in die Ecke gedrängt wird? »Schwierig«, werden Sie vielleicht sagen. Irgendwie fehlt ein schlagkräftiger Beweis. Und irgendwie steht man doch wieder am Anfang: Keine Spuren am Tatort, und die Verdächtige soll zwischen 21 und 6 Uhr 700 Kilometer zurückgelegt, getankt, Tatkleidung und Waffe entsorgt, das Auto zur Werkstatt gebracht haben und schließlich noch zu Fuß nach Hause gelaufen sein. Das wird sich auch die Staatsanwaltschaft gedacht haben, denn die bloße Angst, verdächtigt zu werden, und sich dann – aus Sicht der Ermittler – auffällig zu verhalten, war für eine Verurteilung schlicht zu dünn.

Also wandten sich die Strafverfolgungsbehörden an

die Öffentlichkeit. Auf Flugblättern, die in sämtlichen Koblenzer Haushalten verteilt wurden, und bei einem Auftritt in der Fernsehsendung »Aktenzeichen XY« zeigten sie neben dem Foto der frisch festgenommenen Schwiegertochter auch den BMW samt vollständigem Kfz-Kennzeichen (EL-RS 566), verbunden mit dem Aufruf, sachdienliche Hinweise an die Polizei weiterzugeben. Als Belohnung winkten 10 000 Euro. Es könnte schließlich sein, dass jemand in der Tatnacht besagten BMW in der Nähe des Tatortes gesehen hatte.

Und siehe da: 14 Monate nach der Tat meldete sich doch tatsächlich ein Motorradfahrer, der behauptete, den BMW der Schwiegertochter kurz vor Koblenz gesehen zu haben. Es sei entweder ein 1er oder 3er BMW gewesen, und ganz sicher ein Kombi. Das Kennzeichen des BMW habe mit »EL« begonnen, daneben hätten die Buchstaben »RS« und eine dreistellige Zahlenkombination gestanden. An erster Stelle habe mit Sicherheit eine »5« gestanden, die zweite Ziffer sei recht sicher eine »6« gewesen. An die dritte Ziffer habe er keine klare Erinnerung mehr. Eine Überprüfung des zentralen Fahrzeugregisters ergab, dass zum fraglichen Tatzeitpunkt kein anderer BMW mit dem Teilkennzeichen »EL RS« und der Ziffer »5« an erster Stelle der Ziffernfolge zugelassen war.

Ist die Schwiegertochter damit überführt, weil ihr BMW kurz vor der Tat in Koblenz gesehen worden war? Aber wie zum Teufel kann sich jemand noch an ein Kennzeichen erinnern, das er in einer bestimmten Nacht 14 Monate zuvor gesehen haben will? Und wie will man eigentlich ausschließen, dass sich der gedächtnisstarke Motorradfahrer das Kennzeichen nicht einfach aus der Sendung »Aktenzeichen XY« oder von dem Flugblatt gemerkt hat, vielleicht auch um sich mal kurz 10 000 Euro zu verdienen?

Der Motorradfahrer behauptete, dass er sich immer die Kennzeichen von Fahrzeugen einpräge, mit denen er »Stress« habe. Und in der Tatnacht hätte er mit dem besagten BMW Probleme gehabt, immerhin sei es beinahe zu einem Zusammenstoß gekommen, weil der Motorradfahrer zu schnell fuhr. Und da er Angst hatte, von dem BMW-Fahrer angezeigt zu werden, habe er sich das Kennzeichen eingeprägt. Seine außergewöhnliche Merkfähigkeit erklärte er damit, dass ihn »EL« an die Urlaubsfahrten mit seinen Eltern nach Ellwangen erinnere. »RS« erinnere ihn an die Bezeichnung »Racing Sport« von Modellen des Autoherstellers Ford, für die er sich früher interessiert habe, und die ersten Ziffern des Kennzeichens »5« und »6« entsprächen seinem Geburtsdatum, dem 5.6.

Kann man das wirklich so unhinterfragt stehen lassen? Wie kann man ausschließen, dass nicht doch »Aktenzeichen XY« den Motorradfahrer mit der Einblendung des vollständigen (!) Kennzeichens auf die tolle Eselsbrücke brachte? Woran machte der Motorradfahrer den genauen Tag des angeblichen Aufeinandertreffens mit dem BMW fest? Kann man nachts im Vorbeifahren auf die Schnelle ein ganzes Kfz-Kennzeichen überhaupt erkennen? Sie sehen, als Richter hat man es in solchen Fällen sicherlich nicht leicht, der Wahrheit auf die Spur zu kommen. Die Frage ist nur: Hat es sich das Gericht in unserem Fall möglicherweise zu leicht gemacht?

Es war der festen Überzeugung, dass der Motorradfahrer dem BMW in der Tatnacht begegnet sein musste, weil der sich an zwei Dinge erinnerte: Er habe zum einen vor dem

Zusammentreffen ferngesehen, und zwar eine Sendung über einen Mordfall in Norddeutschland sowie Beiträge über die Frauenfußballweltmeisterschaft und einen Franzosen mit Doppelnamen, der in einem New Yorker Hotel ein Zimmermädchen vergewaltigt haben solle. Eine Überprüfung des TV-Programms in der Tatnacht ergab, dass über die Weltmeisterschaft im Frauenfußball und den früheren Direktor des Internationalen Währungsfonds Dominique Strauss-Kahn berichtet wurde; die Sache mit dem Mord bestätigte sich hingegen nicht. Außerdem erinnerte sich der Motorradfahrer daran, dass er am Tag der Begegnung mit dem BMW beinahe auf von ihm verauslagten Kosten sitzen geblieben wäre, was er anhand eines Gesprächs mit seinem Vorgesetzten, das am Tag nach der Tat stattgefunden habe, rekonstruieren könne. Einen Tankbeleg oder irgendeine Quittung, die unmittelbar mit seiner Motorradfahrt in der Tatnacht im Zusammenhang stand, konnte er hingegen nicht vorlegen.

Selbst wenn man unterstellt, dass das vermeintliche Zusammentreffen zwischen Motorradfahrer und BMW tatsächlich in der Tatnacht stattfand – war es wirklich auszuschließen, dass der Motorradfahrer das Kennzeichen des BMW nicht aus dem Fernsehen oder vom Flugblatt kannte? Auch hier war die Antwort – zumindest für das Gericht – denkbar einfach: Der Motorradfahrer hatte nämlich vor Gericht ausgesagt, dass er zwar einen Fernseher habe, diesen aber praktisch nicht benutze. Auch lese er keine Tageszeitungen und die von der Polizei in Briefkästen eingelegten Flugblätter mit Fahndungsaufrufen habe er nicht wahrgenommen. Von dem polizeilichen Aufruf zu sachdienlichen Hinweisen bezüglich des BMW habe er von seiner Nachbarin erfahren, und die habe auch nur erzählt, dass die Polizei wegen einer Straftat in Koblenz nach einem Fahrzeug mit dem Kennzeichen »EL« suche, noch nicht einmal von der Fahrzeugmarke, geschweige dem Fahrzeugtyp sei in diesem Gespräch die Rede gewesen. Also schloss das Gericht aus, dass es im Gedächtnis des Motorradfahrers zu möglichen Überlagerungen oder Verfälschungen seiner Erinnerung gekommen war. Ergo: Der Motorradfahrer hatte sich definitiv an das Kennzeichen erinnert, das er sich vor 14 Monaten gemerkt hatte.

So, und jetzt ganz ehrlich: Glauben Sie, dass der aus Koblenz stammende Motorradfahrer so gar nichts von der Veröffentlichung des Autos nebst Kennzeichen mitbekommen hat – einem Fall, der in Koblenz seinesgleichen sucht und zumindest in Koblenz Gesprächsthema Nummer 1 war? Ist es nicht merkwürdig, dass der Motorradfahrer behauptet, nichts von einem Flugblatt zu wissen, wenngleich seine Nachbarin aussagt, dass das besagte Flugblatt in jeden Briefkasten, und damit sicherlich auch in den des Motorradfahrers eingeworfen wurde? Und was soll man von seiner Aussage halten, dass er so gut wie nie fernsehe, sich aber an den Zeitpunkt des Aufeinandertreffens mit dem BMW deshalb so gut erinnern könne, weil er noch genau wisse, was ausgerechnet an besagtem Abend im TV lief? Wie gut könnten Sie sich nach 14 Monaten noch an ein Kennzeichen erinnern, von dem es keinen plausiblen Grund gab, es sich überhaupt zu merken? Nicht einmal seiner eigenen Freundin hatte der Motorradfahrer davon erzählt. Dass es ihm ausschließlich um die 10 000 Euro Belohnung gegangen wäre, schloss das Gericht als Motiv für die Aussage allerdings aus, auch wenn der Mann offensichtlich Geldprobleme hatte. Noch in der polizeilichen Vernehmung habe er nämlich angeblich auf das Geld verzichtet.

Bleibt noch die Frage, ob es denn überhaupt möglich gewesen wäre, das Kennzeichen bei Nacht, in der Kürze der Zeit und vor allem bei überhöhter Geschwindigkeit vollständig zu erkennen. Bei Gericht hatte der Motorradfahrer angegeben, dass der BMW aufgrund des »abrupten« Auffahrens des Motorrads einen Schlenker nach links machen musste und er sich zu dem Zeitpunkt auf gleicher Höhe befand. Danach sei der BMW wieder auf die rechte (und damit selbe) Spur vor dem Motorradfahrer gefahren, allerdings wesentlich schneller als der Motorradfahrer, der aufgrund des Beinahe-Unfalls unter Schock stand und nun langsamer fuhr. Deshalb habe sich der Abstand zwischen Motorrad und BMW schnell vergrößert und der BMW sei kurz darauf bei der Ausfahrt Koblenz abgefahren. Und was an dieser Stelle vielleicht noch erwähnt werden sollte: Kurz vor dem angeblichen Zusammentreffen mit dem BMW sei der Motorradfahrer sehr gedankenversunken gewesen, so sehr, dass er sich zuvor mehrfach verfahren und selbst seine Abfahrt verpasst hatte. Außerdem gab er an, dass es an dem Abend bereits richtig dunkel gewesen sei.

Wir fassen also zusammen: Der Motorradfahrer stand zu dem Zeitpunkt, als er sich das Kennzeichen gemerkt haben will, unter Schock und war so gedankenversunken, dass er nicht nur kurz zuvor sogar die Abfahrt zu sich nach Hause verpasste, eine Strecke, die er seit Jahren täglich zurücklegte, sondern offensichtlich auch noch beinahe einen Unfall gebaut hätte. Als ob das nicht genug wäre, konnte bei einer Rekonstruktion des angeblichen Aufeinandertreffens zwischen Motorrad und BMW bei gleichen Sichtverhältnissen wie in der Tatnacht, das Kennzeichen in der Kürze der vom Motorradfahrer beschriebenen Zeit und den Lichtverhältnissen nicht erkannt werden – eindrucksvoll zu sehen in Teil 3 der SWR-Dokumentation »Mord ohne Beweise«. Und noch dazu war der besagte BMW der Schwiegertochter zwar tatsächlich ein BMW aus der 3er Baureihe, jedoch kein Kombi, sondern ein Compact-Heck, das sich sehr deutlich vom BMW-Kombi unterscheidet.

Und es kommt noch besser: Nicht einer, auch nicht zwei, sondern gleich drei Zeugen sagten aus, dass sie das Rentnerpaar am Morgen nach der angeblichen Tat noch gesehen hätten. Und zwar quicklebendig. Die Ermittler würden sie fortan etwas abschätzig die »Bäckereizeugen« nennen.

So bekundete die erste Zeugin, sie habe sich am Morgen nach der vermeintlichen Tat vor 10 Uhr mit der zweiten Zeugin wie jeden Freitag in einer Bäckerei im Stadtzentrum zum Kaffee getroffen. Dort hätte sie an der Fensterfront zur Straße sitzend Herrn S. vorbeigehen sehen. Die zweite Zeugin hatte Frau S. sogar in der Bäckerei gesehen. Sie erinnerte sich, Frau S. sei in der Bäckerei direkt zur Theke gegangen. Sie habe zur ersten Zeugin gesagt: »Die Frau S. kommt«, und beide hätten Frau S. dann zugerufen: »Wie geht's?« Als die beiden Zeuginnen kurze Zeit später die Bäckerei verlassen hätten, habe sie sogar noch mit Frau S. gesprochen. Draußen an der Kirche habe sie dann auch deren Ehemann entgegenkommen sehen. Sie sei sich hundertprozentig sicher, dass sich dies am Morgen nach der von der Polizei angenommenen Tatzeit zugetragen habe.

Zwar sei man jede Woche mehrmals in der Bäckerei zum Kaffeetrinken, aber als die Tat zwei Tage später publik wurde, hätten sich die beiden Zeuginnen noch ausgetauscht und bekundet, dass sie doch am Freitag das Rentnerpaar S. noch gesehen hatten.

Und noch ein dritter Zeuge bekundete, Herrn S. in einer Entfernung von etwa 100 Metern gesehen zu haben. Das ihm bekannte Auto von Herrn S., einen Audi A6, habe er vor seinem eigenen Haus, nahe der Kirche, abgestellt gesehen. Er sei sich sicher, seine Beobachtungen am Freitag, dem Morgen nach der mutmaßlichen Tat, gemacht zu haben, da dies nach einer Operation an seiner Hand gewesen sei, die am Donnerstag, also am Tag zuvor, durchgeführt worden sei.

Drei Zeugen, die mit der Schwiegertochter rein gar nichts zu tun haben, sie noch nicht einmal kennen, und trotzdem Stein und Bein schwören, das ermordete Rentnerehepaar am Morgen nach der angeblichen Tat quicklebendig gesehen und sich mit ihnen sogar noch unterhalten zu haben? Das schließt eine Täterschaft der Schwiegertochter in der von Polizei und Gericht angenommenen Tatzeit doch denknotwendigerweise aus? Zumal die Schwiegertochter – so wie ihr Mann auch – in den beiden Folgenächten vor Entdeckung der Leichen ein wasserdichtes Alibi hatte. Und dennoch lautete das Ergebnis der Gerichtsverhandlung: Lebenslänglich mit besonderer Schwere der Schuld.

Dass die Eheleute S. nachts getötet worden waren, stand aus Sicht der Rechtsmedizin, aufgrund der Auffindesituation – beide Leichen in Schlafkleidung bei heruntergelassenen Rollläden – mit an Sicherheit grenzender Wahrscheinlichkeit fest. Und bei beiden Getöteten entsprach zudem der jeweilige Mageninhalt einem Zustand in den frühen Morgenstunden, weil bei Herrn S. alles bereits verdaut gewesen und bei Frau S. nur noch ein ganz geringer Rest von Mageninhalt aufgefunden worden war. Nicht fest stand hingegen – zumindest aus wissenschaftlicher Sicht –, an welchem Tag das Rentnerehepaar getötet worden war, denn bei der Untersuchung der Leichen am Tatort war zwischen den Körpertemperaturen und der Raumtemperatur kein Unterschied mehr festzustellen. Damit schied auch eine Rückrechnung des Tötungszeitpunktes anhand der Leichentemperatur aus.

Deshalb waren die Zeugen immens wichtig: der Motorradfahrer, der den BMW der Schwiegertochter am Donnerstag gesehen haben will, einerseits und andererseits die »Bäckereizeugen«, die das Rentnerpaar am Freitag noch lebend gesehen haben wollen. Andere Möglichkeiten zur Bestimmung des Todeszeitpunktes gab es nur indiziell – dazu gleich mehr. Das Gericht entschied sich zugunsten des einen Motorradfahrers gegen die Glaubhaftigkeit der drei Aussagen der »Bäckereizeugen«. Bei der ersten und der zweiten Zeugin war das Gericht der Auffassung, dass sie sehr widersprüchliche Angaben gemacht hätten, trotz zeitgleicher Anwesenheit am selben Ort. Den Wahrnehmungen des dritten Zeugen hielt man entgegen, dass das getötete Rentnerpaar definitiv nicht mit dem Audi A6 an dem Freitag gefahren sein und der Audi somit auch nicht auf dem Parkplatz vor dem Haus des Zeugen geparkt haben konnte, weil eine technische Untersuchung ergeben hatte, dass der besagte Audi zuletzt am Tag zuvor, Donnerstag um 15.45 Uhr, bewegt worden war. Dies ergab eine Rückrechnung aus den gespeicherten Daten des zuletzt empfangenen Verriegelungszustands des Autos anhand der Funkfernbedienung. Folglich konnte der Pkw der Getöteten am Freitag nicht mehr aus eigener Kraft bewegt worden sein. Dass es neben der Funkfernbedienung einen dritten, rein mechanischen Schlüssel gab, berücksichtigte das Gericht jedoch nicht. Dies, obwohl der technische Sachverständige bekundete, dass bei Verwendung dieses rein mechanischen Schlüssels gerade keine Rückmeldung des Schließzustandes erfolgte. Das Gericht ging allerdings davon aus, dass das Rentnerpaar stets den Funkschlüssel benutzen würde.

Darin bestätigt, dass der Todeszeitpunkt des Rentnerpaares in jedem Fall der Donnerstag und nicht etwa der Freitag war, sah sich das Gericht nicht zuletzt auch aufgrund der Ausführungen des Gerichtsmediziners. Anhand des Fäulniszustandes der inneren Organe der Getöteten und unter Berücksichtigung der Umgebungsbedingungen bis zur Obduktion, war er zu dem Ergebnis gekommen, dass ein Todeseintritt in der Nacht von Freitag auf Samstag nur dann möglich wäre, wenn die Raumtemperatur 30° C erreicht hätte, wie beispielsweise unter den damaligen Wetterbedingungen in einem Dachzimmer. Der Tatort war jedoch im Erdgeschoss und abgedunkelt gewesen, sodass ein Tod in der Nacht von Donnerstag auf Freitag und damit korrespondierend mit den ungewöhnlichen Geräuschwahrnehmungen der Nachbarin aus dem Obergeschoss am wahrscheinlichsten sei. Gleichwohl betonte der Rechtsmediziner aber nochmals, wegen der langen Liegezeit der Leichen keine genauen Angaben zum Todeszeitpunkt machen zu können.

Zwar bekundeten auch Nachbarn des Rentnerpaares,

dass bereits ab Freitag (und nicht erst ab Samstag) die Rollläden im Schlaf- und Badezimmer im Erdgeschoss des Anwesens der Getöteten nicht geöffnet wurden, sagten jedoch auch aus, dass dies zu Urlaubszeiten nicht ungewöhnlich war. Und zum Zeitpunkt der Tat war immerhin die Bundesgartenschau gewesen. Das würde wiederum erklären, warum das Rentnerpaar am Freitag telefonisch nicht zu erreichen war, weder für den Sohn noch für andere Zeugen. Und es würde begründen, warum der Postbote am Samstagmorgen noch Brief- und Werbesendungen sowie zwei Tageszeitungen in augenscheinlich unangetastetem Zustand vom Vortag im Briefkasten hatte liegen sehen. Denn wenn das Rentnerpaar am Freitag frühmorgens aus dem Haus gegangen wäre, hätte es weder die Zeitungen noch die Post an diesem Tag gelesen. Zur selben Annahme käme man im Übrigen auch, wenn das Rentnerpaar, weil es sich am Freitag möglicherweise gesundheitlich nicht so gut fühlte, schlicht im Bett geblieben wäre. Immerhin hatten die Ermittler bei den sonst passionierten Kaffeetrinkern einen Teebeutel in der Küchenspüle gefunden.

Dass das Rentnerpaar nicht schon in der Nacht vom Mittwoch auf Donnerstag getötet wurde, einem Tag, an dem die Schwiegertochter wiederum ein wasserdichtes Alibi gehabt hätte, war übrigens auch ausgeschlossen. Denn gleichwohl dies aus rechtsmedizinischer Sicht möglich gewesen wäre, hatte eine Mieterin an dem besagten Donnerstag gegen 19 Uhr noch persönlich eine Quittung über die von ihr bereits gezahlte Miete von Frau S. erhalten.

Sie sehen, die Berechnungen der Rechtsmedizin zur Frage des Tötungszeitpunktes waren wenig hilfreich. Das Gericht kam dennoch zu dem Schluss, dass sich drei

»Bäckereizeugen« irren mussten. Vermutlich – so das Gericht – war es zu Veränderungen ihrer Erinnerung bei den gemeinsamen Unterredungen vor ihren Zeugenaussagen gekommen, gleichwohl sie sich bereits zwei Tage nach der Entdeckung der getöteten Rentner bei der Polizei meldeten. Warum es jedoch nicht auch beim Motorradfahrer zu »Veränderungen seiner Erinnerung« gekommen sein konnte, der sich ja nicht zwei Tage, sondern erst ganze 14 Monate später bei der Polizei meldete, sich dabei auch noch in Bezug auf seinen Fernsehkonsum eklatant widersprochen hatte, sich fälschlicherweise an einen BMW-Kombi anstelle des Compact-Hecks erinnerte, und es auch nicht nachvollziehbar war, wie er nachts in so kurzer Zeit das Kennzeichen hatte erkennen und es sich trotz Schocks und Gedankenversunkenheit merken konnte, ließ das Gericht offen.

Man konnte den Eindruck gewinnen, dass es unbedingt der Donnerstag gewesen sein musste, an dem das Rentnerpaar getötet wurde, weil die Schwiegertochter für alle anderen Tage ein Alibi hatte und just kein anderer möglicher Täter ohne Alibi zur Verfügung stand. Dieser Eindruck verstärkte sich umso mehr, als man den BMW der Schwiegertochter technisch untersuchen ließ. Sie erinnern sich: Der BMW war am Morgen nach der Tat auf dem Gelände einer Autowerkstatt gestanden, der Schlüssel dazu im Briefkasten der Werkstatt. Und da man theoretisch auch ein völlig intaktes Auto in die Werkstatt bringen und nur behaupten kann, dass es defekt sei – zum Beispiel um sich ein Alibi zu verschaffen –, hatten sich die Ermittler den BMW etwas genauer angesehen.

Und siehe da, der Mechaniker aus der besagten Werkstatt bestätigte, dass der Motor des BMW bei seiner Überprüfung schlecht angesprungen, dann schlecht gelaufen und auch während der Fahrt ausgegangen sei, weil er nur auf drei von vier Zylindern lief. Eine 700 Kilometer lange Fahrt wäre in diesem Zustand jedenfalls nicht möglich gewesen. Das bestätigte auch der Gerichtsgutachter. Dieser sagte vor Gericht aus, dass die festgestellten Störungen, insbesondere bei einem Totalausfall der Zündkerze, bereits nach einer Fahrtstrecke von 50 bis 100 Kilometern und damit deutlich weniger als der einfachen Entfernung zwischen dem Wohnort der Schwiegertochter und Koblenz zu sichtbaren Motorschäden geführt hätte. Eine nachträgliche Manipulation durch die Schwiegertochter schloss er aus.

Spätestens jetzt hätte man die Schwiegertochter doch sofort aus der U-Haft entlassen und freisprechen müssen, nicht wahr?

Weit gefehlt. Denn weil bei einer erneuten Untersuchung des BMWs knapp zwei (!) Jahre später keine Schäden am Motor gefunden wurden, ging das Gericht davon aus, dass der BMW in der Tatnacht nicht defekt gewesen sei und die von der Schwiegertochter geschilderten und von deren Werkstatt bestätigten Funktionseinschränkungen des Motors allenfalls vorübergehend waren. Den Umkehrschluss, nämlich dass die Schwiegertochter mit dem BMW aufgrund der immerhin auch von der Werkstatt festgestellten Mängel gar nicht erst die 700 Kilometer bis nach Koblenz und zurück gefahren war und es deshalb zu keinen Motorschäden gekommen war, zog das Gericht indes erst gar nicht in Erwägung. Mit anderen Worten: Weil es keinen Motorschaden aufgrund einer zu langen Betriebsdauer von mindestens 250 Kilometern gab, hatte es auch keine Mängel am Auto gegeben bzw. seien diese nur vorübergehender Natur gewesen. Dass umgekehrt keine Mängel festgestellt wurden, weil die Schwiegertochter erst gar nicht 250 Kilometer gefahren war, schien keine plausible Erklärung.

Bei einer solchen Argumentation ist es dann auch schon fast überflüssig zu erwähnen, dass bei der Überprüfungsfahrt durch den gerichtlichen Sachverständigen besagter BMW bereits nach kürzester Zeit heiß gelaufen und nicht mehr fahrtüchtig war. Das Gericht ging davon aus, dass das ein akutes Problem gewesen sei, das zufälligerweise beim Sachverständigen aufgetreten war. Kein Witz.

Übrigens: Wann der BMW nun tatsächlich abgegeben worden war, also am Donnerstagabend oder Freitag in aller Herrgottsfrüh, vermochte der Werkstattbesitzer nicht zu beantworten, da es keine Kameras auf seinem Hof gab. Als er am Freitagmorgen zur Arbeit kam, war der BMW jedenfalls schon da gewesen. Was er aber sagen konnte, war, dass es durchaus üblich gewesen war, dass Schwiegertochter und Sohn ihre Fahrzeuge regelmäßig auf seinem Werkstattgelände in seiner Abwesenheit abstellten und den Fahrzeugschlüssel in den Briefkasten warfen.

Puh, ganz schön komplex alles, oder? Und die Details habe ich Ihnen dabei noch erspart. Es bleiben aber noch zwei wichtige Punkte offen: Die Sache mit dem Haustürschlüssel, also der Frage, wie der Täter oder die Täterin ins Haus der Opfer gelangt ist, und das angeblich so auffällige Nachtatverhalten der Schwiegertochter unmittelbar nach Tatentdeckung: Stichwort Handverletzung und Auffinden der

Leichen. Waren das die ausschlaggebenden Punkte für die Verurteilung?

Für das Gericht stand fest, dass der Täter über einen Hausschlüssel verfügt haben musste, da ja keine Spuren eines gewaltsamen Eindringens in das Haus der getöteten Eheleute zu finden waren und sie sicherlich niemandem im Schlafanzug zur späten Nachtzeit die Tür geöffnet hätten – schon gar keinem Unbekannten. Und dass sich ein Täter bereits tagsüber durch eine offen stehende Tür oder ein offenes Fenster in das Haus eingeschlichen und sich dort bis zur Nacht verborgen gehalten hatte, schloss das Gericht als fernliegend aus.

Einzig zwingender Schluss für das Gericht: Mangels Anhaltspunkten dafür, dass eine bislang unbekannte Person Zugang zum Haustürschlüssel hatte, musste der Täter dort zu suchen sein, wo es einen Zweitschlüssel gab. Und da blieb nur der Sohn. Da dieser jedoch ein Alibi hatte und die drei noch minderjährigen Kinder ohne Führerschein gar nicht erst in der Lage gewesen wären, ein Auto bis nach Koblenz zu führen, blieb nur die Schwiegertochter übrig, die Zugang zum Zweitschlüssel hatte. Sie musste also die Täterin sein. Auf die Möglichkeit, dass es gar nicht dieser Zweitschlüssel war, mit dem der Täter ins Haus gelangte, ging das Gericht in seinem Urteil erst gar nicht ein – obwohl es doch eigentlich nicht sehr abwegig ist, einen Ersatzschlüssel irgendwo draußen vor der Haustür zu verstecken, für den Fall, dass man sich versehentlich aussperrt. Immerhin hatte man im Garten unter einem Stein versteckt einen nicht mehr zuordenbaren weiteren Schlüssel gefunden, was jedenfalls dafürsprach, dass die getöteten Eheleute durchaus pflegten, Schlüssel außerhalb des Hauses zu verstecken, vielleicht ja auch einen weiteren Haustürschlüssel im Beet neben der Haustür?

Das Gericht begnügte sich stattdessen damit, allerlei Varianten auszuschließen, warum der Täter den im Beet aufgefundenen Schlüssel nicht verloren oder ein fremder Täter den Schlüssel dort bewusst abgelegt haben könnte. Ersteres übrigens ohne weitere Begründung nach dem Motto »ist so«, Zweiteres, weil der Täter dann riskiert hätte, entdeckt zu werden, während er den Schlüssel im Beet ablegte, und es daher viel sinnvoller gewesen wäre, den Schlüssel – so wie er es ja auch offensichtlich mit der Tatwaffe getan hatte – an anderer Stelle zu entsorgen. Die »logische« Schlussfolgerung des Gerichts: Die Auffindesituation des leicht erkennbaren Schlüssels im Beet spreche vielmehr für den Versuch der Schwiegertochter, den Blick der Ermittler auf diesen Schlüssel zu lenken und so zu erklären, wie ein unbekannter Täter spurenlos ins Haus eindringen konnte und so von dem in ihrem eigenen Haushalt vorhandenen Schlüssel des Sohnes abzulenken.

Auch dass die Eheleute – wie von der Schwiegertochter in ihrer ersten Vernehmung angegeben – einen ihrer Hausschlüssel verloren haben könnten, schloss das Gericht aus, weil die Eheleute das sonst auch anderen Personen erzählt hätten. Und Anhaltspunkte dafür, dass es womöglich weitere, nachgemachte Schlüssel geben könnte, die ein noch unbekannter Täter benutzt hatte, wurden gleichfalls ausgeschlossen. Die Hauptverhandlung habe hierzu keine Erkenntnisse ergeben, so die Begründung.

Bleibt noch das für die Ermittler so auffällige Verhalten der Schwiegertochter nach der Tat. Zunächst einmal fand es die

Polizei – und später auch das Gericht – höchst verdächtig, dass die Schwiegertochter, anders als der Sohn, beim Auffinden der Leichen sowohl den Schwiegervater anfasste als auch die Schwiegermutter. Dass sie sich dann auch noch ausgerechnet in dem Waschbecken, wo später Blut festgestellt werden würde, ihre Hände waschen wollte und dann, als der Ehemann bereits das Haus verlassen hatte, noch ins Obergeschoss gelaufen war, sei alles Taktik gewesen, um mögliche Spuren im Nachgang erklärbar erscheinen zu lassen und so einen Verdacht gegen sie zu zerstreuen. Tatsächlich hatte man in dem linken Waschbecken des Badezimmers, in dem die Leiche des Schwiegervaters gefunden worden war, Blut gefunden, das zur DNA der Schwiegermutter gehörte. Einzig naheliegende Erklärung für das Vorhandensein dieser Blutspuren: Der Täter musste darin das Tatwerkzeug oder seine Hände nach der Tat gewaschen haben. Dass das aber genau in dem linken Waschbecken geschah, konnte logischerweise nur der Täter wissen. Insofern war es für die Ermittler sehr verdächtig, dass die Schwiegertochter ausgerechnet dort zunächst ihre Hände waschen wollte. Dass sich die Schwiegertochter aber dann die Hände vielmehr in der Küchenspüle gewaschen hatte und daher mögliche Spuren in dem besagten linken Badezimmer-Waschbecken eben nicht mehr hätte erklären können, spielte für die Ermittler plötzlich keine Rolle mehr.

Und dass die Ermittler auf der elften Stufe der Treppe zum Obergeschoss einen blutigen Schuhabdruck fanden, erklärte womöglich auch, warum die Schwiegertochter nach dem Auffinden der Leichen ausgerechnet noch ins Obergeschoss gelaufen war, vermutlich weil sie auch in der Tatnacht dort oben gewesen war, so der Verdacht der Ermittler. Vor allem aber, dass sie versucht hatte, den in der steifen Hand des Schwiegervaters befindlichen Gegenstand zu entnehmen, fanden die Ermittler höchst verdächtig. Hielt er dort einen Hinweis auf den Täter? Ein Haar zum Beispiel, dass die Schwiegertochter so noch schnell beiseiteschaffen hätte können?

Sie ahnen es vermutlich: Auch hierfür gab und gibt es Erklärungen, sie schienen Polizei und Gericht vielleicht nur nicht »plausibel«. Aber wie soll schon eine plausible Erklärung für eine Situation aussehen, die kaum ein Mensch in seinem Leben erfahren wird, nämlich zwei grausam ermordete Familienmitglieder aufzufinden? Wie reagiert man denn da? Kann es ein Patentrezept dafür geben, wie man sich in einem solchen Fall zu verhalten hat? Kann es nicht auch sein, dass man völlig unkontrolliert reagiert und möglicherweise irrational handelt, indem man zum Beispiel die steife Hand des Toten anfasst, um zu sehen, was er da umgreift? Dass man den Tod nicht wahrhaben will, an dem Toten rüttelt und schüttelt, die Decke wegzieht, damit er »atmen« kann, hysterisch wird, ist das nicht irgendwie auch nachvollziehbar? Und dass man sich, nachdem man blutverschmierte Leichen angefasst hat, die Hände waschen will? Und dazu (zunächst) zur nächstgelegenen Waschmöglichkeit geht? Bei zwei Waschbecken im unmittelbar zu den Leichen angrenzendem Bad liegt die Wahrscheinlichkeit, dann ausgerechnet das Waschbecken zu benutzen, das auch der Täter benutzt hat, bei 50 Prozent. Deutet das dann wirklich auf Wissen hin, das nur der Täter haben kann – zumal man das Waschbecken dann noch nicht mal benutzt (sondern in die Küche geht)?

Täterwissen wurde der Schwiegertochter auch aufgrund

ihrer polizeilichen Aussage unterstellt, nach dem Auffinden der Leichen noch ins Obergeschoss gegangen zu sein. Auch hier vermutete die Polizei, habe die Schwiegertochter Spuren des Täters – wie z. B. den auf der Treppe gefundenen blutigen Schuhabdruck – erklärbar machen wollen. Allerdings würde die Polizei später sogar selbst ausführen, dass im Obergeschoss kein Tatzusammenhang erkennbar war. Wenn also das Obergeschoss nichts mit der Tat und damit dem Täter zu tun hatte, warum hätte die Schwiegertochter – unterstellt sie sei wirklich die Täterin gewesen – da noch hinauflaufen sollen? Sie hätte dann doch gewusst, dass sie in der Tatnacht gerade nicht im Obergeschoss war? Dann wären dort aber auch keine Spuren zu erwarten. Der blutige Schuhabdruck ließ sich jedenfalls nicht der Schwiegertochter zuordnen: falsche Schuhgröße und kein vergleichbarer Schuh im Haus der Schwiegertochter.

Apropos Täterwissen: Dass die Schwiegertochter irgendwann einmal dem Mann der belastungseifrigen Nachbarin – Sie erinnern sich? – gegenüber geäußert haben soll, der Täter habe keinerlei Spuren hinterlassen, weil er möglicherweise einen Neoprenanzug getragen habe, war für das Gericht ein weiteres Indiz für klares Täterwissen. Aufgrund der engen Beschaffenheit eines Neoprenanzugs kann der Täter darunter definitiv nichts angehabt haben, und aufgrund des massiven Gemetzels und den aufgefundenen Blutspuren, muss er mit Blut besudelt gewesen sein. Da er aber die Tatkleidung nicht in unmittelbarer Tatortnähe entsorgt hat, hätte er sich zwangsläufig mit dem blutigen Neoprenanzug ins Auto setzen müssen – nackt ausgezogen wird er sich wohl kaum haben. Dass im Auto der Schwiegertochter, dem besagten BMW, aber keinerlei Spuren, insbesondere kein Blut sichergestellt wurde, hat das Gericht irgendwie nicht bedacht.

Und was ist mit der Handverletzung? War sie der ultimative »Beweis« für die »Schuld« der Schwiegertochter? Bereits am Morgen nach der Tat hatte die Schwiegertochter ja dem medizinisch ausgebildeten Nachbarn eine Handverletzung gezeigt. Polizei und Gericht gingen davon aus, dass sie dies nur deshalb getan hatte, um mit der Erklärung, dass dies bei der Gartenarbeit passiert sei, eine passende Legende präsentieren zu können, die auch vom Nachbarn bestätigt werden könnte, sollte die Polizei auf die Verletzung aufmerksam werden. Tatsächlich – so die Vermutung von Polizei und Gericht – hatte sich die Schwiegertochter besagte Verletzung beim Hantieren mit dem Messer in der Mordnacht zugezogen. Gegen diese Mutmaßung sprechen allerdings gleich drei Punkte: Erstens wurden keinerlei Blutspuren der Schwiegertochter am Tatort gefunden. Zweitens wäre bei dem regelrechten Gemetzel wohl eine schwerere Verletzung als der von dem Nachbarn beschriebene kleine Kratzer zu erwarten gewesen. Und drittens: Warum sollte die Schwiegertochter überhaupt auf eine mögliche Verletzung im Zusammenhang mit der Tat hinweisen, noch dazu eine kaum auffällige?

Dass die Schwiegertochter aber dann – ohne auf die Verletzung angesprochen worden zu sein – von sich aus angab, beim Auffinden der Leichen möglicherweise ihr Blut am Tatort verloren zu haben, weil sie sich die besagte Verletzung beim Raussuchen des Schlüssels in ihrer Handtasche wieder aufgerissen habe, fanden die Polizisten im Nachgang schon deshalb verdächtig, weil sie sich daran erinnerten, dass ja ein Kollege noch im Beisein der Schwiegertochter einen Blutfleck im Hausflur gesichert hatte, sie erinnern sich? Weil die Schwiegertochter das gesehen hatte, ehe sie zur Vernehmung aufs Präsidium verbracht worden war, habe sie jetzt die Legende mit der aufgerissenen Wunde erzählen müssen, um den sichergestellten Blutfleck am Tatort erklärbar zu machen, von dem sie dachte, es sei ihr Blut.

Aber jetzt mal Hand aufs Herz: Wenn Sie als völlig Unbeteiligter an einem Tatort waren und meinetwegen sogar gesehen haben, wie ein Blutfleck sichergestellt wird, und Sie dann auch noch eine Verletzung an Ihrer Hand haben: Würden Sie die Polizei nicht auch drauf aufmerksam machen wollen, dass der Blutfleck möglicherweise von Ihnen stammen könnte? Mit anderen Worten: Welchen belastenden Schluss soll man aus einem solchen Hinweis ziehen, wenn am ganzen Tatort kein Fitzelchen Blut von ihr gefunden wurde? Um genau zu sein, wurde noch nicht mal ein Haar, eine Hautschuppe oder eine Faser der Schwiegertochter am Tatort gefunden. Die Möglichkeit, dass die Schwiegertochter von ihrer Verletzung berichtete, um bei den Ermittlungen zu helfen, ist doch ebenso schlüssig, wie die Annahme der Polizei, die Schwiegertochter hätte schon mal rein vorsorglich eine Spur eigenen Blutes im Haus der Getöteten erklären wollen. Von der Schuld eines Täters kann das allein jedenfalls nicht überzeugen.

Aber es gab noch ein letztes Indiz, das laut Polizei und Gericht gegen die Schwiegertochter sprach: ihr angeblicher Suizidversuch in der Tatnacht. Hintergrund war eine psychiatrische Untersuchung der Schwiegertochter während der Gerichtsverhandlung, in der sie Angaben zu ihrem Aufenthalt in der Tatnacht machte. Gegenüber dem Psychiater hatte sie erzählt, nach dem Einkaufen gegen 21 Uhr zu ihrem Haus zu Fuß zurückgelaufen zu sein, da der BMW nicht mehr angesprungen sei und daher in die Werkstatt habe müssen. Zu diesem Zeitpunkt hätten sie schon eine Zeit lang Suizidgedanken geplagt, und es sei so gewesen, als hätte sie ein Engelchen und ein Teufelchen auf der Schulter gehabt, von denen der eine sagte, es lohne sich zu leben, und der andere sagte: »Mach das endlich, du redest ja nur davon«.

An diesem Abend sei es ihr jedenfalls besonders schlecht gegangen, sie habe das Gefühl gehabt, sie sei es nicht wert, weiterzuleben. Sie hatte sich schon im Vorfeld gut überlegt, wie sie es machen wollte, sie würde einen Unfall mit dem Auto haben, schnell gegen einen Brückenpfeiler und gut ist. Weil die Familie nicht wissen sollte, dass sie sich umbringe, hatte sie behauptet, eine Freundin besuchen zu wollen. Da aber der BMW nicht mehr angesprungen war, habe sie noch gedacht, dass es vielleicht ein Zeichen wäre, sich doch nicht umzubringen. Doch sie habe es trotzdem noch tun wollen und habe einfach das andere Familienauto genommen, den Dacia, und sei mit diesem gegen 23 Uhr losgefahren. Auf irgendeiner Autobahnraststätte habe sie dann im Auto gesessen und sich lange Zeit Argumente für und gegen den Suizid überlegt. Sie wisse nicht, ob sie der Mut verlassen habe oder ob die Vernunft gesiegt habe. Jedenfalls sei sie dann unverrichteter Dinge gegen 1 Uhr wieder zu Hause gewesen.

Das Gericht glaubte ihr kein Wort. Schon die Zeitangaben seien nicht nachvollziehbar, denn was hätte sie schließlich in der Zeit zwischen 21 Uhr und 23 Uhr bitte schön gemacht? Und wenn sie sich tatsächlich hätte umbringen wollen, dann hätte sie ja kaum den Überraschungsbesuch zum Geburtstag ihrer Schwiegermutter ausgemacht. Außerdem hatten sich die Suizidabsichten aus Sicht des Psychiaters nicht verifizieren lassen. Sie ahnen es bereits, natürlich kann man den Argumenten des Gerichts ebenso viele Gegenargumente entgegenhalten: So hatte die Schwiegertochter just am Morgen vor der mutmaßlichen Tat wieder einmal starke Schmerzen aufgrund eines chronischen und sehr schmerzhaften Rücken- und Schulterleidens, wegen dem sie an diesem Tag auch nachweislich beim Arzt gewesen war. War das der berühmte letzte Tropfen? Einen Suizid lieber in einem fremden Auto zu begehen – sie wollte sich ja ursprünglich einen Mietwagen nehmen, um zu ihrer »Freundin« zu fahren –, als mit dem familieneigenen zu fahren, wäre auch kein so fernliegender Grund im Rahmen eines Suizidvorhabens. Und dass man mit Suizidgedanken im Kopf für den Heimweg vom zwei Kilometer entfernten Supermarkt, Duschen, Frischmachen, ein letztes Essen und so weiter durchaus zwei Stunden und somit bis 23 Uhr brauchen kann, eh man ins Auto steigt, scheint doch auch nicht gänzlich abwegig.

Aber jetzt kommt erst das Totschlagargument: Warum hätte sie die Geschichte mit dem Suizid im Dacia konstruieren sollen – und nicht mit dem BMW, der ja laut Polizei, Staatsanwaltschaft und Gericht in Wahrheit fahrtüchtig gewesen und sogar gesehen worden sein soll (freilich an ganz anderer Stelle)? Weil sie schon vor der Story mit dem Suizid angegeben hatte, dass der BMW defekt war und sich sonst widersprechen würde? Aber warum ein neues Risiko mit einer Behauptung eingehen, die sich möglicherweise leicht hätte widerlegen lassen? Was, wenn die Autobahn zur behaupteten Zeit just an dieser Stelle verkehrsüberwacht worden wäre oder es einen Stau aufgrund eines Unfalls gegeben hätte, sodass die von der Schwiegertochter behauptete Strecke gar nicht zwischen 23 Uhr und 1 Uhr machbar gewesen wäre? All das hätte sie – gesetzt den Fall, sie spräche die Unwahrheit – der Lüge überführen können. Warum dann nicht lieber doch schweigen und dabei bleiben, dass man den ganzen Abend zu Hause war. Und abgesehen davon: Lässt die Aussage eines angeblich geplanten Suizids, den es vielleicht in Wahrheit doch nicht gab, wirklich den Schluss zu, dass die Schwiegertochter ihre beiden Schwiegereltern in der Tatnacht so brutal umgebracht hat? Dass der Dacia in der Tatnacht jedenfalls nicht 700 Kilometer nach Koblenz und zurück bewegt worden war, konnte anhand des Kilometerstands ermittelt werden.

Die spannendste Frage dieses Falls ist, wie das Gericht nach all den genannten Aussagen und Ermittlungen zu dem Schluss kommen konnte, dass ausgerechnet die Schwiegertochter die eiskalte Doppelmörderin sei. »Die Angeklagte ist der Tat überführt, weil sie als einzige Person die Gelegenheit zur Tatausführung hatte und durch weitere Indizien belastet wird«, heißt es in dem Urteilsspruch. Und damit sind wir wieder bei der eingangs gestellten Frage des Indizes. Kann man jemanden nur anhand von Indizien, also bloßer Hinweise, verurteilen? Haben Sie nicht auch schon oft den Satz gehört: »Anklage nur mit Indiz – keine Verurteilung«?

Grund ist die eingangs angesprochene freie richterliche Beweiswürdigung. *Wie* ein Richter zu seiner Überzeugung von Schuld oder Unschuld kommt, ist ihm frei überlassen, dafür gibt es grundsätzlich keine Regeln. Alles, was das Gesetz von ihm verlangt, ist, dass er die Tatsachen, die er in seinem Urteil feststellt, »für wahr hält«. Weil aber diese »Wahrheit« nicht nur vom logischen Verstand, sondern auch vom Gefühl des Richters beeinflusst ist, reicht die persönliche Gewissheit des Richters allein natürlich nicht aus, um jemanden zu verurteilen oder freizusprechen. Seine persönliche Überzeugung muss der Richter auf objektive Grundlagen stützen, die aus nachvollziehbaren Gründen den Schluss erlauben, dass der von ihm festgestellte Sachverhalt »mit hoher Wahrscheinlichkeit« so passiert ist. Mit anderen Worten: Die Schlussfolgerungen, die ein Richter zieht, müssen am Ende zu einem Urteil führen, das objektiv, rational und logisch nachvollziehbar und damit höchstwahrscheinlich dafürspricht, dass es so gewesen ist, wie es der Richter in seinem Urteil festgestellt hat.

Und damit sind wir bei den Indizien. Denn auch Indizien, also bloße Hinweise, erlauben Schlussfolgerungen in die eine oder andere Richtung. Und wenn Sie am Ende nicht nur einen, sondern vielleicht gleich zehn Hinweise haben, die für die Schuld oder Unschuld eines Angeklagten sprechen, wird Ihnen das irgendwann ausreichen, um sich in die eine oder andere Richtung festzulegen. Gibt es also genügend Indizien, die in ihrer Gesamtheit überzeugen, oder auch einige wenige aber dafür sehr gewichtige Indizien, die für oder gegen einen Angeklagten sprechen, reicht das grundsätzlich aus, zu der nachvollziehbaren Überzeugung zu kommen, dass jemand »schuldig« ist oder nicht.

Im Fall des Doppelmordes von Koblenz kam das Gericht aufgrund der Gesamtschau aller Indizien zur Überzeugung, dass nur die Schwiegertochter die Mörderin des

Rentnerpaares gewesen sein konnte. Doch war das ohne vernünftige Zweifel möglich? Zu jedem vom Gericht als belastend gewertetem Indiz gab es schließlich eine plausible Erklärung oder gar einen Gegenbeweis. Lassen Sie mich rekapitulieren:

Pro		*Contra*
Geldnot und damit Habgier als Motiv	vs.	ausgeglichene Kontobilanz bei Schwiegertochter und Sohn sowie stete Unterstützung durch die Schwiegereltern
Auto der Nachbarn oder Mietwagen in der Woche, in der die Tat verübt wurde, ausleihen wollen	vs.	Vorhaben eines Suizids, außerdem kaum sinnvoll, mit einem ausgeliehenen Wagen zum Tatort zu fahren
angespanntes Verhältnis zu den Schwiegereltern	vs.	zahlreiche Zeugenaussagen, die ein positives Verhältnis beschreiben, und die stete großzügige finanzielle Unterstützung durch die Schwiegereltern
sich ein Alibi verschaffen und Angst vor den Mantrailerhunden haben	vs.	Angst, unschuldig verdächtigt zu werden

Pro		*Contra*
vom Motorradfahrer in der Tatnacht gesehen	vs.	Widerspruch bei seiner Aussage zum Fernsehkonsum, kaum nachvollziehbare Merkfähigkeit trotz Schock und Gedankenversunkenheit und laut Nachstellung kaum möglich, ein Kennzeichen in der Kürze der Zeit zu erkennen
»Bäckereizeugen« irren sich, wegen Standzeit des Audi A6	vs.	unwahrscheinlich, dass sich drei Zeugen drei Tage später nicht mehr erinnern können; die Auswertung des Audi A6 nur Funk- aber keine mechanischen Schlüssel betrifft
BMW der Schwiegertochter war nicht defekt, weil bei einer dennoch erfolgten Fahrt ein Fehler in der Motorsteuerung zu erwarten gewesen wäre	vs.	Aussage von Mechaniker und Gerichtsgutachter, dass Fahrzeug defekt war; dass es zu keinem Fehler in der Motorsteuerung kam, kann ebenso daran liegen, dass der BMW eben nicht nach Koblenz gefahren wurde
Nur die Schwiegertochter hatte einen Haustürschlüssel, um in die Tatwohnung zu gelangen.	vs.	Vor der Wohnung lag ein Schlüssel, der ein Ersatzschlüssel gewesen sein könnte, den ein Täter benutzt haben könnte.

Pro		*Contra*
Tatortverhalten (Leichenanfassen/Hände waschen/ins Obergeschoss laufen)	vs.	nachvollziehbares Verhalten, wenn man unter Schock steht, zumal umgekehrt keinerlei Spuren von der Schwiegertochter gefunden wurden
Handverletzung am Morgen nach der Tat	vs.	kleiner Kratzer, der nicht mit dem Spurenbild in Einklang zu bringen ist und vor allem auch keinerlei Spuren hinterlassen hat
kein Alibi/Suizid nur Vorwand	vs.	keine Möglichkeit, die Tat ohne Auto zu begehen (BMW war defekt), und der Kilometerstand des Dacia wies keine 700 Kilometer Differenz auf
Gelegenheit und Möglichkeit zur Tat	vs.	kaum machbar zwischen 21 und 6 Uhr 700 Kilometer zu fahren (mit einem defekten Auto), einen grausamen Doppelmord begehen, Kleidung und Tatwaffe zu entsorgen, das Auto in eine Werkstatt bringen und von dort zu Fuß zurückzugehen – und vor allem dabei nirgends geblitzt oder an einer Raststätte oder beim Tanken aufgezeichnet zu werden

Pro		*Contra*
Täterwissen, insbesondere bzgl. der gegenüber dem Nachbarn geäußerten Vermutung, der Täter habe einen Neoprenanzug getragen	vs.	Hätte der Täter einen Neoprenanzug getragen, wären Blutspuren im BMW zu erwarten gewesen, da er aufgrund des dynamischen Tathergangs voller Blut gewesen wäre und sich der Täter, der unter einem Neoprenanzug logischerweise nichts angehabt haben kann, dann nackt ins Auto hätte setzen müssen, um Spuren zu vermeiden, was ziemlich fernliegend ist.

Hinzu kommen noch eine ganze Reihe an Indizien, die ich der Vollständigkeit halber kurz erwähne:

Tatort und Verletzungsbild der Leichen sprachen für ein sehr dynamisches Handlungsgeschehen mit erheblicher Gewalteinwirkung, bei dem fast zwangsläufig Spuren des Täters gesetzt und der Täter auch eigene Spuren davongetragen haben muss. Wie bereits mehrfach erwähnt, fanden sich keinerlei Spuren von der Schwiegertochter am Tatort, weder Haare noch Hautschuppen, ganz zu schweigen von Blut. Hingegen gefunden wurden ein nicht zuordenbarer blutiger Schuhabdruck an der Treppe, der jedoch aufgrund der Schuhgröße nicht der Schwiegertochter gehören konnte, und ein schwarzes Kopfhaar, das man an der Leiche des Schwiegervaters sicherstellte und das ebenfalls nichts mit der Schwiegertochter zu tun haben konnte, denn sie war zum Tatzeitpunkt rothaarig. Auch eine Zigarettenkippe im Hof der Schwiegereltern wurde gefunden, obwohl keiner in der gesamten Familie – also weder die verstorbenen Eheleute noch der Sohn und die Schwiegertochter – diese Marke rauchten. Übrigens verschwanden sowohl das besagte Haar als auch die Zigarettenkippe im Verlaufe des Verfahrens aus der Asservatenkammer, ohne dass dies irgendjemanden von Gericht oder Polizei zu stören schien.

Außerdem hatte die Schwiegertochter bei dem inszenierten Treffen mit der Nachbarin, wo diese als Lockspitzel der Polizei agierte und bei dem sie ihr »bereitwillig« ein falsches Alibi anbot, ausdrücklich abgelehnt.

All das fand keinerlei Beachtung bei der Urteilsfindung, ebenso wie die Tötungsmethode des Killers, die bis heute für gehörige Zweifel an der Schuld der Schwiegertochter sorgt: Ist es nicht etwas zu ungewöhnlich für eine Frau, so brutal zu töten – und dann gleich zwei Menschen auf einmal? Um es vorwegzunehmen: Hinweise auf die Gestalt des Täters ließen sich laut Rechtsmedizin aus den Verletzungsbildern nicht ableiten. Auch war weder eine besondere Kraft erforderlich, um die festgestellten Verletzungen beifügen zu können, noch eine besondere Körpergröße. Und der zu Beginn der Geschichte beschriebene Mythos, dass Frauen fast ausschließlich »weiche« Tötungsmethoden wie etwa Gift oder Medikamente zum Morden verwenden, ist leider falsch. Tatsächlich ist in den meisten Fällen, in denen Frauen töten, das Messer die Waffe der Wahl. Auch in Deutschland greifen Frauen vergleichsweise häufig zum Messer, vor allem, wenn sie ihren Partner umbringen wollen, in einer Hamburger Studie kam man auf 72 Prozent, Gift war nur in 5 Prozent der Fälle im Spiel, etwa Desinfektionsmittel in Orangensaft oder Insulintabletten in Wodka.

Also wäre der Doppelmord, der ja aller Wahrscheinlichkeit mit einem Messer ausgeführt wurde und noch nicht mal eines großen Kraftaufwands bedurfte, doch der Schwiegertochter zuzutrauen? Laut Statistik kaum. Denn der große Unterschied zwischen Täterinnen und Tätern liegt in der Beziehung zum Opfer. Wenn Frauen töten, ist die Tat meist das blutige Finale eines Beziehungsdramas. Und die erwachsenen Opfer von Frauen sind fast ausnahmslos Männer – laut einer schwedischen Untersuchung zu über 80 Prozent. Nicht selten handeln die Täterinnen in einer Art Notwehrsituation. Aber dass eine Frau gleich zwei erwachsene Menschen zeitgleich tötet, kommt quasi niemals vor. Machen Sie den Test und geben Sie mal bei Google »Doppelmord + Täter*in*« ein. Sie werden mit Ausnahme des Doppelmordes von Koblenz nichts finden.

Ein Gericht ist bei der Bildung seiner Überzeugung frei. Die vom Richter gezogenen Schlussfolgerungen müssen dabei nur möglich, nicht aber zwingend sein. Allerdings muss der Richter alle Beweise und Indizien vollständig würdigen und jedes Indiz entsprechend seinem Gewicht mit allen anderen Indizien in eine Gesamtwürdigung einstellen, ehe er zu einem Urteil kommen kann. Ob aber wirklich alle Indizien im vorliegenden Fall vollständig und entsprechend ihrer jeweiligen Überzeugungskraft im Einzelnen nachvollziehbar gewertet wurden und das Gericht mit der Verurteilung der Schwiegertochter zu einer Entscheidung gelangt ist, die am Ende die geforderte objektiv hohe Wahrscheinlichkeit für die Richtigkeit dieses Ergebnisses ergibt – das mögen Sie, liebe Leserin, lieber Leser, bitte selbst entscheiden.

Sollte die Schwiegertochter wirklich die Täterin sein, hätte sie trotz ihrer Verurteilung definitiv einen perfekten Mord begangen: Denn 700 Kilometer in neun Stunden, einschließlich der brutalen Ermordung zweier Menschen, der Entsorgung von Tatkleidung und Tatmitteln, sowie das Verbringen des Autos zur Kfz-Werkstatt zu bewältigen, ohne dabei von irgendjemandem gesehen, beim Tanken aufgenommen oder gar erkannt zu werden, die beiden Menschen auch noch – als Frau – mit unzähligen Messerstichen einschließlich tiefer Schnitte durch den Hals dermaßen brutal zu töten, dass es am Ende wie in einem Schlachthaus aussieht, und dabei nicht eine einzige Spur zu hinterlassen, noch nicht mal eine Hautschuppe, ein Haar oder eine Faserspur, grenzt schon an Supernatürliches. Denken Sie nur an die moderne Kriminaltechnik, die es mittlerweile erlaubt, kleinste DNA-, Faser- oder Materialspuren zu sichern – von Handyauswertung, öffentlicher Kameraüberwachung, polizeilichen Profilern und Vernehmungsprofis ganz zu schweigen ...

Übrigens: Die 10 000 Euro für »sachdienliche Hinweise« im Doppelmord von Koblenz wurden doch noch ausbezahlt; je zur Hälfte an zwei Personen. An wen, wollte die Polizei aus »Datenschutzgründen« nicht sagen – hier schien der Grundsatz »follow the money« nicht mehr zu gelten.

IM TUNNEL DES TODES

»Der Marco, der Marco!!! Kommen Sie schnell!!!«

Eine grelle, aufgeregte Frauenstimme. Dann hört der Disponent der Rettungsleitstelle lautes Schluchzen.

»Ganz ruhig, was ist denn passiert?«
»Hilfe! Hilfe!«
»Ruhig, gaaaanz ruhig!«
»Das Herz!«
»Hat Marco Schmerzen? *Ist er ansprechbar?«*
»Bewusstlos! Er atmet nicht mehr!«
»Wir schicken sofort jemanden los!«
»Ich brauch sofort einen Notarzt!«
»Wo wohnen Sie?«
»Bitte beeilen Sie sich!«
»Ich brauche Ihre Adresse«

Die Anruferin nennt dem Disponenten der Rettungsleitstelle ihre Adresse. Immer wieder bricht ihre Stimme weg, zwischendurch schreit sie. Mehrfach muss der Disponent nachfragen, wo er den Notarzt hinschicken soll. Wieder und wieder wird er durch Weinkrämpfe und unverständliche Wortfetzen unterbrochen ...

»Kaiserstraße.«
»Hausnummer?«
»Ich hab angefangen zu reanimieren!«
»Ok – aber ich brauche die Hausnummer!«
»13. Kommen Sie schnell!«
»Ich lege jetzt auf. Der Notarzt ist unterwegs!«
»Marco, Marco, nein, nein, nein!«

Eigentlich wäre es ein Fall wie viele andere gewesen. Ein Bewusstloser, dessen Herz aufgehört hatte zu schlagen. Das kommt in Deutschland zigtausende Male pro Jahr vor. Allein über 50 000-mal im Jahr wird ein Patient mit Herz-Kreislauf-Stillstand reanimiert. In über sechzig Prozent der Fälle passiert das in den eigenen vier Wänden. Die Ursache sind meist Herzprobleme.

Als der Notarzt gerade einmal sieben Minuten nach Alarmierung bei der Anruferin eintraf, lag Marco mit geöffnetem Hemd am Wohnzimmerboden, über ihm kniend eine völlig aufgelöste Frau, die mit tränenüberströmtem Gesicht verzweifelt die Herzdruckmassage ausübte. Marcos Augen waren geöffnet, sie blickten mit lichtstarren weiten Pupillen ins Nichts. Am Handrücken waren einige Nadelstiche zu erkennen. Die Anruferin hatte offenbar mehrfach versucht, einen venösen Zugang zu legen. Irgendwann hatte sie es wohl aufgegeben, die Nadel lag noch am Boden. Während die Frau immer wieder mit beiden Händen und durchgestreckten Armen Marcos Brustkorb geradezu schulbuchmäßig tief hinunterdrückte, um so dessen Herz zusammenzupressen und Blut in seine Adern zu pumpen, schrie sie immerzu seinen Namen.

Der herbeigerufene Notarzt kannte die Anruferin. Saskia. Er kannte auch den Mann, der dort am Boden lag. Beide waren ehrenamtlich im Rettungsdienst tätig. Mit beiden hatte er schon unzählige Rettungseinsätze zusammen gehabt. Ein kurzer Blick auf Marco verriet dem Notarzt, dass es nicht gut um ihn stand. Saskia berichtete aufgeregt vom schwachen Herzen ihres Marcos. Sofort habe sie ihn von der Couch gezogen und reanimiert, als sie ihn leblos dort liegen sah. Sie sei im Obergeschoss beim Bügeln gewesen. Zuerst habe sie noch gedacht, Marco sei einfach auf der Couch eingeschlafen.

Alles, was sie in ihrer Ausbildung zur Rettungssanitäterin gelernt hatte, hatte sie augenscheinlich umgesetzt. Und sie ließ sich nicht von ihrem lebensrettenden Eifer abbringen. Unbeirrt drückte sie weiter auf Marcos Brustkorb, auch dann noch, als bereits ihre Kollegen vom Rettungsdienst kurz nach dem Notarzt eingetroffen waren und sie ablösen wollten.

Für die Ersthelfer war die Situation nicht einfach: Alle kannten Marco, der unter den Kollegen allseits beliebt war. Und natürlich kannten sie auch Saskia, Marcos Frau. Sie war sehr attraktiv. Eine hübsche, schmale junge Frau, blauäugig und mit blonden Haaren. Unter den Kollegen hatte sie zahlreiche Verehrer. Saskia und Marco hatten sich bei der ehrenamtlichen Arbeit im Rettungsdienst kennen- und lieben gelernt. Nach kurzer Zeit hatten sie geheiratet. Es folgten zwei gemeinsame Kinder. Und nun reanimierte Saskia den gerade einmal vierzigjährigen Marco.

Es war ein Desaster, und es sah nicht gut aus. Marco war sehr blass, wer weiß, wie lange er schon auf der Couch gelegen hatte, ehe Saskia ihn entdeckt hatte. Und der Notruf, das Holen ihres Notfallkoffers aus dem Auto und die vielen Versuche, an Marcos Hand eine geeignete Vene zum Legen der Infusion zu finden, hatten auch einiges an Zeit gekostet. Aber man konnte ihr keinen Vorwurf machen. Sie war offensichtlich mit der Situation völlig überfordert. Den Kollegen wäre es wohl in einer vergleichbaren Situation nicht anders ergangen.

Alle standen unter Strom. Nicht nur, weil sie mehrfach versucht hatten, Marcos Herz mit einem Defibrillator wieder zum Leben zu erwecken. Zu einem wildfremden Patienten zu fahren und dort Erste Hilfe zu leisten stand auf dem einen Blatt. Aber bei Menschen, die man kennt oder die einem gar nahestehen, war das eine völlig andere Sache. Die Nervosität und Anspannung standen allen ins Gesicht geschrieben.

Gut 15 Minuten dauerten die Wiederbelebungsversuche des Rettungsteams, dann endlich ein kleiner Hoffnungsschimmer: Marcos Herz begann wieder zu schlagen. Sofort wurde das nächstgelegene Krankenhaus informiert, die Trage vorbereitet und Marco transportfähig gemacht. Die Rettungskräfte wollten keine Zeit verlieren. Marco musste auf dem schnellsten Wege ins Krankenhaus. Alle wussten: Es stand Spitz auf Knopf.

Vier Tage später war Marco tot. Die Ärzte hatten alles versucht. Doch Marcos Gehirn war offensichtlich zu lange ohne Sauerstoff gewesen. Das Bewusstsein hatte er nie mehr erlangt. Er war bereits bei seiner Einlieferung ins Krankenhaus hirntot gewesen. Es war ein Drama für alle Rettungsdienstkollegen, aber vor allem für Saskia und für die gemeinsamen Kinder.

So recht erklären konnte sich Marcos Tod keiner. Er war doch noch so jung. Und er war sportlich. Mehrfach die Woche ging er joggen. Über Herzprobleme hatte er – zumindest Freunden und Kollegen gegenüber – nie geklagt. Für die Ärzte war die Todesursache hingegen klar. Immerhin hatte Marco laut Saskia schon seit Längerem Herzbeschwerden. Immer wieder habe sie auf ihn eingeredet, er solle wegen seines Bluthochdrucks und einer »verschleppten Grippe« zum Arzt gehen. Doch Marco habe Angst vor der Diagnose gehabt und sich geweigert. Marco war viel zu früh aus dem Leben gerissen worden, offensichtlich durch einen tödlichen Herzinfarkt. Die Ärzte stellten den Totenschein aus. Todesursache: natürlich.

Marcos trauriges Ableben wäre an dieser Stelle eigentlich zu Ende erzählt. Die ungläubigen Bekundungen aus Marcos Freundes- und Bekanntenkreis fanden kein Gehör. Obwohl sie allesamt darauf beharrten, dass das mit dem Herzinfarkt nicht sein könne, schließlich sei Marco »pumperlgsund« gewesen. Keiner hatte von irgendwelchen Herzproblemen gewusst. Er war sportlich, passte auf seine Ernährung auf, achtete auf seine Gesundheit.

Doch die Ärzte blieben bei ihrer Diagnose. Immerhin ist ein plötzlicher Herztod leider keine Seltenheit. Jährlich sterben mindestens 66 000 Menschen am plötzlichen Herztod, das sind etwa 20 Prozent aller Herz-Kreislauf-

Toten. Männer trifft es sogar dreimal häufiger als Frauen. Dabei verstirbt die große Mehrzahl der vom plötzlichen Herztod Betroffenen ohne klar erkennbare Warnhinweise – also auch ohne dass Vorerkrankungen des Herzens bekannt sind. Scheinbar ohne Anlass hört das Herz auf zu schlagen. Und fast ein Drittel der Todesfälle ereignet sich im Alter von unter 65 Jahren. Mediziner können dem plötzlichen Herztod nur bedingt vorbeugen, weil sie oft schlicht und ergreifend nicht wissen, wen es trifft.

Marcos Freunde überzeugte all das nicht. Sie gingen zur Polizei, die meisten allerdings anonym. Irgendwie war das unangenehm, denn auch Saskia war ja ihre Kollegin im Rettungsdienst.

Tatsächlich fackelte die Polizei nicht lange – und das, obwohl die Ärzte auch der Polizei gegenüber versicherten, dass Marco eines natürlichen Todes gestorben war. Vermutlich nahm die Polizei die Bedenken so ernst, weil sich gleich mehrere Personen gemeldet und Zweifel an Marcos Tod geäußert hatten – zumal alle medizinisch geschult waren. Marcos Leiche wurde beschlagnahmt und obduziert.

Doch das brachte keine Wendung in dem Fall, ganz im Gegenteil: Die Rechtsmediziner hatten – vorbehaltlich der toxikologischen Untersuchung – nichts Auffälliges entdeckt. Sowohl Todesursache als auch Todesumstände waren völlig plausibel. Die Rechtsmediziner gaben Marcos behandelnden Ärzten im Krankenhaus recht. Gegen die Bestattung von Marcos Leiche bestanden keine weiteren Einwände.

Marcos Beerdigung glich einem Staatsbegräbnis: Rotes Kreuz, Wasserwacht, freiwillige Feuerwehr, alle waren sie in ihren Uniformen gekommen. Die Fahnen der jeweiligen

Organisationen wehten, die Kollegen hielten bewegende Trauerreden auf Marco. Er schien sehr beliebt gewesen zu sein. Man hatte ihn geschätzt, als eingefleischten Sanitäter, aber auch als Menschen mit einer stets heiteren, besonnenen und liebevollen Art. Am Ende waren an die 150 Trauergäste auf dem kleinen Friedhof, auf dem Marco seine letzte Ruhe finden sollte.

»*Wenn Liebe einen Weg zum Himmel fände und Erinnerungen Stufen wären, dann würden wir hinaufsteigen und dich zurückholen*«, hatte Saskia als Trauerspruch auf die visitenkartengroßen Trauerkärtchen drucken lassen. Den ganzen Gottesdienst über hatte sie geschluchzt und geweint, bei der Beisetzung selbst war sie mehrfach zusammengebrochen. Alle fühlten mit ihr. Es war sicher nicht einfach für sie. Den geliebten Ehemann zu verlieren war eine Sache. Aber als verwitwete Frau mit zwei kleinen Kindern, einem großen Haus und ohne finanzielle Unterstützung auf sich alleingestellt zu sein, war schon noch mal etwas anderes. Und doch: Es war ein Schicksalsschlag, wie er leider viele Menschen tagtäglich ereilt. Saskia musste da irgendwie durch.

Immerhin kümmerte sich Matze, ein Rettungsdienstkollege von Saskia und Marco, rührend um sie. Am Friedhof hatte er sie buchstäblich aufgefangen, als sie zusammengebrochen war, und sie immer wieder liebevoll in den Arm genommen. Und auch in der schweren Zeit danach konnte sie sich stets an seiner starken Schulter ausweinen und auf seine Hilfe zählen.

Schon im Vorfeld hatte Matze Saskia bei den Vorbereitungen zur Beerdigung geholfen, sich liebevoll der Kinder angenommen, Einkäufe erledigt und Saskia bei Behördengängen begleitet. Er war rund um die Uhr für sie da gewesen. Der etwas abgedroschene Spruch »Glück im Unglück« hätte nicht besser passen können. Mit Marcos erloschenem Stern war durch Matze ein neuer aufgegangen. Aus selbstloser Hilfe wurde Freundschaft, aus Freundschaft wurde Liebe, und aus Liebe wurde eine Beziehung. Saskia verliebte sich in Matze und Matze in Saskia. Wobei man in Rettungsdienstkreisen freilich schon immer gewusst hatte, dass Matze Saskia heimlich von Herzen liebte, lange bevor Marco unerwartet verstorben war.

Ich erfuhr erst zwei Jahre später von Marcos traurigem Schicksal. Ein neuer Klient war zu mir in die Kanzlei gekommen. Ein Strafgericht hatte ihn erstinstanzlich zu einer hohen Geldstrafe wegen gefährlicher Körperverletzung verurteilt. Christian, so hieß der Verurteilte, wollte die Entscheidung des Gerichts nicht akzeptieren. Er hatte um einen Termin mit mir gebeten, um die Erfolgsaussichten einer möglichen Berufung gegen das erstinstanzliche Urteil zu prüfen. Immerhin ging es nicht nur um viel Geld, das er laut Urteil als Strafe zahlen sollte, es ging auch um sein Führungszeugnis und letztlich auch um seinen guten Leumund als Rettungssanitäter. Denn er hatte seinen Job im Rettungsdienst verloren. Das Rote Kreuz hatte ihm unmittelbar nach Aufkommen der Vorwürfe fristlos gekündigt. Dabei war sich Christian keiner Schuld bewusst. Schließlich war doch alles freiwillig und einvernehmlich passiert.

Alles hatte mit diesem Kinofilm angefangen. Fünf Medizinstudenten treffen sich zu einem Experiment: Sie wollen dem Tod so nah wie möglich kommen und erfahren, wie es ist, klinisch tot zu sein. Stimmen die Erzählungen vom berühmten Tunnel und dem Licht an seinem Ende? Durchlebt man binnen tausendstel Sekunden wirklich noch einmal sein ganzes Leben? Trifft man bereits verstorbene Freunde und Verwandte wieder?

Christian, sechs weitere Rettungssanitäter und eine befreundete Krankenschwester hatten sich zusammengetan und wollten es den Protagonisten im Film gleichtun. Zu den notwendigen Medikamenten, die einen in den klinischen Tod versetzen, hatten sie berufsbedingt Zugang. In jedem Krankenhaus, aber auch in jedem Rettungswagen finden sich Narkotika, die das Bewusstsein, die Atmung und letztlich auch den Herzschlag aussetzen. Wenige Sekunden nach dem Verabreichen der entsprechenden Medikamente steht der Kreislauf still. Werden dann nicht umgehend Wiederbelebungsmaßnahmen eingeleitet, führt das binnen weniger Minuten unweigerlich zum Tod.

Christian war, wenn man so will, der Initiator dieses waghalsigen Experimentes gewesen und hatte sich auch als Erster freiwillig zur Verfügung gestellt. Die acht Freunde hatten alles wie im Lehrbuch vorbereitet. Sie trafen sich in einem ausrangierten Rettungswagen, der unter der Woche für Auszubildende und bei Fortbildungsveranstaltungen zu Übungszwecken diente und mit allen notwendigen Apparaturen wie EKG, Defibrillator, Beatmungsmaschine und so weiter ausgestattet war. Dann ging es los. Sie spritzten dem »Patienten« ein starkes Beruhigungsmittel, durch das er binnen Sekunden in einen tiefen Schlaf fiel. Dann folgte das Narkosemittel, das zur Aussetzung der Atmung führt. Wenige Sekunden später ein weiteres Medikament, dann folgte der Herzstillstand.

Beim ersten Versuch, in welchem Christian der »Patient« war, warteten die anderen sieben etwa 30 Sekunden, nachdem Christians Herz zu schlagen aufgehört hatte, um ihm genug Zeit für seine Nahtoderfahrung zu lassen. Dann begannen sie mit der Beatmung und der Herzdruckmassage. Nach wenigen Sekunden schlug Christians Herz, und er atmete wieder. Nach etwa einer Viertelstunde der Erholung und des Zusichkommens konnte sich Christian dann auch zeitlich und örtlich orientieren. Mit Spannung erwarteten die Umstehenden seinen Bericht.

Und tatsächlich, Christian erzählte ihnen von einem langen schwarzen Korridor, in dem er sich während der Zeit seiner Bewusstlosigkeit befunden und der kilometerlang gewirkt hätte. Am Ende habe er ein flackerndes, weißes Licht gesehen und einen Schatten mit ausgestreckten Armen ...

Über die nächsten Wochen und Monate wiederholten Christian und seine Freunde ihr Eigenexperiment und weiteten es sogar noch aus. Wenn sie schon einen Menschen ohne jegliche Vitalfunktion vor sich liegen hatten, konnten sie sich auch noch etwas fortbilden und weitere invasive Maßnahmen üben, dachten die Freunde. Neben Herzdruckmassage und Beatmung übten sie Intubation (das Einführen eines Schlauches in die Luftröhre), das Legen intraossärer Zugänge (Einbringen von Nadeln bis in die Knochenmarkshöhle) und andere Notfallmaßnahmen. Auch die Zeiten, in denen das Herz des jeweils Betroffenen stillstand, verlängerten sie mit zunehmender »Übung«, um möglichst eindrucksvolle und lang anhaltende Nahtoderfahrungen zu sammeln. Sie nahmen ihre Experimente sogar auf Video auf, sodass der jeweils Betroffene im Nachgang sehen konnte, wie er im (klinisch) toten Zustand aussah.

Doch so gefährlich dieses Spiel mit dem Tod aus medizinischer Sicht auch war, passiert ist in der ganzen Zeit nichts. Alle acht sind immer wieder zu sich gekommen, und keiner hat irgendwelche bleibenden Schäden zu beklagen. Die einzigen Nachteile, die sie alle hatten, waren ihre strafgerichtliche Verurteilung und die beruflichen Konsequenzen. Denn die Staatsanwaltschaft fand das Experiment der acht Freunde gar nicht lustig. Bei Christian, dem Ideengeber, war die Staatsanwaltschaft sogar besonders hart.

Dabei ist das, was Christian und seine Freunde getan haben, juristisch nicht unumstritten. Schließlich haben sie es alle freiwillig gemacht, und es ist ja noch nicht einmal etwas passiert. Für die Staatsanwaltschaft war es gefährliche Körperverletzung, wenngleich man sich schon fragen darf, worin die *gefährliche* Körperverletzung bestehen soll, wenn doch am Ende alle Beteiligten nach ihrer kurzen Nahtoderfahrung jeweils völlig unversehrt waren und darüber hinaus auch noch eingewilligt hatten.

Nun, über die Körperverletzung ist – zumindest juristisch – nicht groß zu streiten. Juristen definieren diese nämlich als jeden Eingriff in die körperliche Unversehrtheit einer Person. Konsequenterweise ist damit auch jeder Nadelstich mit einer Spritze eine Verletzung des Körpers und damit eine Straftat. Daran ändert sich auch nichts, wenn der Eingriff von einem Arzt oder medizinischem Fachpersonal durchgeführt wird. Auch jede medizinische Behandlung zu Heilzwecken ist eine Körperverletzung, allerdings ist sie gerechtfertigt – und dann nicht strafbar –, wenn in sie eingewilligt wird oder ein medizinischer Notfall vorliegt.

Dass in Christians Fall kein medizinischer Notfall vorlag, der eine Heilbehandlung oder einen dringend notwendigen medizinischen Eingriff rechtfertigte, stand außer Frage. Die acht Freunde waren völlig gesund gewesen. Allerdings hatten sie allesamt ausdrücklich in das Experiment eingewilligt. Sie wollten es. Und wer in etwas einwilligt, darf sich wohl kaum im Nachhinein beschweren, sofern alles genau so erfolgt ist, wie im Vorfeld besprochen. Das ist im Übrigen auch der Grund dafür, dass man vor Operationen seitenweise Kleingedrucktes lesen und unterschreiben muss.

Doch auch wenn die acht Freunde keinen ärztlichen Aufklärungs- und Einwilligungsbogen ausgefüllt hatten, wussten sie ja genau, was auf sie zukommen würde. Aber das war nicht das Problem. Die Staatsanwaltschaft störte etwas ganz anderes.

Der deutsche Gesetzgeber erlaubt nämlich keine grenzenlose Einwilligung. So kann man zum Beispiel nicht in die Verletzung anderer einwilligen, und auch nicht in die Verletzung von Rechtsgütern der Allgemeinheit, also zum Beispiel auf dem eigenen Grundstück einfach krebserregenden Asbest entsorgen, der ja dann auch andere gefährdet.

In Deutschland gibt es aber auch für Rechte, die einem ganz alleine zustehen, Grenzen, bei denen man nicht über sich selbst bestimmen darf. Das klassische Beispiel ist das eigene Leben. Zwar ist Suizid nicht strafbar (in manchen Ländern ist er das übrigens!), aber in Deutschland darf kein Arzt jemanden auf Verlangen töten. Das wäre aktive Sterbehilfe und würde den Arzt ins Gefängnis bringen, obwohl der Patient es wollte. Der deutsche Staat verbietet also die Möglichkeit, in die Tötung durch einen anderen einzuwilligen, anders zum Beispiel in der Schweiz, wo das unter bestimmten Voraussetzungen erlaubt ist.

Auch bei der Einwilligung in eine Körperverletzung sieht der Gesetzgeber Einschränkungen vor, und zwar dann, wenn die Körperverletzung gegen die »guten Sitten« verstößt. Was jedoch unter einem Sittenverstoß zu verstehen ist, ist meines Erachtens ziemlich abenteuerlich: Schon die Definition der »guten Sitten« als »Anstandsgefühl aller billig und gerecht Denkenden« mutet recht aberwitzig, jedenfalls alles andere als zeitgemäß an. Wohl deshalb hat sich mittlerweile eine ganze Litanei an Rechtsprechung zu der Frage entwickelt, welche Körperverletzung sittenwidrig und welche einwilligungsfähig sein soll.

Beispielsweise ist die Einwilligung in die Amputation von Körperteilen, die jemand aufgrund einer sogenannten Körperintegritäts-Identitätsstörung als fremd empfindet, erlaubt – mit der Begründung, dass diejenigen, denen auf ihr Verlangen das Körperteil abgenommen wurde, den Verlust auch nachträglich nicht als Leid, sondern als Erleichterung empfinden. Denn nach Ansicht der Rechtsprechung soll die Sittenwidrigkeit einer Einwilligung danach bestimmt werden, welche Vorteile den Nachteilen der Körperverletzung gegenüberstehen. Auch die absichtlich gewollte Aidsinfektion durch einverständlichen Geschlechtsverkehr – ja, das gibt es – soll nicht sittenwidrig sein.

Warum jedoch eine absichtlich herbeigeführte Aidsinfektion Vorteile hat, die die Einwilligung erlauben, eine Nahtoderfahrung, die ohne jegliche Aus- und Nebenwirkungen geblieben ist, hingegen nicht – das erschließt sich mir offen gestanden nicht.

Wer zum Mount Everest aufsteigt, tut das mit dem Risiko, dabei umzukommen, denn jeder dritte stirbt bei dem Versuch, den Gipfel zu erreichen. Wegen Körperverletzung ist aber noch kein Expeditionsveranstalter angeklagt worden. Gleiches gilt für Extremsportarten wie Käfigkampf, Freeclimbing oder Fußball. Ja, Sie lesen richtig. Die meisten Sporttoten hat ausgerechnet der Fußball zu beklagen, wenn auch nicht aufgrund fieser Fouls, sondern durch Herzversagen. Auch in schwere Kopfverletzungen beim Boxen lässt sich problemlos einwilligen.

Zusammengefasst kann man also sagen: Will man in eine Körperverletzung einwilligen, hängt die Erlaubnis von der gesellschaftlichen Anschauung ab. Ist die Körperverletzung gesellschaftsfähig, ist es erlaubt, in sie einzuwilligen, ansonsten nicht.

Christian hatte schlechte Karten. Der Richter hatte Nahtoderfahrungen nicht als gesellschaftsfähig anerkannt und damit als sittenwidrig eingestuft. Der Richter in der nächsten Instanz würde wohl dasselbe tun. Ich riet ihm von einer Berufung ab.

Was das alles mit Marco zu tun hat? Vielleicht haben Sie sich gefragt, warum die Staatsanwaltschaft überhaupt gegen Christian und seine Nahtodfreunde ermittelt hatte, schließlich war bei den illustren Experimenten nie etwas passiert.

Nun, Christian kannte nicht nur Marco und Saskia, seine Rettungsdienst-Kollegen. Christian kannte auch Matze, Saskias neuen Lebensgefährten. Er kannte ihn sogar sehr gut, denn Matze war lange Jahre Christians Schichtpartner im Rettungsdienst gewesen, ehe Matze sich einen Bürojob gesucht hatte.

Christian hatte ein ungutes Gefühl beschlichen, als er von Marcos plötzlichem Tod erfahren hatte. Nicht nur, dass auch er angesichts Marcos körperlicher Fitness erstaunt über dessen plötzlichen Herztod war, da war noch etwas anderes, das Christian Sorgen bereitete und ihm das Adrenalin in den Körper schießen ließ. Zwei Tage vor Marcos Tod hatte Christian Matze dieselben Medikamente aus dem Rettungsdienstlager mitgegeben, die er seinerzeit auch für die Nahtodexperimente genutzt hatte.

Christian hatte sich nichts weiter dabei gedacht, war es doch unter den Rettungsdienstlern üblich, dass jeder einen privaten Notfallkoffer besaß. Der war abgesehen von Beatmungsbeutel, Absaugpumpe, Intubationsbesteck und Infusionen auch mit entsprechenden Notfallmedikamenten bestückt, um im Fall eines Notfalls außerhalb des Dienstes adäquat helfen zu können. Ganz legal war das nicht, denn das alles waren rezeptpflichtige Medikamente, und diese einfach vom Roten Kreuz »mitzunehmen« war natürlich auch nicht okay. Aber im Ergebnis hatten das alle bis dato toleriert oder zumindest die Augen zugedrückt.

Als Christian erfahren hatte, dass Saskia am Tag von Marcos plötzlichem Zusammenbruch versucht haben soll, ihm eine Infusion zu legen, und da er von Matze auch wusste, dass dieser mit Saskia und Marco regen Umgang pflegte, schwante ihm Böses. War etwa ein privates Nahtodexperiment mit Saskia, Matze und Marco schrecklich schiefgegangen?

Die Verabreichung der Infusion hätte in einer tatsächlichen Wiederbelebungssituation nämlich überhaupt keinen Sinn gemacht. Es wäre nur wertvolle Zeit für die Herzdruckmassage verloren gegangen. Die Infusion ist eine sekundäre Maßnahme. In einer solch prekären Situation, in der es zuallererst um die Aufrechterhaltung von Blutzirkulation und Sauerstoffversorgung geht, macht sie herzlich wenig Sinn. Und das musste Saskia als erfahrene Rettungssanitäterin auch gewusst haben.

Umgekehrt hatten Christian und seine Freunde ihre Nahtodexperimente immer mit dem Anlegen einer Infusion begonnen, um so überhaupt erst die Schlaf- und Narkosemittel dosiert in die Venen verabreichen zu können. Doch das für Christian Entscheidendste war Matzes Anruf nur wenige Stunden vor Marcos Kreislaufstillstand. Er hatte Christian gefragt, ob die ihm überlassenen Medikamente dazu ausreichen würden, einen Atemstillstand auszulösen ...

Ganze zwei Tage haderte Christian mit sich selbst, ehe er zur Polizei ging. Er mochte Matze, aber mehr noch mochte er Marco. Wenn Matze oder Saskia oder beide gemeinsam hier Mist gebaut hatten, dann mussten sie dafür auch geradestehen – selbst wenn das für Christian bedeutete, der Polizei auch von seinen eigenen Nahtodexperimenten erzählen zu müssen ...

Was Christian mit seiner Aussage losgetreten hatte, hätte sich keiner vorstellen können. Zunächst sah weiterhin alles danach aus, als sei Marco tragischerweise an einem plötzlichen Herzinfarkt verstorben. Mittlerweile waren die toxikologischen Befunde aus der Rechtsmedizin bei der Polizei eingetroffen, alle unauffällig. Keine Spur von irgendwelchen körperfremden oder gar todbringenden Substanzen, noch nicht einmal Alkohol war in Marcos Blut gefunden worden, ganz zu schweigen von Schlaf- oder Narkosemitteln. Christian schien sich völlig umsonst ans Messer geliefert zu haben.

Allerdings war bei Marcos Obduktion ein entscheidendes Detail übersehen worden: Marco hatte noch ganze vier Tage nach seinem plötzlichen Kreislaufstillstand auf der Intensivstation gelegen, ehe man die Geräte abgeschaltet hatte. Das bedeutete aber auch, dass sein Körper vier Tage lang Zeit hatte, etwaige verabreichte Medikamente wieder abzubauen. Und gerade Schlaf- und Narkosemittel werden sehr schnell vom Körper abgebaut, rückstandslos. Ein Nachweis wäre nach vier Tagen nicht mehr möglich gewesen. Hatte Christian mit seiner dunklen Vorahnung also vielleicht doch richtiggelegen?

Es war reiner Zufall, dass das Krankenhaus noch Blutproben aufbewahrt hatte, die Marco unmittelbar nach seinem Eintreffen in der Klinik abgenommen worden waren – eigentlich zur Untersuchung auf Entzündungen, die seinen plötzlichen Kreislaufstillstand erklären konnten. Wäre die Polizei nur einen Tag später angerückt, wären die Blutproben bereits turnusgemäß vernichtet gewesen.

Viel Blut war allerdings nicht mehr übrig. Die Polizei musste alles auf eine Karte setzen. Denn bei Blutanalysen kann man immer nur gezielt nach einzelnen Stoffen suchen. Wollte man alle Stoffe analysieren, bräuchte man Tausende Liter Blut und unbegrenzt Zeit und Geld. Doch in Marcos Fall schien Christian der Polizei den richtigen Tipp gegeben zu haben: In Marcos Blut fand sich exakt der tödliche Medikamentencocktail aus Schlaf- und Narkosemittel, den Christian Matze zwei Tage vor Marcos Kreislaufkollaps übergeben hatte.

Die Polizei entschied sich, Matze einen Besuch abzustatten ...

Schon beim Händeschütteln bemerkten die Ermittler, dass Matze hochgradig nervös war. Er mied Blickkontakt, zitterte und selbst bei einfachen Fragen antwortete er nur zögerlich und stotternd. Und als die Polizisten ihn gezielt zu den Medikamenten befragten, die ihm Christian gegeben hatte, verlor sich Matze in äußerst abenteuerlichen Geschichten. Denn in seinem privaten Notfallkoffer lagen die Medikamente nicht mehr. Dass er sie bei einem Notfall in den letzten zwei Tagen gebraucht hatte, war schon deshalb ausgeschlossen, weil der Rest seines Notfallkoffers völlig unangetastet war. Er konnte auch schlicht nicht erklären, wann genau, wo und bei wem sich dieser angebliche Notfall ereignet hatte – und warum er ausgerechnet eine Narkose hatte einleiten müssen. Schließlich ist das eine rein ärztliche Maßnahme und noch dazu eine, die man niemals allein durchführt.

Auch weitere Erklärungsversuche von Seiten Matzes, was mit den tödlichen Medikamenten passiert war, überzeugten nicht. Als er schließlich behauptete, sich mit den Medikamenten das Leben habe nehmen zu wollen, verstrickte sich Matze zunehmend in Widersprüche. Er tischte den Ermittlern verschiedene Versionen auf, von denen sie ihm auf den Kopf zusagten, dass sie sie für unglaubhaft hielten. Dann erzählten die Polizisten ihm von dem bisherigen Ermittlungsergebnis und den Medikamentenresten, die man in Marcos Blut gefunden hatte, und fragten Matze ganz direkt, wo er war, als Marco den Kreislaufzusammenbruch erlitt.

Spätestens jetzt stand Matze mit dem Rücken zur Wand. Für die Ermittler war klar: Matze hatte etwas mit Marcos Tod zu tun. Dass es aber noch in der Nacht seiner Vernehmung zu einer derart krassen Wendung in dem Fall kommen würde, damit rechnete keiner, auch nicht die Ermittler. Es dauerte noch drei lange Zigarettenpausen, ehe Matze sich auf seinen Stuhl fallen ließ, die Hände in den Kopf legte und mit gesenktem Blick sagte: »Es war von langer Hand geplant.«

Sichtlich erschüttert begann Matze mit seiner Beichte, und eine schier erdrückende Last schien von ihm abzufallen. Er habe sich schon so lange eine Familie gewünscht, und Saskia und die Kinder seien seine Familie gewesen. Er habe Saskia im Rettungsdienst kennengelernt und sei sofort »schockverliebt« gewesen. Klar wusste er, dass sie mit Marco verheiratet war, er wusste aber auch, dass es Saskia mit der Treue nicht immer so ganz genau genommen hatte. Von einem anderen Arbeitskollegen hatte er erfahren, dass er auch schon mal was mit Saskia gehabt hatte, das sei so weit gegangen, dass Marco an einem Heiligabend in seinem Büro hatte schlafen müssen, weil Saskia lieber mit ihrer Affäre hatte Weihnachten feiern wollen. Von da an, sei die Ehe ohnehin nur noch eine Farce gewesen. Saskias Liebhaber hätten sich die Klinke regelrecht in die Hand gegeben. Und während sie sich mit ihnen vergnügte, habe Marco sein Haus entweder erst gar nicht betreten dürfen oder im Keller ausharren müssen, bis sie fertig waren.

Irgendwann hätte Saskia dann auch Matze schöne Augen gemacht. Es habe sofort bei ihm gefunkt. Zuerst sei es eine lockere Affäre gewesen, sie hätten hin und wieder mal Sex in der Rettungswache bei gemeinsamen Nachtschichten gehabt. Aber über die Zeit sei daraus mehr geworden. Marco habe von alledem gewusst, und eigentlich habe Matze sich ja auch mit Marco immer gut verstanden. Immerhin hatte Matze dann auch einige Monate zusammen mit Saskia und Matze in ihrem Haus gewohnt, zur Untermiete im dritten Stock. Und eines Tages hätte ihm Saskia dann erzählt, dass die kleine Tochter in Wirklichkeit gar nicht von Marco sei, sondern von ihm. Ab diesem Zeitpunkt sei er von Saskia nicht mehr losgekommen, obwohl sie auch ihn irgendwann mit anderen Männern betrogen hätte. Es war noch nicht lange her, da sei Saskia mit einem anderen Mann in den Urlaub gefahren. Kurz darauf habe sie Matze jedoch wieder Hoffnungen gemacht. Bei einem Sexdate mit ihm hätte sie angedeutet, wieder in Richtung einer gemeinsamen Zukunft gehen zu wollen, jedoch nur unter einer Bedingung: Das »Problem Marco« müsse erst noch »gelöst werden«. Matze sei in der Pflicht, endlich etwas gegen Marco zu »unternehmen«. Immerhin würde Marco Saskia regelmäßig vergewaltigen, beide Kinder schlagen – damit auch Matzes Tochter –, und er sei oft aggressiv und betrunken. Matze müsse seine kleine Familie nun endlich beschützen.

In den letzten Monaten habe Saskia dann immer mehr Druck aufgebaut. Matze sei ein Feigling, wenn er nicht helfe, Marco endlich »aus dem Weg zu räumen«. Die Kinder könne er sich dann auch abschminken. Seine kleine Tochter würde er nie wiedersehen.» *Du hast alle Mittel in der Hand. Tu was!*«

Er sei ihr hörig gewesen. Und sosehr er Marco eigentlich mochte und nie selbst irgendwelche Alkoholexzesse oder gar Gewalttätigkeiten mitbekommen hatte, er glaubte Saskia. Als sie vor ein paar Tagen wieder einmal behauptet hätte, um ihr Leben und das der Kinder zu fürchten, und gedroht habe, Matze zu verlassen, wenn er sich nicht an Marcos Tötung beteiligen würde, habe er sich schließlich zur Mitwirkung bereit erklärt, allerdings nur unter der Bedingung, dass Marco dabei schlafen müsse. Er hätte sich dann mit Saskia zusammengesetzt und mit ihr gemeinsam darüber nachgedacht, wie man Marco am besten umbringen könnte. Da sei Matze die Sache mit den Nahtodexperimenten eingefallen. Christian habe ihm davon erzählt, und Matze kannte auch den Kinofilm. Würden sie nach Verabreichung der Narkotika keine medizinische Hilfe leisten, wäre der Tod nur eine Sache von Minuten. Dass selbst ein Vierzigjähriger an einem plötzlichen Herztod versterben kann, hatten Matze und Saskia schon zigfach während ihrer eigenen Zeit im Rettungsdienst erlebt. Keiner hatte je Fragen gestellt, erst recht nicht, wenn die Angehörigen angaben, dass der Patient schon länger mit Herzproblemen zu kämpfen hatte. Die meisten Notärzte stellten den Totenschein sogar noch an Ort und Stelle aus, ohne auch nur einen Blick in die Krankenakte zu werfen, geschweige denn mit dem Hausarzt zu telefonieren.

Je länger Saskia und Matze über die Sache mit den Narkosemitteln nachgedacht hätten, desto weiter sei ihr Plan gereift. Sie würden Marco die Narkotika spritzen und nach Atem- und Herzstillstand warten, bis der Tod eintrat. Die Faustregel kannten sie: Spätestens nach zehn Minuten beginnt das Gehirn mangels Sauerstoffs abzusterben, langsam, aber sicher tritt der Hirntod ein. Matze und Saskia hätten sich vorgenommen, »sicherheitshalber« gute 15 Minuten zu warten, ehe sie mit den »Reanimationsmaßnahmen« beginnen würden – die aber zu diesem Zeitpunkt ohnehin schon viel zu spät wären – und dann den Notarzt zu verständigen. Dieser würde nur noch den Tod feststellen, vermutlich gleich vor Ort den Totenschein ausstellen und einen natürlichen Tod bescheinigen. Noch am selben Abend würden sie den Bestatter rufen, ein paar Tage später wäre Marco unter der Erde.

Die mörderischen Überlegungen waren laut Matze sogar so weit gegangen, dass sie anhand des Dienstplans wissen würden, welcher Notarzt bei einer Alarmierung kommen würde. Sie wählten für Marcos Ermordung einen Tag, an dem ein Arzt Dienst hatte, von dem sie aus eigener Erfahrung wussten, dass er es mit der Leichenschau nicht so genau nahm. Die meisten Notärzte in ihrem Landkreis waren da ohnehin eher bequem. Wer nach dem Rettungseinsatz auch die Leichenschau machte, bekam zum Notarzteinsatz 160 Euro drauf. Ein schöner Nebenverdienst dafür, dass die meisten lediglich ein Formblatt ausfüllten, ohne die Leiche wie vorgeschrieben eingehend zu untersuchen.

Matze und Saskia wussten, dass die schlecht bis gar nicht durchgeführte Leichenschau eine Schwachstelle des Gesundheitswesens war. Oft genug hatten sie im Rahmen rechtsmedizinischer Fortbildungen gehört, dass allenfalls die Leichenschau das Einfallstor zu Ermittlungen sei. Ob ermittelt wird oder nicht, entscheidet sich oft anhand eines Kreuzes auf dem Totenschein. Kreuzt der Arzt »natürliche Todesursache« an, kann ein Leichnam umgehend bestattet werden, die Polizei erfährt von dem Tod noch nicht einmal …

Die Ermittler waren sprachlos. Damit hatte niemand gerechnet.

Saskia und Matze hatten eigentlich den perfekten Mord geplant. Hätte Christian den Ermittlern nichts von den Medikamenten und den Nahtodexperimenten erzählt, hätten sie nie von Marcos tragischem Fall erfahren, da waren sie sich sicher. Wie viele solcher Morde hatte es in der Vergangenheit schon gegeben, wenn das so einfach war? Die Ermittler wollten gar nicht weiter darüber nachdenken und ließen Matze mit seinem Geständnis fortfahren:

Das eigentliche Problem, so Matze, sei die Frage gewesen, wie sie Marco dazu brächten, sich die Medikamente spritzen zu lassen. Nach längerem Überlegen sei Saskia mit einem simplen Plan um die Ecke gekommen: Sie würde Marco ein starkes Schlafmittel ins Getränk mischen. Danach würde er sich hinlegen, und dann könnten sie ihm unproblematisch die Narkotika über einen intravenösen Zugang spritzen. Die Ampullen würden sie selbstverständlich verschwinden lassen, bevor der Rettungsdienst käme. Ein paar Alibinadelstiche könnten von dem intravenösen Zugang ablenken. Und sie würden behaupten, versucht zu haben, einen venösen Zugang für eine Infusion zu legen, der aber in der Aufregung oder aufgrund der schlechten Venen des Patienten gescheitert sei.

Die entsprechenden Narkotika zu besorgen, würde als Sanitäter im Rettungsdienst nicht weiter schwer werden. Matze hatte schon im Vorfeld oft Medikamente über Kollegen des Roten Kreuzes besorgt, um seinen privaten Notfallkoffer aufzufüllen. Das hatten ja viele andere Kollegen auch so gemacht. Die starken Schlaftabletten habe sich Saskia von ihrer besten Freundin besorgt, die Krankenschwester war. Saskia musste ihr nur sagen, dass sie mal wieder richtig durchschlafen wolle.

An dem Tag, an dem es dann passieren sollte, habe Saskia zwei Milchshakes vorbereitet. Einen für Marcos Sohn – ohne Schlafmittel – und einen Milchshake für Marco, versetzt mit einer Überdosis »Stilnox«, einem hochwirksamen Schlafmittel. Während *Deutschland sucht den Superstar* im Fernsehen lief, habe Saskia Marco zu einer Art Wetttrinken mit den Kindern angestachelt. Es habe nicht lang gedauert, bis das Beruhigungsmittel seine Wirkung zeigte. Nachdem Saskia und Marco die Kinder ins Bett gebracht hätten, sei Marco zusehends müder geworden und habe sich dann von Saskia überreden lassen, dass sie ihm zur Stärkung seines Kreislaufes eine Infusion legt. Anschließend sei Marco auf der Wohnzimmercouch eingeschlafen. Auf Saskias Zeichen habe Matze dann die Doppelhaushälfte mit seinem Notfallkoffer betreten, in dem sich unter anderem eine Venenkanüle, eine Kochsalzinfusion und drei Spritzen nebst den todbringenden Medikamenten befanden. Er sei es auch gewesen, der Marco die todbringenden Narkotika injiziert habe – allerdings direkt in die Infusion, weil er es nicht fertiggebracht habe, Marco dabei zu berühren.

Dann hätten Matze und Saskia gemeinsam abgewartet. Marcos Atmung sei schnell flacher und flacher geworden. Nach etwa zwei Minuten hätte er aufgehört zu atmen, zwei weitere Minuten später bereits keinen Puls mehr gehabt. Irgendwann sei, ähnlich wie bei der Tötung auf dem elektrischen Stuhl, unkontrolliert Urin und Kot abgegangen, da hätten sie Marco gemeinsam von der Couch auf den Boden gezogen. Saskia an den Beinen, Matze an den Armen.

Sodann hätten sie damit begonnen, die Tatspuren zu beseitigen. Während Saskia, wie geplant, den Venenkatheter aus Marcos Handrücken gezogen und ihm noch ein paar weitere »Alibi-Piekser« verpasst habe, habe Matze die Infusion und die Medikamentenverpackungen in einen mitgebrachten Müllbeutel gepackt. Danach habe er zusammen mit seinem Notfallkoffer und dem Müllsack das Haus wieder verlassen, die Tatutensilien entsorgt und sei in seine Wohnung gefahren. Dort angekommen habe er sich unter die Dusche gestellt, weil er sich schmutzig gefühlt habe. Saskia habe unterdessen den Notarzt verständigt. Der Rest ist bekannt ...

Matzes Motiv erschien den Polizisten klar. Er war dieser Frau absolut hörig. Einer der Ermittler würde später vor Gericht aussagen, dass er ihr regelrecht aus der Hand gefressen habe. Auch Saskias Motiv für den eiskalt geplanten Mord brachten die Polizisten schnell in Erfahrung: Offenbar hatte Marco sich von Saskia scheiden lassen wollen. Er hatte die ständigen Seitensprünge seiner Frau und deren stete Demütigungen nicht mehr ertragen. Zum Beispiel, wenn wieder mal ein Liebhaber zu Gast war und sie den Schlüssel von innen in der Haustür stecken ließ, sodass er nicht in sein eigenes Haus kam und dann entweder in einer Kneipe warten oder im Schlafsack in seinem Büro übernachten musste. Oder wenn sie von ihm Bargeld verlangte, damit er im Gegenzug seine beiden Kinder sehen durfte, die er über alles liebte. Dass die kleine Tochter gar nicht von ihm, sondern von Matze war, hatte sie Marco nicht gesagt. Gesagt hatte sie ihm – und zwar mehrfach –, dass er sich einen Baum zum Dagegenfahren suchen solle. Bereits vor der Tat hatte sie ihm immer wieder den Tod gewünscht.

Ein halbes Dutzend ehemalige Liebhaber würde das Gericht später vernehmen, teilweise verheiratet, die moralisch sehr entrüstet aussagen würden, dass Saskia nichts anderes als die »Betriebsschlampe«, vom Roten Kreuz war, bei der jeder »gedurft hat«, wenn er nett zu ihr war. Nach außen hatten Saskia und Marco das halbwegs perfekte Glück gemimt. Nur seinem besten Freund hatte Marco hin und wieder Details aus der katastrophalen Ehe geschildert, auch diesen befragte die Polizei eingehend. Marco hatte die Situation lange Zeit so hingenommen. Er hatte gehofft, dass sich alles irgendwie einrenken würde, schon allein seiner beiden Kinder wegen. Zuletzt hatte er sich doch zu der Entscheidung durchringen können, sich von Saskia scheiden zu lassen und sein Haus zu verkaufen. Das war wohl Marcos Todesurteil gewesen.

Die Ermittler hatten nämlich herausgefunden, dass Saskia im Falle einer Scheidung allenfalls knapp 7000 Euro aus dem Verkauf der Doppelhaushälfte zugestanden hätten, dazu ein überschaubarer Unterhaltsanspruch von wenigen hundert Euro monatlich. Im Falle von Marcos Tod wäre sie mit der auf ihren Ehemann abgeschlossenen Lebensversicherung und der Witwen- und Waisenrente deutlich besser versorgt gewesen und hätte auch noch Marcos Haus geerbt. So hätte sie sich locker das neue Auto leisten können, von dem sie Matze gegenüber bereits zwei Tage nach

Marcos Tod vorgeschwärmt hatte, einen teuren BMW-Geländewagen.

Nach diesem überraschenden Geständnis klickten selbstverständlich nicht nur bei Matze die Handschellen. Kurz vor Mitternacht fuhren die Ermittler zu Marcos Haus und nahmen Saskia fest. Ein Dreivierteljahr später erfolgte die Anklage, das Urteil ließ nur wenige Wochen auf sich warten.

Zwar behauptete Saskia, nichts mit der Sache zu tun zu haben und dass Matze die Tat ohne ihr Wissen ganz alleine und aus eigenem Antrieb begangen haben musste – sie sei ja während der Tat im Obergeschoss beim Bügeln gewesen –, doch so recht konnte und wollte man ihr das nicht glauben. Schließlich hatte sich mittlerweile herausgestellt, dass auch Matze als Liebhaber längst ausgedient und Saskia bereits einen neuen Lover hatte, der sogar bereit war, ihr Marcos Haus abzukaufen. Welchen Grund hätte Matze also gehabt, Marco umzubringen, wenn er doch bereits ersetzt worden war und ausschließlich Saskia von der Tat profitierte? Dass sie sich sogar bei der RTL-Show »Zuhause im Glück« beworben hatte, einer Sendung, bei der Handwerker vom Schicksal gezeichneten Familien gratis unter die Arme greifen, um Marcos Haus nach dessen Tod auf Vordermann zu bringen und noch teurer verkaufen zu können, rundete das Bild, welches das Gericht von Saskia hatte, noch ab. Und entgegen der Behauptung, Marco sei gewalttätig gewesen, weshalb er ja laut Saskia »beseitigt« werden musste, stellte sich bei den polizeilichen Ermittlungen heraus, dass Marco nicht nur ein liebevoller, treusorgender und geradezu devoter Ehemann gewesen war, der keiner Fliege etwas zuleide tat. Auch hatte sich Marco kurz vor seinem Tod neu verliebt und plante eine Zukunft ohne

Saskia und dem ihr so kostbaren Haus, das er nun verkaufen wollte.

Sowohl Saskia als auch Matze erhielten lebenslange Haftstrafen wegen Mordes. Bei Saskia wurde zudem die besondere Schwere der Schuld festgestellt, schließlich hatte sie bei Marcos Tötung – anders als Matze – gleich zwei Mordmerkmale verwirklicht: Heimtücke und Habgier.

Um ein Haar hätten Saskia und Matze den perfekten Mord begangen. Hätte Matze Christian nicht unmittelbar vor dem Mord um die Narkotika gebeten, kein Mensch wäre auf die Idee gekommen, dass Marco nicht aufgrund eines plötzlichen Herztodes gestorben war. Und selbst wenn: Hätte Matze bei der Polizei schlicht die Klappe gehalten, hätte niemand widerlegen können, dass Marcos Herz nicht auch wegen eines schrecklich schiefgelaufenen Nahtodexperiments aufgehört hatte zu schlagen. Saskia und Matze wären dann bis heute auf freiem Fuß.

Vielleicht war es in diesem Fall einfach Karma, das den perfekten Mord vereitelt hat. Karma war es vielleicht auch, dass sich erst im Zuge des Gerichtsprozesses herausstellte, dass keines der beiden Kinder, die Marco so innig geliebt hatte, weder das Mädchen noch der Junge, Marcos leibliche Kinder waren. Allerdings war auch keines der beiden Kinder von Matze. Die Kinder hatten zwei unterschiedliche Väter, beides Kollegen aus dem Rettungsdienst. Wenigstens blieb diese Nachricht Marco für immer erspart.

AUF HOHER SEE UND VOR GERICHT

Liebe Leserin, lieber Leser,

während meines Jurastudiums war ich davon überzeugt, dass das deutsche Strafrecht gerecht ist. Im Vergleich zu den USA schienen die Straftatbestände und Strafrahmen wohldurchdacht und gut nachvollziehbar.

Seit ich Strafverteidiger bin, hat sich meine Sicht auf das deutsche Strafrecht leider drastisch verändert: Viele Verfahren sind unfair, Fehlurteile werden in Kauf genommen, deutsche Strafrichter führen die Strafprozesse oftmals stark voreingenommen und vorurteilsbehaftet. Schlimmer noch: Die geltende Rechtslage befeuert die einseitige und ergebnisorientierte Verurteilung durch stete Einschränkungen der Mandanten- und Verteidigerrechte und insbesondere durch das fragwürdige Institut der sogenannten freien Beweiswürdigung: Wie im Kapitel »Folge dem Geld« beschrieben, unterliegen Richter bei ihrer Überzeugungsbildung über Schuld oder Unschuld des Angeklagten kaum Beschränkungen – der Willkür sind hier kaum Grenzen gesetzt.

Ich kann Ihnen eines versichern: Vor einem Geschworenengericht in den USA hätten die in diesem Buch beschriebenen Fälle kaum eine Chance auf Verurteilung gehabt. Denn gleichwohl ausgerechnet die Deutschen das Rechtssystem in den USA arg belächeln und oft für fragwürdig halten, bedarf es dort immerhin »harter« Beweise und Fakten, um ein Geschworenengericht von der Schuld eines Angeklagten zu überzeugen. Dort wird bei Zweifeln zwingend freigesprochen, und eine Verurteilung ist nicht möglich, wenn auch nur einer von zwölf in einem geordneten Auswahlverfahren ausgewählten Geschworenen Zweifel an der Schuld des Angeklagten bekundet. In Deutschland dagegen hat der eherne Grundsatz »in dubio pro reo« leider seinen Glanz verloren, ist er doch nach dem Willen des Gesetzgebers lediglich eine sogenannte Entscheidungsregel: Nur wenn der Richter subjektiv Zweifel empfindet, muss er für den Angeklagten urteilen. Wann ein Richter Zweifel haben muss, ist hingegen nicht geregelt – und Richter gelten gemeinhin als recht selbstbewusst und unterschätzen oftmals ihre eigene Fehlbarkeit. Über 80 Prozent aller Urteile sind Verurteilungen, 66 497 gab es im Jahr 2020. Die Zahl der Freisprüche lag bei gerade einmal 2531.

Schlimmer noch: Eine verlässliche Chance auf die Behebung von Fehlurteilen besteht im deutschen Strafprozessrecht kaum, ironischerweise insbesondere bei den schwerwiegendsten Tatvorwürfen. Denn was viele nicht wissen: Bei »Kavaliersdelikten« wie Diebstahl, Schwarzfahren oder einfacher Körperverletzung stehen dem Angeklagten ganze drei Instanzen zur nochmaligen Überprüfung des Schuldspruchs zur Verfügung. Bei Kapitaldelikten wie Mord und Totschlag gibt es hingegen nur eine einzige Rechtsmittelinstanz, und die ist noch nicht einmal vollumfassend. Denn in der sogenannten Revision, dem einzig zulässigen Rechtsmittel gegen die erstinstanzliche Verurteilung wegen Mordes, wird das Urteil lediglich auf rechtliche Fehler überprüft. Tatsachen, wie etwa Zeugenaussagen oder Sachbeweise werden nicht mehr auf ihre Richtigkeit hin untersucht. Schlimmer noch: Die Feststellungen des Gerichts der ersten Instanz werden als gottgegeben hingenommen, selbst wenn sie nachweislich falsch sein sollten. Das führt bisweilen zu sehr bizarren Folgen: Sagt etwa ein Zeuge im erstinstanzlichen Prozess aus, er habe den Täter nicht gesehen, das Gericht versteht aber, der Zeuge habe den Täter gesehen, würde Letzteres als »wahr« gelten, auch für das Revisionsgericht, gleich ob 150 Prozesszuschauer, Staatsanwalt und Verteidiger etwas ganz anderes gehört hätten. Besonders peinlich für einen modernen Staat im 21. Jahrhundert: Bis heute weigert sich die deutsche Justiz, Gerichtsverhandlungen oder zumindest den Inhalt von Zeugenaussagen auf Bild- oder Tonträger aufzuzeichnen, bei Mordprozessen gibt es noch nicht einmal ein schriftliches Inhaltsprotokoll von Zeugenaussagen. Man könnte fast denken, Fehlurteile seien der Justiz lieber als eine allzu gründliche Überprüfung der Fakten.

Nun mag man einwenden, dass in den hier geschilderten Fällen vielleicht der ein oder andere durchaus zu Recht verurteilt wurde, auch wenn ein hundertprozentiger Nachweis nicht möglich war. Aber soll ein Rechtsstaat wirklich in Kauf nehmen, dass möglicherweise völlig Unschuldige lebenslang wegen vermeintlichen Mordes im Gefängnis sitzen und zudem der wahre Täter ungeschoren davonkommt? Und wie viele Fehlurteile sind denn bitte in Ordnung – 1 Prozent, 10 Prozent oder gar 25 Prozent? Letztere Schätzung kommt der Wahrheit wohl am nächsten, und diese Zahl ist sehr beunruhigend. Ich hätte Ihnen noch zig weitere solche Fälle schildern können, meine Strafverteidigerkollegen wohl unzählige mehr.

Auch wenn zum Zeitpunkt der Veröffentlichung dieses Buchs der Fall »Mord ohne Leichen« noch nicht rechtskräftig entschieden ist, bei zwei weiteren Fällen (»Folge dem Geld« und »Funkstille«) die gerichtliche Wiederaufnahme der Verfahren derzeit vorbereitet wird und der Fall im letzten Kapitel (»Im Tunnel des Todes«) – angesichts seiner Entdeckung – dann doch nur ein *fast* perfekter Mord war, dürfte eines klar sein: Ebenso wie es unentdeckte Tötungsdelikte geben kann, wird es auch eine nennenswerte Anzahl fälschlich als Täter verurteilter Unschuldiger geben. All diesen Fällen ist eines gemein: Die Tat bleibt ungesühnt, der wahre Täter ist weiterhin auf freiem Fuß, und das Leben eines unschuldigen Menschen wurde zerstört.

MIT DANK AN

Kanzlei Heindl & Lang
Kanzlei Beukelmann, Müller und Partner
Gerhard Decker
Bernd und Henrike Schemmer
Markus Mundo
Saskia Kohler
Emelie Uttermann
Emma Schaller
Philip Müller
und
Markus Erl